高职高专国际贸易专业（含金融方向）系列规划教材

国际金融实务

GUOJIJINRONGSHIWU

主　编　孙　黎

副主编　吴敬茹

内容提要

《国际金融实务》是高职高专国际贸易专业的一门核心课程,也是高职高专金融管理与实务和投资理财专业的必修课。全书包括8个项目,分别是外汇与汇率、外汇市场业务及创新、外汇风险与外汇管制、国际收支与国际储备、国际融资、国际结算、国际货币体系和国际金融机构。

全书体材独特,采用项目式的编写体例,内容新颖、适度,重视实践训练,突出能力培养,是为培养对外经贸工作、从事各种国际金融活动的工作人员应具备的基本理论和基本技能而编写的。通过本课程的学习,使学生掌握国际金融基本理论和基本知识,掌握国际金融实务操作基本技能,并学会分析及解决国际金融相关问题。

前言

在经济全球化深入发展的条件下,世界各国经济金融关系日益紧密。改革开放30余年来,尤其是在2001年加入世界贸易组织之后,中国经济已经顺利、全面地融入到了经济全球化进程。中国的经常项目完全开放,部分资本项目也已经开放,中国业已成为世界第一大对外贸易国。可以预期,在未来30年中国改革开放的战略中,其重点将不可避免地是金融的改革开放,即通过逐步放松短期资本项目管制,推动人民币的国际化,以融入到金融全球化进程中。现在,越来越多的企业和个人主动或被动地已融入或将融入到国际经济的大潮中,企业和个人的涉外经济交往日益增多,参与国际金融市场的必要性不断上升。

但是,当前国际金融形势复杂,国际金融领域变化不断加快,国际金融规则和各国金融政策在原有基础上不断改革,我国急需具备一定专业素养、掌握国际金融基本知识和技能,具有国际金融实务操作能力的复合型人才。因此,本书在广泛调研的基础上,充分考虑高职高专学生特点,精心设计教材内容。与其他教材相比,本教材具有以下特点:

1. 体例独特。教材采用项目式的编写体例,下设模块和任务。章前设置项目阐释、能力目标、项目分解等栏目,正文包括工作任务、案例引入、正文知识、案例链接、知识窗、实践与体验等部分,章后设置实训课业环节。

2. 内容新颖、适度。金融领域中,新理论、新业务、新知识、新规范层出不穷,本书内容选取上紧密结合本专业领域的最新发展趋势,将新知识、新技术和新方法加入其中。并结合高等职业教育人才培养需要,做到理论适度、实用,重点突出实务应用。

3. 注重实践训练,突出能力培养。本书课前设置能力目标,课中设置工作任务、案例引入、实践与体验等环节,课后设置实训课业,目的是加强训练学生实际操作能力以及分析、解决问题的能力,使其具备一定的职业技能。

本教材由辽宁经济职业技术学院孙黎副教授担任主编(编写项目三、项目五、项目八)。石家庄财经职业学院吴敬茹老师担任副主编(编写项目七)。参与本书编写的还有广西国际商务职业技术学院黄莹老师(编写项目一),陕西职业技术学院孟磊老师(编写项目二),四川财经职业学院杨滢老师(编写项目四),石家庄财经职业学院刘尚慧老师(编写项目六)。孙黎负责本书总纂和定稿。

本教材在编写过程中,得到了许多方面的大力支持,也参阅和借鉴了许多前辈、学者的著作和成果,在此表示衷心感谢。由于作者水平有限,书中难免有错误和疏漏之处,敬请有关专家学者和读者批评指正,我们将不胜感激。

编 者

2011年11月

目录 Contents

项目一　外汇与汇率 ……………………………………………………………………（1）
　模块一　认识外汇与汇率 …………………………………………………………（1）
　模块二　汇率折算与进出口报价 …………………………………………………（7）
　模块三　汇率的决定基础及其对经济的影响 ……………………………………（12）

项目二　外汇市场业务及创新 …………………………………………………………（22）
　模块一　外汇市场 …………………………………………………………………（22）
　模块二　外汇交易 …………………………………………………………………（28）
　模块三　衍生外汇交易 ……………………………………………………………（37）

项目三　外汇风险与外汇管制 …………………………………………………………（49）
　模块一　外汇风险的识别与管理 …………………………………………………（49）
　模块二　外汇管制 …………………………………………………………………（59）
　模块三　我国的外汇管制 …………………………………………………………（63）

项目四　国际收支与国际储备 …………………………………………………………（72）
　模块一　国际收支概述 ……………………………………………………………（72）
　模块二　国际收支状态分析与调节 ………………………………………………（80）
　模块三　我国的国际收支 …………………………………………………………（85）
　模块四　国际储备 …………………………………………………………………（90）

项目五　国际融资 ………………………………………………………………………（96）
　模块一　国际融资概述 ……………………………………………………………（96）
　模块二　国际贸易短期信贷融资 …………………………………………………（100）
　模块三　国际贸易中长期信贷融资 ………………………………………………（104）
　模块四　国际项目融资 ……………………………………………………………（108）
　模块五　国际租赁融资和国际证券融资 …………………………………………（112）

项目六　国际结算 ………………………………………………………………………（117）
　模块一　国际结算工具 ……………………………………………………………（117）
　模块二　国际结算方式 ……………………………………………………………（127）
　模块三　国际结算中的风险管理 …………………………………………………（137）

1

项目七　国际货币体系 (140)
- 模块一　国际货币体系概述 (140)
- 模块二　国际金本位制度 (143)
- 模块三　布雷顿森林体系 (147)
- 模块四　牙买加体系 (154)
- 模块五　国际货币体系的改革 (158)

项目八　国际金融机构 (169)
- 模块一　国际货币基金组织 (169)
- 模块二　世界银行集团 (174)
- 模块三　其他主要的国际金融组织 (183)

参考文献 (191)

项目一　外汇与汇率

项目阐释

本项目通过对外汇与汇率基本理论、基本知识的介绍,使学生正确理解外汇及汇率的基本知识,学会分析汇率变动对经济的影响,掌握进出口报价的方法,能在工作和生活中准确运用。

能力目标

◇ 了解外汇与汇率的概念
◇ 掌握汇率的标价方法
◇ 熟练利用外汇牌价进行汇率折算
◇ 掌握汇率在进出口报价中的应用
◇ 了解汇率变动对国内外经济的影响

项目分解

模块一　认识外汇与汇率
模块二　汇率折算与进出口报价
模块三　汇率的决定基础及其对经济的影响

模块一　认识外汇与汇率

工作任务

任务一　认识外汇
任务二　认识汇率

中国银行2011年2月17日人民币外汇牌价

(外币单位:100)

货币名称	现汇买入价	现钞买入价	卖出价	基准价	中行折算价	发布时间
英镑	966.76	946.37	974.52	974.32	974.32	09:48:45
港币	87.98	87.27	88.31	88.15	88.15	09:48:45
美元	682.18	676.71	684.92	683.52	683.52	09:48:45

思考与分析：

1. 当天，一位出国旅游者到中国银行兑换3000元港币现钞，需要付出多少人民币？
2. 一位客户欲把手中的1000英镑现钞兑换成等值的人民币，该客户能兑换多少人民币？
3. 一家出口企业到中国银行办理1万美元的即期结汇，能兑换多少等值的人民币？

◆ 任务一 认识外汇

一、外汇

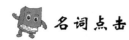

外汇有动态和静态之分。动态的外汇是指将一个国家的货币转换为另一个国家货币的活动，也叫国际汇兑；静态的外汇是一种以外币表示的用于国际间结算的支付手段。

外汇是国际汇兑(foreign exchange)的简称。外汇可从两个方面来理解，即动态含义的外汇和静态含义的外汇。动态含义的外汇是指把一国的货币兑换成另一国的货币，借以清偿国际间债权债务关系的行为或活动。这种行为或活动并不表现为现金的直接支付，而是通过委托支付或债权转让的方式，结算国际间的债权债务。如进出口企业进行货款收付、办理结售汇；银行与客户之间的外汇买卖；银行同业之间的外汇买卖。静态含义的外汇是指外币和以外币表示的用于国际结算的支付手段和信用凭证。静态含义的外汇即在日常生活中我们所提到的外汇概念。静态的外汇内容十分广泛，包括外国货币、外币存款、外币票据、外币有价证券等。

根据我国现行的《中华人民共和国外汇管理条例》，外汇是指下列以外币表示的可以用作国际清偿的支付手段和资产：

(1)外币现钞，包括纸币、铸币；
(2)外币支付凭证或者支付工具，包括票据、银行存款凭证、银行卡等；
(3)外币有价证券，包括债券、股票等；
(4)特别提款权；
(5)其他外汇资产。

二、外汇的特点

1. 国际性

外汇必须是以外币表示的金融资产，而不能是以本币表示的金融资产。例如，在美国以美元表示的支付凭证不属于外汇，只有除美元以外的其他可自由兑换货币所表示的支付凭证，在美国才是外汇。

2. 自由兑换性

以外币表示的金融资产的持有者可以自由地将其兑换成其他货币或以其他货币表示的支付手段,在其发行国国外正常地履行清算债权债务的职能。例如,在我国,以美元、欧元、英镑等表示的支付凭证都是外汇,而以缅甸元、越南盾等表示的支付凭证则不能算作外汇,因为这些货币的发行国对该国经常项目下支付和资本项目下收支进行严格管制,货币不能自由进行兑换。

3. 可偿付性

外汇能用于国际间债务的偿还,要求外币表示的支付手段必须能在国外得到普遍认可,承认其代表一定的价值量。因此,空头支票或拒付的汇票不是外汇。

常用国家和地区的货币符号

货币名称	货币符号	货币名称	货币符号
人民币	CNY	美元	USD
日元	JPY	欧元	EUR
英镑	GBP	加拿大元（加元）	CAD
瑞士法郎（瑞郎）	CHF	澳大利亚元（澳元）	AUD
新西兰元（纽元）	NZD	港币	HKD
印尼盾	IDR	菲律宾比索	PHP
俄罗斯卢布	RUB	新加坡元	SGD
韩国元	KRW	泰铢	THB

◆ 任务二　认识汇率

人民币对美元汇率中间价破 6.6　再创汇改以来新高

新华网上海 1 月 13 日电　来自中国外汇交易中心的最新数据显示,1 月 13 日人民币对美元汇率中间价升破 6.6,以 6.5997 再度创下汇改以来新高。

中国人民银行授权中国外汇交易中心公布,2011 年 1 月 13 日银行间外汇市场人民币汇率中间价为:1 美元兑人民币 6.5997 元,1 欧元兑人民币 8.6684 元,100 日元兑人民币 7.9438 元,1 港元兑人民币 0.84907 元,1 英镑兑人民币 10.3978 元,人民币 1 元兑 0.46295 林吉特,人民币 1 元兑 4.5724 俄罗斯卢布。

近期欧美股市持续走强,令市场风险偏好不断改善。受此影响,国际汇市美元延续回落整理,人民币对美元汇率中间价则大幅走高,再创新高纪录。

（资料来源:新浪网［EB/OL］. 2011 - 01 - 13. http://finance. sina. com. cn/china/hgjj/20110113/10049247184. shtml.）

一、汇率

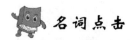

汇率(exchange rate),又称汇价,是一个国家的货币折算成另一个国家货币的比率或比价,也可以说是用一国货币所表示的另一国货币的价格。

若把外汇看成一种可以在国际市场上自由兑换、自由买卖的特殊商品,那么汇率就是这种特殊商品的"价格"。例如 2011 年 1 月 27 日英镑兑人民币的汇率为 10.4937 元,10.4937 元人民币就是英镑兑换人民币的比价,或者说用 10.4937 元人民币表示 1 英镑的价格。

二、汇率的标价方法

因为汇率具有双向性的特点,两种货币可以互相表示对方的价格,所以在折算两个国家的货币时,首先要明确以哪个国家的货币作为标准,即以本国货币为标准折合成一定数额的外国货币,还是以外国货币为标准折合成一定数额的本国货币。由于确定的标准不同,产生了两种不同的汇率标价方法——直接标价法和间接标价法。

1. 直接标价法

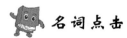

直接标价法(direct quotation)是指以一定单位(1 个或 100 个、10000 个单位等)的外国货币作为标准,折算成若干数额的本国货币来表示汇率。

例如,在中国银行人民币外汇牌价表上,100 美元=656.01 元人民币,100 英镑=1064.17 人民币。目前,世界上绝大多数国家采用直接标价法。在直接标价法下,外国货币的数额是固定不变的,本币数额的变化表示着外汇汇率的变化。若以一定单位的外币折算的本币增多,说明外汇汇率上浮,即外币对本币升值;反之,若以一定单位的外币折算的本币减少,说明外汇汇率下浮,即外币对本币贬值。

2. 间接标价法

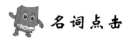

间接标价法(indirect quotation)是指以一定单位的本国货币为标准,折算为若干数额的外国货币来表示汇率。

例如,在伦敦市场,1 英镑=1.5063 美元,1 英镑=169.92 日元。实行间接标价法的国家主要有英国、美国。

在间接标价法下,本国货币的数额是固定不变的,外币数额的变化表示着外汇汇率的变化。若一定单位的本币折算外币的数额增多,说明外汇汇率下浮,外币对本币贬值;反之,则说明外币对本币升值。

值得注意的是,本币与外币的区分是相对的,一般把外汇市场所在地国家的货币视为本币。

知识窗

国家外汇管理局自2010年8月19日起,公布人民币对林吉特汇率中间价;自2010年11月22日起,公布人民币对卢布汇率中间价。

人民币对林吉特、卢布汇率中间价采用间接标价法,即100人民币折合多少林吉特、卢布。人民币对美元、欧元、英镑、日元、港币汇率中间价仍采取直接标价法,即100外币折合多少人民币。

三、汇率的种类

汇率的种类很多,有各种不同的划分方法,特别是在实际业务中,从不同角度来划分,就有各种不同的汇率。

1. 按制订汇率的方法划分

(1) 基本汇率(basic rate),是指本国货币(local currency)与关键货币(key currency)或载体货币(vehicle currency)的汇率。

由于各国的货币制度不同,在制订汇率时,必须选择某一国家的货币作为关键货币。对关键货币的选择应满足以下条件:在本国国际收支中使用较多,在外汇储备中所占比重较大,在国际上普遍接受。由于美元是国际收支中使用较多的货币,且被广为接受,所以绝大多数国家都把美元作为制定汇率的关键货币,因此常把对美元的汇率作为基本汇率。

(2) 套算汇率(cross rate),又称为交叉汇率,是指两种货币通过第三种货币的中介而推算出来的汇率。由于各主要外汇市场只公布各种货币对美元的汇率,而不能直接反映其他货币之间的汇率,因此要求其他货币之间的汇率,必须通过其对美元的汇率进行套算。如某日在纽约外汇市场的汇率报价为 USD1=JPY88.50,USD1=HKD7.7902,由此可套算出港元对日元的汇率为 HKD 1=JPY11.3604。

2. 从银行买卖外汇的角度划分

(1) 买入汇率(buying rate or bid rate),是银行从客户或其他银行买入外汇时所使用的汇率。它又称为买入价。

(2) 卖出汇率(selling rate or offer rate),是银行向客户或其他银行卖出外汇时所使用的汇率。它又称为卖出价。

外汇银行等金融机构买卖外汇是以盈利为目的,其卖出价与买入价的差价(Bid/Offer Spread)就是其收益,因此银行的外汇卖出价必然高于其买入价。一般买卖之间的差价率约在1‰～5‰之间不等。

外汇银行公布的牌价均有买入汇率和卖出汇率,数字排列总是前一数字小,后一数字大。在直接标价法下,汇价的前一数字为外汇买入价,后一数字为外汇卖出价。如在日本东京外汇市场,USD1=JPY88.05－88.15,则 USD1=JPY88.05 是银行买入美元的价格,USD1=JPY88.15 是银行卖出美元的价格。同理,在间接标价法下,汇价的前一数字为外汇卖出价,后一数字为外汇买入价。如在美国纽约外汇市场,USD1=HKD7.7330－7.7335,则银行卖出7.7330 港元收入 1 美元,买入 7.7335 港元需付出 1 美元。无论是直接标价法,还是间接标价法,买入和卖出都是站在银行角度来说的。

实践与体验

如果你以电话向中国银行询问英镑/美元的汇价,中国银行答道:"1.3900/10"。

思考与分析:

1. 中国银行以什么汇价向你买进美元?
2. 你以什么汇价从中国银行买进英镑?
3. 如果你向中国银行卖出英镑,汇率是多少?

(3)中间汇率(middle rate),又称中间价,是买入价与卖出价的算术平均数,即中间价=(买入价+卖出价)÷2。金融类报刊报道外汇行情信息时常用中间汇率,此汇率不适用于一般顾客。

(4)现钞汇率(bank note rate),是指银行买卖外汇现钞所使用的汇率,也有买入价与卖出价之分。一般来讲,外汇现钞的买入价比外汇汇票等支付凭证的价格低。因原则上外汇不能在本国流通,银行购入外币支付凭证以后,通过航邮划账,可以很快存入外国银行获得利息或调拨动用。银行买入现钞后,要经过一段时间,积累到一定数额后,才能将其运送到外国银行,在此期间,买进现钞的银行要承受一定的利息损失;而且现钞运送到国外过程中,还要支付运费、保险费等。因此,外汇现钞的买入汇率要低于一般外汇支付凭证的买入汇率。同样,外汇现钞卖出汇率一般高于或等于汇票卖出汇率。有些银行卖出价只有一个,因为银行卖出时都是现汇,客户可以支付一定的汇兑手续费之后以现钞的形式取出,所以卖出价只有一个。

知识窗

外汇汇率的点差

在银行的外汇牌价表上,每种货币都有买入和卖出两种价格,两种价格之间的距离就需要用单位点来计量。点也是国际外汇市场上最常用的单位,它是小数点后最后一位,通常一个点是 0.0001,而日元汇率以 0.01 为一个点。

例如:欧元/美元(EUR/USD)汇率从 1.0630 到 1.0631 之间就是一个点的差距,美元/日元(USD/JPY)汇率从 118.90 到 119.00 就是十个点的差距。

3. 按银行外汇付汇方式划分

(1)电汇汇率(telegraphic transfer rate,T/T rate),是指经营外汇业务的本国银行,在卖出外汇收到本币的当天,即以电报或电传委托其国外分支机构或代理行付款给收款人所使用的一种汇率。电汇的凭证是电报汇款委托书,由于电汇在售出外汇的当天或次日就在其国外代理行的账户中支出价值相等的外汇,因此其收付快捷,银行不能占用客户的资金头寸,同时可使客户减少甚至避免由于汇率波动带来的风险。再者,国际电报费用较高,所以电汇汇率最高。但在汇率波动日益频繁的今天,人们大多愿意使用电汇方式。电汇汇率已成为基本汇率,当前各国公布的外汇牌价,除另有注明外,一般都是电汇汇率。

(2)信汇汇率(mail transfer rate,M/T rate),是指以信汇方式卖出外汇时的价格。信汇是由经营外汇业务的银行开具付款委托书,用信函方式寄给国外代理行付款给指定收款人的汇款方式。信汇的凭证就是信汇付款委托书。由于付款委托书的邮递需要一定的时间,银行在这段时间可占用客户的资金,而且信函邮寄费相对较低,因此信汇汇率比电汇汇率低,但使用较少。

(3)票汇汇率(demand draft rate,D/D rate),是指银行以票汇方式卖出外汇时的价格。票汇是指银行在卖出外汇时,开立一张由其国外分支机构或代理行付款的汇票交给汇款人,由其自带或寄往国外凭票取款。票汇的凭证是银行汇票,汇票的特点是收款人通过背书可以转让。由于票汇从卖出外汇到支付外汇有一定的时间间隔,银行可以在此期间占用客户资金,获取利息,故票汇汇率较电汇汇率低。

4. 按汇率制度划分

(1)固定汇率(fixed exchange rate),是指两国货币的汇率基本固定,汇率的波动被限制在较小的幅度之内,由官方干预来保证汇率的稳定。它是在金本位制度和布雷顿森林体系下通行的汇率制度。在固定汇率制度下,当政府因为特殊情况而无法维持原来的汇率水平时,就会对汇率进行调整,如果将本币币值上调,则称为法定升值(revaluation);如果将本币币值下调,则称为法定贬值(devaluation)。

(2)浮动汇率(floating exchange rate),是指一国货币当局不规定本国货币与另一国货币的官方汇率,听任外汇市场的供求来决定的汇率。浮动汇率制是在1973年布雷顿森林国际货币体系固定汇率制崩溃后各国相继实行的。外币供过于求时,外币就贬值(depreciation),本币就升值(appreciation),外币的汇率就下浮;外币供不应求时,外币就升值,本币就贬值,外币的汇率就上浮。实行浮动汇率制的国家,往往根据各自经济政策的需要,对汇率变动进行干预或施加影响。因此,国际上对浮动汇率根据有无干预分为"自由浮动"(free floating)和"管理浮动"(managed floating)汇率。

5. 按外汇买卖的交割期限划分

(1)即期汇率(spot rate),也叫现汇汇率,是指买卖外汇双方在成交当天或两个营业日以内办理交割的汇率。交割(Delivery)是指外汇业务中两种货币的对应实际收付行为。

(2)远期汇率(forward rate),是指外汇买卖双方约定在将来某日期进行交割,而事先签订合同,达成协议的汇率。到了交割日期,不管市场上汇率有何变化,都按预先约定的汇率进行交割。

6. 按银行营业时间划分

(1)开盘汇率(opening rate),也称开盘价,是指外汇银行在一个营业日刚开始营业时进行第一笔外汇交易所使用的汇率。

(2)收盘汇率(closing rate),也称收盘价,是指外汇银行在一个营业日结束前成交的最后一笔外汇交易所使用的汇率。

模块二 汇率折算与进出口报价

 工作任务

任务一　汇率折算
任务二　合理进行出口报价
任务三　进口报价的权衡

案例导入

香港某外贸公司向英国出口的一批机电设备,原来报价为100万美元,现在英国的客户要求改用英镑报价;公司从瑞士进口的一批价值10万瑞士法郎的电子零件,2个月后付款,要求对方以美元报价。已知香港外汇市场上即期汇率:USD/HKD=7.7940/80,GBP/USD=1.6075/85,USD/CHF=1.6500/20,美元兑瑞士法郎的3个月远期差额为15/25。

思考与分析:
1. 该公司向英国出口的机电设备应报价多少英镑?
2. 该公司从瑞士进口的电子零件对方报价在什么范围内可以接受?

◆ 任务一　汇率折算

一、即期汇率的计算

1. A货币/B货币的买入价和卖出价折算为B货币/A货币的买入价和卖出价

如香港外汇市场上即期汇率:USD/HKD=7.7940/80。这时,计算方法为用1除以本币的具体数字:求买入价用1除以已知的卖出价,求卖出价用1除以已知的买入价。

【例1-1】　香港外汇市场上即期汇率:USD/HKD=7.7940/80,求HKD/USD。

HKD1 的买入价=1/7.7980=USD 0.1282

HKD1 的卖出价=1/7.7940=USD 0.1283

则 HKD/USD=0.1282/83

2. 套算汇率的计算

当我们在外汇牌价表上不能直接获得两种货币的兑换率时,就要通过第三种货币间接计算,得到套算汇率。

套算汇率的计算方法主要有以下几种:

(1)已知A货币/B货币的汇率、B货币/C货币的汇率,要求计算A货币/C货币的汇率。

计算方法:两对已知汇率的买入价、卖出价分别相乘。

【例1-2】　某外汇市场汇率GBP/USD=1.5962/1.5992,USD/JPY=88.20/88.50,求GBP/JPY。

GBP/USD、USD/JPY 的买入价、卖出价分别相乘。

GBP/USD	1.5962	1.5992
	↓	↓
USD/JPY	88.20	88.50

GBP/JPY = 140.78 / 141.53(88.20×1.5962=140.78,88.50×1.5992=141.53)

(2)已知A货币/B货币的汇率、C货币/B货币的汇率,要求计算A货币/C货币的汇率。

计算方法:先将C/B折算为B/C,再将B/C、A/B的买入价、卖出价分别相乘。

【例1-3】　某外汇市场汇率EUR/USD=1.3550/1.3570,GBP/USD=1.5962/1.5992,求EUR/GBP。

①将GBP/USD折算为USD/GBP。

$$USD/GBP = \frac{1}{1.5992} / \frac{1}{1.5962}$$

② USD/GBP、GBP/USD 的买入价、卖出价分别相乘。

$$EUR/GBP = \frac{1.3550}{1.5992} / \frac{1.3570}{1.5962} = 0.8473 / 0.8501$$

(3) 已知 B 货币/A 货币的汇率、B 货币/C 货币的汇率，要求计算 A 货币/C 货币的汇率。

计算方法：先将 B/A 折算为 A/B，再将 A/B、B/C 的买入价、卖出价分别相乘。

【例 1-4】 某外汇市场汇率 USD/JPY＝88.20/88.50，USD/HKD＝7.7918/7.7958。要求计算 JPY/HKD。

① 将 USD/JPY 折算为 JPY/USD。

$$JPY/USD = \frac{1}{88.50} / \frac{1}{88.20}$$

② JPY/USD、USD/HKD 的买入价、卖出价分别相乘。

$$JPY/HKD = \frac{7.7918}{88.50} / \frac{7.7958}{88.20} = 0.0880 / 0.0884$$

二、远期汇率的计算

1. 远期汇率的表示方法

(1) 直接报价法，即直接将各种不同交割期限的远期买入价、卖出价完整地表示出来。这种报价方法与即期汇率报价方法相同，见表 1-1。

表 1-1 中行人民币远期外汇牌价

		美元	欧元	日元	港元	英镑	瑞郎	澳元	加元
七天	买入	656.03	890.40	7.8551	84.08	1058.87	688.73	661.63	664.89
	卖出	659.32	898.99	7.9245	84.82	1068.23	694.82	668.28	670.77
一个月	买入	655.24	889.13	7.8468	83.99	1057.42	688.03	659.17	663.80
	卖出	658.53	897.71	7.9161	84.74	1066.77	694.11	665.80	669.67
三个月	买入	654.32	887.24	7.8399	83.93	1055.23	687.48	653.17	661.92
	卖出	657.60	895.79	7.9092	84.67	1064.55	693.56	659.73	667.77
六个月	买入	649.85	880.70	7.8028	83.51	1047.42	684.06	641.86	656.40
	卖出	654.28	889.19	7.8717	84.25	1056.68	690.11	648.31	662.20
九个月	买入	647.77	876.47	7.7898	83.32	1042.13	682.73	632.39	652.44
	卖出	652.32	884.92	7.8586	84.06	1051.34	688.77	638.75	658.21
十二个月	买入	646.94	874.63	7.8047	83.28	1038.55	682.76	624.23	649.50
	卖出	651.48	882.18	7.8658	84.02	1047.73	688.80	630.50	655.24

注：1. 每 100 外币兑换人民币。
2. 以上人民币牌价系当日市场开盘价，仅作参考。我行交易报价随市场波动而变化，如需交易，价格以我行当时报价为准。

(资料来源：中国人民币远期外汇牌价[EB/OL]. 2011-02-18. http://www.boc.cn/fin-adata/yqwhpj/201102/t20110218_1301296.html.)

(2) 远期差额报价法,即不直接公布远期汇率,而只报出即期汇率和各期的远期差额,然后再根据即期汇率和远期差额来计算远期汇率。

远期汇率与即期汇率相比是有差额的,这种差额称为远期差价或远期汇水。差额是用升水(premium)、贴水(discount)或平价(at par)来表示,升水表示远期汇率比即期汇率高,贴水表示远期汇率比即期汇率低,平价表示两者相等。例如,某日伦敦外汇市场英镑兑美元的即期汇率为 1.6205,一个月远期汇率为 1.6235,则英镑兑美元的一个月远期升水 30 点。

2. 远期汇率的计算方法

根据已知的即期汇率和汇水,可以计算出远期汇率,但在不同的汇率标价方法下计算方法不同。

直接标价法下:

$$远期汇率 = 即期汇率 + 升水点数$$
$$远期汇率 = 即期汇率 - 贴水点数$$

间接标价法下:

$$远期汇率 = 即期汇率 - 升水点数$$
$$远期汇率 = 即期汇率 + 贴水点数$$

直接标价法下,远期点数按"小/大"排列则为升水,按"大/小"排列则为贴水;间接标价法下刚好相反,按"小/大"排列为贴水,按"大/小"排列则为升水。

总之,不论何种标价法,都可以归纳为:当远期点数按"小/大"排列时,远期汇率 = 即期汇率 + 远期差额;当远期点数按"大/小"排列时,远期汇率 = 即期汇率 - 远期差额。

【例 1-5】 某日巴黎外汇市场上现汇汇率为 USD1 = FRF5.6685/95(直接标价法),3 个月远期差额为 74/78。那么,3 个月期的远期汇率为:

USD1 = FRF(5.6685 + 0.0074)-(5.6695 + 0.0078)
USD1 = FRF5.6759 - 5.6773

【例 1-6】 某日法兰克福外汇市场(直接标价法)上现汇汇率为 USD1 = DEM1.8400/20,3 个月期远期差额为 238/233。那么,3 个月期的远期汇率为:

USD1 = DEM(1.8400 - 0.0238)-(1.8420 - 0.0233)
USD1 = DEM1.8162 - 1.8187

【例 1-7】 某日纽约外汇市场(间接标价法)上现汇汇率为 USD1 = CHF1.4570/80,3 个月期远期差额为 470/462。那么,3 个月期的远期汇率为:

USD1 = CHF(1.4570 - 0.0470)-(1.4580 - 0.0462)
USD1 = CHF1.4100 - 1.4118

【例 1-8】 某日伦敦外汇市场(间接标价法)上现汇汇率为 GBP1 = USD1.6955/65,3 个月期远期差额为 50/60。那么,3 个月期的远期汇率为:

GBP1 = USD(1.6955 - 0.0050)-(1.6965 - 0.0060)
GBP1 = USD1.7005 - 1.7025

◆ **任务二 合理进行出口报价**

在银行的外汇牌价中,通常是双向报价,既有买入价也有卖出价,出口商在对外报价时,应充分考虑到运用两个价格报价带来的货价差异。

以下是报价的一般规则：

(1) 本币折算外币时，用外币的买入价(本币的卖出价)；

(2) 外币折算本币时，用外币的卖出价(本币的买入价)；

(3) 如果报价时所采用的两种货币都是外币，则将外汇市场所在国的货币视为本币。

【例 1-9】 某香港出口商对外报价某种商品每千克 100 港元，客户回电要求改报美元价格，香港出口商应该报多少美元？当日香港外汇市场外汇牌价为 USD1＝HKD7.7949/8049。

HKD1 的买入价＝1/7.8049＝USD 0.1281

HKD1 的卖出价＝1/7.7949＝USD 0.1283

则 HKD1＝USD 0.1281/83

为什么用美元的买入价折算？因为，该出口商按照此价格出口商品后要将出口获得的美元兑换成港元，即要到外汇银行卖出美元(买入港元)，也就是外汇银行买入美元(卖出港元)，使用美元的买入价(港元的卖出价)。所以该种商品的美元报价＝100×0.1283＝12.83 美元，香港出口商应报价为每千克 12.83 美元。

【例 1-10】 香港某服装厂出口服装的每套报价为 50 美元，现在外国进口商要求其改用港元报价，香港出口商应该报多少港元？当日香港外汇市场外汇牌价为 USD1＝HKD7.7949/8049。

为什么用美元的卖出价折算？因为，该出口商按照此价格出口商品后获得的港元兑换到的美元要与原美元报价一致。出口商出口商品后要将获得的港元兑换为美元，即要到外汇银行买入美元(卖出港元)，外汇银行是卖出美元(买入港元)，使用美元的卖出价(港元的买入价)。所以该种商品的港元报价＝50×7.8049＝390.25 港元，香港出口商应报价为每套 390.25 港元。

【例 1-11】 我国某进出口公司向英国出口商品，报价为每吨 10000 美元，英国进口方要求我方改用英镑报价，我国出口商应该报多少英镑？当日伦敦外汇市场外汇牌价为 GBP1＝USD1.6075/85。

根据伦敦外汇市场的外汇牌价，将英镑视为本币，美元视为外币。美元报价改为英镑报价，即是将外币报价改为本币报价，用外币(即美元)的卖出价(也就是英镑的买入价)。该种商品的英镑报价＝10000/1.6075＝6220.84 英镑，我国出口商应报价为每吨 6220.84 英镑。

◆ 任务三　进口报价的权衡

在进口业务中，当一种商品有两种货币报价时，应该选择哪种报价货币有利呢？

【例 1-12】 我国某公司从德国进口商品，对方以欧元报价，每件商品 100 欧元，另外以美元报价，每件 130.83 美元。本公司应以哪个价格交易？

这两种货币没有可比性，我们可以将两种货币折算为同一种货币或折算为第三种货币进行比较。

(1) 将两种货币报价折算为同一种进行比较。

假设当天国际外汇市场上，EUR/USD＝1.3093，将欧元折算成美元，再与美元报价做比较。100 欧元＝100×1.3093＝130.93 美元，若不考虑其他因素，我国进口商可以接受美元报价。

(2) 将两种报价折算成人民币进行比较。

假设当天中国银行外汇牌价,EUR/CNY = 1033.75/1036.98,USD/CNY = 786.45/788.59。则欧元报价折人民币为1036.98元,美元报价折人民币为1031.71元。经比较,美元报价低于欧元报价,若不考虑其他因素,我国进口商可以接受美元报价。

在一笔进口业务中,从商品交易合同的签订到最终的货款支付之间往往要相隔几个月甚至更长的时间,国外出口商以软、硬两种货币报价。我们作为进口商,应如何进行选择呢?

在一软一硬两种货币的进口报价中,远期汇率是确定接受软货币(贴水货币)加价幅度的依据,即软币报价的加价幅度不能超过该货币与相应货币的远期汇率,否则,我方可以接受硬币报价。

【例1-13】 我国某公司从瑞士进口一批机械零件,3个月后付款,瑞士出口商报的单价为100瑞士法郎。当日苏黎世外汇市场上美元兑瑞士法郎的即期汇率为 USD1 = CHF1.6500,3个月期远期汇率为 USD1=CHF1.6000。

我方可以要求瑞士出口商报出美元价格,其价格水平不能超过按美元兑瑞士法郎的3个月远期汇率所计算的美元价格,即100÷1.6000=62.5美元。若瑞士出口商以美元的报价超过62.5美元,则我方不应接受,仍接受100瑞士法郎的报价;若瑞士出口商以美元的报价低于62.5美元,则我方应当接受。因为,我方接受瑞士法郎的报价后,以美元买进瑞士法郎3个月远期进行保值,以防止瑞士法郎上涨的损失,其成本是62.5美元。

模块三　汇率的决定基础及其对经济的影响

工作任务

任务一　汇率的决定基础
任务二　影响汇率变动的因素
任务三　汇率变动对经济的影响

◆ 任务一　汇率的决定基础

汇率反映了不同国家货币之间的比价,为什么1美元 = 6.6820人民币,1美元 = 85.30日元?这个比价是怎么确定呢?要弄清这个问题,我们必须了解货币制度的历史发展,不同的货币制度下,汇率的决定基础也不同。

一、金本位制度下汇率的决定

金本位制度(gold standard system)是以一定成色及重量的黄金为本位货币的一种货币制度,黄金是货币体系的基础。第一次世界大战以前,以英国为首的主要的发达国家都实行金本位制度。在金本位制度下,金币是用一定重量和成色的黄金铸造的,可以自由对外进行支付结算。金币所含有的一定重量和成色的黄金被称为含金量,含金量是金币所具有的价值。各国的金币虽然形状、大小各不相同,但金币含金量是固定的,可以用含金量体现出它们所具有的价值,因此两种货币之间的比价就是它们的含金量之比。两个实行金本位制度国家的单位货币的含金量之比称为铸币平价(mint par)。由于铸币平价反映了两种货币之间的价值对比关系,因此铸币平价便成为金本位制度下汇率决定的基础。

例如,第一次世界大战前,英国和美国都实行金币本位制,英国货币 1 英镑含纯金 7.32238 克,美国货币 1 美元含纯金 1.50463 克,因此,英镑与美元的铸币平价为:7.32238÷1.50463,即 1 英镑=4.8666 美元,这是英镑和美元汇率决定的基础。

在金本位时期,各国虽然在法律上认定两国货币的汇率是铸币平价,但铸币平价并不是外汇市场上的实际汇率,而是决定汇率的价值基础。外汇市场的实际汇率是由外汇供求直接决定的,如果市场上某种外汇供过于求,其汇率就会跌到铸币平价以下;反之,如果某种外汇供不应求,其汇率就会涨到铸币平价以上。然而在金本位制度下,汇率的下跌或上升不是漫无边际的,而是以铸币平价为中心,在一定幅度内上下波动,波动幅度的界限就是黄金输送点(gold transport points)。这是因为在金本位制度下,金币可以自由铸造、自由输出入国境,黄金可以代替货币、外汇汇票等支付手段用于国际间债务清偿。具体地,当外汇市场上的汇率上涨达到或超过某一界限时,本国债务人用本币购买外汇的成本超过使用黄金直接输出国境用于支付的成本,从而引起黄金输出,引起黄金输出的这一汇率界限就是"黄金输出点";而当外汇市场上汇率下跌,达到或低于某一界限时,本国拥有外汇债权者用外汇兑换本币所得会少于用外汇在国外购买黄金再输回国内所得,从而引起黄金输入,引起黄金输入的这一汇率界限就是"黄金输入点"。黄金输出点和黄金输入点共同构成了金本位制度下汇率波动的上下限。

黄金输送点

黄金输送点是指在金币本位制下,由于外汇汇率涨落引起黄金输出入国境的界限,它等于铸币平价加(减)运送黄金的费用。

在直接标价法下:黄金输出点=铸币平价+黄金运杂费
　　　　　　　　黄金输入点=铸币平价-黄金运杂费

例如,在第一次世界大战之前,把 1 英镑黄金由英国运往美国的运杂费为 0.03 美元,对美国来说英镑汇率的波动界限为黄金输送点,即在英镑与美元的铸币平价的基础上加(减)0.03 美元,也就是:

黄金输出点为:1 英镑 = 4.8665+0.03 = 4.8965 美元
黄金输入点为:1 英镑 = 4.8665-0.03 = 4.8365 美元

这就是说,美国黄金输出点为 4.8965,黄金输入点为 4.8365,英镑与美元汇率的波动界限在 4.8365~4.8965 之间。

二、纸币制度下汇率的决定

纸币制度是在金本位制度崩溃之后产生的一种货币制度。在纸币流通初期,纸币具有法定含金量(即纸币所代表的价值量是由各国政府根据过去流通中的金属货币的含金量来确定并以法律形式来规定)两种货币法定含金量之比称为黄金平价。黄金平价是纸币流通初期汇率的决定基础。例如,1934 年美国政府规定每 1 美元的含金量是 0.888671 克纯金,也就是说,1 美元纸币在流通中所代表的价值量相当于 0.888671 克黄金。同样英国政府规定每 1 英镑的含金量是 3.881344 克纯金,即 1 英镑纸币在流通中所代表的价值量与 3.881344 克黄金相同。那么 1 英镑=3.881344÷0.888671=4.37 美元,4.37 就是决定英镑与美元汇率的基础。在这个基础上,外汇买卖的实际汇率随市场供求的状况上下波动。

在1973年以后，随着布雷顿森林体系的解体，各国政府不再规定纸币的含金量，纸币所具有的购买一定数量商品的能力表现了纸币在流通中所代表的价值，即纸币所代表的价值表现在纸币的购买力上。按照等价交换的原则，在国际经济交易中，两种货币兑换比例的客观基础应该是两种货币购买力的对比，也称为购买力平价。购买力平价成为这一时期汇率的决定基础。由于失去了含金量和黄金输送点的限制，汇率在外汇供求状况影响下自由浮动。

◆ 任务二 影响汇率变动的因素

在经济活动中，为了交易安全，确保投资收益，投资者需要对汇率的变动进行判断。一国外汇供求的变动要受到许多因素的影响，这些因素有经济的、政治的、人为的、社会的、自然的，等等，各个因素之间相互联系，相互制约，甚至相互抵消，因此影响汇率变动的原因错综复杂。在当今的浮动汇率制度下，影响汇率变动的因素主要有：

一、国际收支状况

国际收支是一国对外经济活动的综合反映，它对一国货币汇率的变动有着直接的影响。其中，贸易收支又是影响汇率变化的最重要的因素。当一国国际收支出现逆差时，说明外汇的流出大于外汇的流入，对外汇的需求大于外汇供给，外币对本币升值，外汇汇率上升；反之，当一国国际收支顺差时，说明外汇的流入大于外汇的流出，对外汇的供给大于对外汇的需求，会造成本币对外币升值，外汇汇率下跌。例如自20世纪80年代中后期开始，美元在国际经济市场上长期处于下降的状况，而日元正好相反，一直不断升值，其主要原因就是美国长期以来出现国际收支逆差，而日本持续出现巨额顺差。

二、经济增长率

在其他条件不变的情况下，一国实际经济增长率相对别国来说上升较快，其国民收入增加也较快，会使该国增加对外国商品和劳务的需求，结果会使该国对外汇的需求相对于其可得到的外汇供给来说趋于增加，导致该国货币汇率下跌。不过在这里注意两种特殊情形：一是对于出口导向型国家来说，经济增长是由于出口增加而推动的，那么经济较快增长伴随着出口的高速增长，此时出口增加往往超过进口增加，其汇率不跌反而上升；二是如果国内外投资者把该国经济增长率较高看成是经济前景看好、资本收益率提高的反映，那么就可能扩大对该国的投资，以至抵消经常项目的赤字，这时，该国汇率亦可能不是下跌而是上升。我国就同时存在着这两种情况，近年来中国一直面临着人民币升值的巨大压力。

三、利率

利率是货币资产的一种"特殊价格"，它是借贷资本的成本和利润。国家之间的利率水平存在差异，会促使资本从利率较低的国家流向利率较高的国家。这既会直接影响有关国家的外汇供求，也会通过影响资本金融账户收支而影响国际收支，最终影响到汇率。一个国家的利率水平高于他国的利率水平，就会吸引资本从国外流入国内。近年来，国际金融市场存在大量的游资，如果一国的利率提高，会使该国的金融资产更有吸引力，导致投资者为追求利息收入将闲置资金投入该国，造成资本的大量流入，外币供大于求，促使该国货币汇率上升；反之，如果一国的利率下降，其结果则相反。

不过在这里需要强调的是，利率因素对汇率的影响是短期的，一国仅靠高利率来维持汇率坚挺，其效果是有限的，因为这很容易引起汇率的高估，而汇率高估一旦被市场投资者（投机者)所认识,很可能产生更严重的本国货币贬值风潮。例如,20世纪80年代初期,里根入主白宫以后,为了缓和通货膨胀,促进经济复苏,采取了紧缩性的货币政策,大幅度提高利率,其结果使美元在20世纪80年代上半期持续上扬,但是1985年,伴随美国经济的不景气,美元高估的现象已经非常明显,从而引发了1985年秋天美元开始大幅度贬值的风潮。

四、通货膨胀率

在纸币制度下,货币的实际价值(通过货币购买力来体现)是决定汇率的基础,而纸币制度的特点决定了货币的实际价值是不稳定的,通货膨胀几乎在任何一个国家都不可避免,这就必然引起汇率水平的变化。通货膨胀意味着该国货币代表的价值量下降,即该国货币对内贬值,在其他条件不变的情况下,货币对内贬值必然会引起对外贬值。不同国家之间存在着通货膨胀程度的差异,通货膨胀率高的国家货币汇率下跌,通货膨胀率低的国家货币汇率上升。具体来看,一国通货膨胀率高,该国出口商品相对价格上升,进口商品相对价格下降,削弱了该国商品在国际市场上的竞争力,提高了国外商品在本国市场上的竞争力,从而不利于该国商品的出口,而有利于外国商品的进口,导致贸易逆差。

通货膨胀率的差异还会影响人们对汇率的预期,影响资本在国际间的流动。如果一个国家的通货膨胀率高于他国,人们就会预期该国货币未来趋于下跌,从而将手中持有的该国货币转换为其他国家的货币,使该国货币的供给增加,从而使该国货币的汇率下降。所以,通货膨胀较严重的国家的货币汇率会下跌,而通货膨胀较平稳的国家的货币汇率会上升。

五、政府干预

一个国家的货币当局为了稳定本币汇率,避免汇率波动增加国际贸易和国际金融活动中的风险,抑制外汇投机活动,或者为了使汇率朝着有利于本国经济发展的方向,有助于实现政府的某项战略目标,就会对汇率进行干预,制止汇率的变动或改变汇率的走势。例如,当一个国家实行以促进出口来带动经济发展的出口导向的汇率政策时,中央银行会通过在国际外汇市场上买进外汇和投放本币的方法来干预汇率,使本币对外贬值或处于汇率被低估的状态。但是,中央银行的干预不能从根本上改变汇率的长期走势,只对短期的走势产生一定的影响。此外,政府还可以通过调整国内货币和财政政策来影响外汇市场汇率的走势,通过政府官员发表言论以影响外汇市场交易商的心理,通过和其他国家联合直接或间接地对外汇市场进行干预。20世纪80年代以来,西方各国货币当局对外汇市场的联合干预已成为影响汇率的一个不可忽视的因素。

案例链接

日央行袖手六年终入市 日元暴跌

面对日元的如虹涨势,日本政府终于按捺不住,六年来首次入市干预。

9月15日早间,日本财务大臣野田佳彦证实当局已进行汇市干预,之后在日本央行大手笔的日元抛售带动下,美元兑日元自日内稍早触及的15年新低82.86强势反弹,连续突破84和85两道关口,涨幅达到3%左右。

日本内阁官房长官仙谷由人则在随后表示,日本政府早些时候出手干预外汇市场以阻止日元的过度涨势,日本方面已就该行动寻求美国与欧洲当局的理解。日本央行亦表示,希望财务省干预外汇市场的行动能够有助稳定金融市场,并承诺持续向市场供应充裕资金。

日本政府的干预效果立竿见影。美元兑日元在短短几分钟内就从15年低点反弹至84上方,亚洲午盘时段进一步升至85上方,午后进入欧洲交易时段后由于日本央行继续抛售日元,美元兑日元的涨幅进一步扩大,截至北京时间16:30,已经来到85.40附近。

(资料来源:21世纪经济报道[EB/OL]. 2010-09-15. http:www.21cbh.com/HTML/2010-9-16/xNMDAwMDE5NzkxNA.html.)

六、外汇投机者的恶性炒作

20世纪80年代以来,随着主要资本主义国家经济的增长,产生了大量剩余利润,组成了投资基金,形成游资。在当代国际金融市场上,存在着规模庞大的国际游资。其中,一部分国际游资隶属于国际垄断资本集团,他们在外汇市场上并非是单纯的市场价格信号的接受者,而往往充当价格制定者的角色。例如,1997年7月爆发的泰国货币危机固然有多种原因,但是外汇投机者的恶性炒作无疑起到了推波助澜的作用。投机活动对汇率变化起推波助澜的作用,不会产生实质性的影响,只会在短期内加剧汇率波动幅度,加快汇率调整的速度。

七、市场预期

市场预期是短期内影响汇率变动的一个重要因素。外汇市场的参与者经常对影响汇率的主要因素进行预测和估计,从而预测某种货币汇率的升跌,进而作出在外汇市场上买进或卖出某种货币的决策。这将会对外汇市场的供求关系产生冲击作用,影响国际间资本的流动。随着国际资本流动规模的日益庞大,市场预测对汇率的影响也越来越大。

八、国际重大突发事件

在当今的外汇市场上,汇率变化是十分敏感的,一些非经济因素、非市场因素的变化也会波及外汇市场,如政府更迭、军事政变、战争爆发、双边矛盾加剧等,都会导致汇率暂时性或长期性变动。因为无论是政治因素、战争因素或其他因素,一旦发生变化,都会对有关国家的经济政策、经济秩序造成影响,外汇市场上的投资者出于安全、保值,或者投机的需要,会迅速进行外汇交易,引起市场行情波动。例如"9·11"事件发生前,美元由于本国经济滑坡,汇率已步入下跌趋势,爆炸事件的发生对美元同样是负面作用,两股力量相加,使得美元汇率加速下跌。2003年3月11日,美国总统布什公开表示,希望和平解决以巴问题,使得2003年3月13日的美元兑欧元的汇率比2003年3月11日上涨了1%以上。

此外,由于国际金融市场的一体化,资金在国际间自由流动,使得各个市场间的联系十分密切,价格的相互传递成为必然,黄金市场、股票市场、石油市场等其他投资品市场价格发生变化也会引起外汇市场的汇率变动。所以,我们要针对实际情况,对各种因素影响的方向和强度进行具体分析,这样才能对汇率变动作出比较正确的判断。

案例链接
索罗斯经典战役之:击垮泰铢

1997年3月3日,泰国中央银行宣布国内9家财务公司和1家住房贷款公司存在资产质量不高以及流动资金不足问题。索罗斯及其手下认为,这是对泰国金融体系可能出现的更深层次问题的暗示,便先发制人,下令抛售泰国银行和财务公司的股票,储户在泰国所有财务及证券公司大量提款。此时,以索罗斯为首的手持大量东南亚货币的西方冲击基金联合一致大举抛售泰铢,在众多西方"好汉"的围攻之下,泰铢一时难以抵挡,不断下滑,5月份最低跌至1美元兑26.70铢。泰国中央银行倾全国之力,于5月中下旬开始了针对索罗斯的一场反围剿行动,意在打垮索罗斯的意志,使其知难而退,不再率众对泰铢群起发难。

泰国中央银行第一步便与新加坡组成联军,动用约 120 亿美元的巨资吸纳泰铢;第二步效法马哈蒂尔在 1994 年的战略战术,用行政命令严禁本地银行拆借泰铢给索罗斯大军;第三步则大幅调高利率,隔夜拆息由原来的 10 厘左右,升至 1000 至 1500 厘。三管齐下,新锐武器,反击有力,致使泰铢在 5 月 20 日升至 2520 的新高位。

由于银根骤然抽紧,利息成本大增,致使索罗斯大军措手不及,损失了 3 亿美元,挨了当头一棒。然而,索罗斯毕竟还是索罗斯。凭其直觉,索罗斯认为泰国中央银行所能使出的全盘招数也就莫过于此了,泰国人在使出浑身解数之后,并没有使自己陷入绝境,所遭受的损失相对而言也只是比较轻微的。从某种角度上看,索罗斯自认为,他已经赢定了。对于东南亚诸国而言,最初的胜利只不过是大难临头前的回光返照而已,根本伤不了他的元气,也挽救不了东南亚金融危机的命运。

索罗斯为了这次机会,已经卧薪尝胆达数年之久,此次他是有备而来,志在必得。先头部队的一次挫折并不会令其善罢甘休,索罗斯还要三战东南亚。

1997 年 6 月,索罗斯再度出兵,他号令三军,重振旗鼓,下令套头基金组织开始出售美国国债以筹集资金,扩大索罗斯大军的规模,并于下旬再度向泰铢发起了猛烈进攻。刹那间,东南亚金融市场上狼烟再起,硝烟弥漫,对抗双方展开了短兵相接的白刃战,泰国上下一片混乱,战局错综复杂,各大交易所简直就像开了锅似的热汤,人们发疯似的奔跑着,呼嚎着。

只有区区 300 亿美元外汇储备的泰国中央银行历经短暂的战斗,便宣告"弹尽粮绝",面对铺天盖地而来的索罗斯大军,他们要想泰铢保持固定汇率已经力不从心。泰国人只得拿出最后一招,来个挖肉补疮,实行浮动汇率。不料,这早在索罗斯的预料当中,他为此还专门进行了各种准备。各种反措施纷纷得以执行,泰铢的命运便被索罗斯定在了耻辱的十字架上了。泰铢继续下滑,7 月 24 日,泰铢兑美元降至 32.5∶1,再创历史最低点,其被索罗斯所宰杀之状,实在令世人惨不忍睹,泰国人更是心惊肉跳,捶胸顿足,责问苍天。

(资料来源:百度文库[EB/OL]. http://wenku.baidu.com/view/f0309971f242336c1eb95e1e.html? from=rec&pos=2&weight=3&lastweight=3&count=5.)

◆ 任务三 汇率变动对经济的影响

汇率作为一个国家宏观经济中的重要变量,与许多经济因素有着密切的关系:一方面,各种经济因素的变动会影响到汇率的变化;另一方面,汇率的变动又会对很多经济因素产生作用。在浮动汇率制度下汇率变动频繁,对各国经济产生的影响日益深刻。

一、汇率变动对进出口贸易的影响

汇率对进出口的影响是最直接的也是最重要的。汇率变动不会改变进出口商品本身的价值,而是影响进出口商品在国际贸易中的相对价格,从而提高或削弱它们在国内外市场上的竞争力。一个国家的货币汇率下跌,该国出口商品以外币表示的价格会下降,从而提高该国出口商品在国际市场上的竞争力,出口数量增加;同时,以该国货币表示的进口商品的价格上升,使进口需求减少。因此,一般情况下,一国货币对外贬值后,有利于该国商品的出口;一国货币对外升值后,有利于外国商品的进口,不利于该国商品的出口。

例如,美元兑人民币的汇率由 1 美元=7.72 元人民币下降到 1 美元=6.82 元人民币,人民币升值,美元贬值。那么,一件价值 1 美元的美国商品在向中国出口时,在中国市场上的售价就由原来的7.72元人民币下降到6.82元人民币,从而提高了美国商品在中国市场上的竞争力,扩大了美国的出口。对于中国而言,出口价值7.72元人民币的商品,在国外市场售价就要由原来的1美元提高到1.13美元,这样就削弱了中国出口商品在国外市场上的竞争力。

但是,一国货币贬值起到扩大出口、限制进口的作用并不是在任何条件下都能实现,还需要注意进出口商品的供求价格弹性和对贸易收支改善的时滞两个问题。

知识窗

商品倾销与外汇倾销

商品倾销(dumping)是出口商以低于某商品在国内市场的售价,在国外市场上出售该商品。目的是打开市场,战胜竞争对手,扩大销售和垄断市场。

外汇倾销(exchange dumping)是利用本国货币对外贬值扩大出口的行为。一国货币贬值后,出口商品以外国货币表示的价格降低,提高了该国商品在国际市场上的竞争力,有利于扩大出口,限制进口。外汇倾销不能无限制和无条件地进行,只有在具备以下条件时,外汇倾销才可起到扩大出口、限制进口的作用:①货币贬值的程度要大于国内物价上涨的程度;②其他国家不同时实行同等程度的货币贬值。③其他国家不同时采取其他报复性措施,如提高关税。

二、汇率变动对国内经济的影响

1. 汇率变动对物价水平的影响

一国汇率变动对国内经济最直接的作用是影响物价。一般来讲,一国货币汇率下降容易引发国内的通货膨胀现象。首先从进口角度看,本币贬值导致进口商品的本币价格提高,它所产生的示范效应会带动国内同类商品的价格上升;若进口商品属于生产资料,其价格上升还会通过生产成本上升推动最终产品价格上涨。其次从出口角度看,一国货币汇率下降首先引起出口量的扩大,但是短期内扩大生产存在一定的困难,这就加剧了国内市场的供求矛盾,引起出口商品的国内价格上涨。反之,一国货币汇率上升,则有助于抑制本国通货膨胀。

2. 汇率变动对国内利率的影响

汇率变动会激发人们对利率变动的心理预期。如果一国货币汇率下降激发人们产生进一步下降的预期,会引起短期资本外逃,国内资本供给减少,可能引起利率上升。如果汇率下降激发起人们对汇率反弹的预期,则可能导致短期资本流入,国内资本供给增加,利率下降。

3. 汇率变动对国民收入和就业的影响

一国货币汇率下降会使该国出口增加,从而刺激国内企业扩大出口产品生产规模,推动就业水平的提高,增加国民收入。同时,本币汇率下降使进口减少,导致国内对进口产品的需求转向国内的同类商品,即产生进口替代效应,使生产进口替代品的部门和企业的收益增加,从而引起资源在国内各部门的重新配置,而上述的一系列变化会使该国的国民收入总额增加。如果一国的货币汇率上升,则情况正好相反。

三、汇率变动对国际资本流动的影响

汇率变化是影响国际间资本流动的直接因素,资本流动的目的主要是追求利润和避免受损。当一国的货币贬值尚未到位时,国内资本的持有者和外国投资者为避免该国货币再次贬值而蒙受损失,会将资本调出该国,进行资本逃避。若该国货币贬值已经到位,在具备投资环境的情况下,投资者不再担心贬值受损,外逃的资本就会流回国内。特别是如果某种货币贬值

过头,当投资者预期该汇率将会反弹,就会引起大规模的资本流入。而货币升值的作用正好相反。当一国的货币升值尚未到位时,国内资本的持有者和外国投资者为获得利润会将资本调入该国,若该国货币升值已经到位,投资者将会担心接下来发生贬值受损,资本纷纷外逃。因此,一国汇率的起伏不定注定引起国际资本的频繁流动。

四、汇率变动对国际经济关系的影响

在浮动汇率制度下,外汇市场上各种货币频繁的、不规则的变动,不仅给各国对外贸易、国内经济等造成了深刻影响,而且也影响着各国之间的经济关系。这种影响主要体现在以下几个方面:

1. 加深了各国争夺销售市场的斗争

如果一国实行以促进出口、改善贸易逆差为主要目的的货币贬值,会使对方国家货币相对升值,出口竞争力下降,尤其是以外汇倾销为目的的本币贬值必然引起对方国家和其他利益相关国家的反抗甚至报复,这些国家会采取针锋相对的措施,直接或隐蔽地抵制贬值国商品的侵入,汇率战由此而生;竞相货币贬值以促进各自国家的商品出口是国际上很普遍的现象,由此造成的不同利益国家之间的分歧和矛盾也层出不穷,这加深了国际经济关系的复杂化。

2. 促进了储备货币多元化的形成

由于某些储备货币发行国的国际收支恶化,其货币汇率不断下跌,影响其国际地位,而有些国家的情况相反,其货币在国际领域的地位和作用日益加强,进而促进了国际储备货币多元化的形成。

3. 促进了国际金融业务的不断创新

汇率变动影响国际间资本流动,促进了外汇交易的投机,造成了国际金融市场的动荡与混乱,同时由于汇率的起伏不定,加剧了国际贸易与金融的汇率风险。为了减缓汇率风险,货币期货、货币期权、货币互换和欧洲债券等衍生金融工具推陈出新,使国际金融业务的形式与市场机制不断创新。

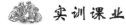 实训课业

一、实训项目

外汇牌价的应用。

【实训内容】

在中国银行网站上查阅实时汇率报价。

【实训要求】

1. 指出各种报价中基准货币和标价货币。
2. 从各报价中分清楚 bid rate 和 offer rate。
3. 指出汇率报价相差的基本点。
4. 根据人民币外汇牌价,回答以下问题:

(1)一位出国旅游者到银行兑换 3000 美元现钞,需要支付多少人民币?他旅行回国后,将手头剩余的 200 美元现钞兑换回人民币,能兑换多少?

(2)某出口商将其收到的 10 万英镑货款进行即期结汇,该出口商能兑换多少人民币?

(3)某进口商要支付到期的货款 1000 万日元,应该付出多少人民币?

(4)计算美元兑日元的即期汇率是多少?

二、技能训练

1. 银行同业间进行外汇交易时,某银行的报价为 EUR/USD=1.4946/58,GBP/USD=1.6234/54,解释该报价的含义。

2. 某日伦敦外汇市场报价 GBP/USD 即期汇率 1.8980/1.8990,1 月期差价为 20/10,3 月期差价为 40/30,6 月期差价为 80/90,12 月期差价为 60/50。计算 GBP/USD 1 月期、3 月期、6 月期、12 月期的远期汇率是多少?

3. 请计算出下列各货币兑 SGD 的交叉汇率。设 USD/SGD = 1.2570/90。

(1)EUR/USD = 1.4124/40,求 EUR/SGD。

(2)USD/JPY = 84.35/52,求 JPY/SGD。

(3)HKD/SGD = 0.1626/30,求 USD/HKD。

4. 已知某银行的即期汇率报价如下:

USD/SGD = 1.6120/30

GBP/USD = 1.5620/30

AUD/USD = 0.6970/80

USD/CAD = 1.1830/40

若客户要购买美元,应该使用哪一价格?购买基础货币应当使用买入价还是卖出价?具体为多少?购买报价货币应当使用买入价还是卖出价?具体为多少?

5. 下表为甲、乙、丙三家银行的报价,就每一种汇率报价而言,若询价者要购买美元,哪家银行的报价对其有利?

甲、乙、丙三家银行的报价

汇率	甲银行	乙银行	丙银行
USD/SGD	1.6150/57	1.6152/58	1.6151/56
USD/JPY	110.43/49	110.42/47	110.44/48
GBP/USD	1.5472/79	1.5472/80	1.5473/78
EUR/USD	1.2153/60	1.2152/58	1.2154/59
USD/FRF	5.5428/35	5.5427/33	5.5429/37
AUD/USD	0.7120/25	0.7122/26	0.7119/25

6. 如果你是香港某银行交易员,你向客户报出美元兑港币汇率为 7.8057/67,客户要以港币向你买进 100 万美元,请问:(1)你应给客户什么汇价?(2)如果客户以上述报价购买 3500 万美元,卖给你港币,随后,你打电话给经纪人想买回美元平仓,几家经纪人的报价是 A. 7.8058/65;B. 7.8062/70;C. 7.8054/60;D. 7.8053/63。你该同哪个经纪人交易对你最有利?汇价是多少?

7. 某日伦敦外汇市场牌价:GBP/EUR=2.1602/35,GBP/USD=1.9060/1.9089。我国某出口公司出口荷兰一种化工用品,原报价 USD570/MT CIF ROTTERDAM,但客户要求改报欧元价,请问:(1)按上述汇率换算的 USD/EUR 汇率是多少?(2)参考此汇率,上述商品应报多少欧元?

8. 某日我国中行外汇牌价为 100 美元＝727.24－729.50 元人民币,100 英镑＝1000.23－1005.44 元人民币。我出口某商品,对外报价为每吨 300 英镑 CIF 伦敦(其中保险费 5 英镑,运费 25 英镑),出口总成本每吨 2 900 元人民币。现客户要求改报美元价格,问：

(1)应报多少美元？

(2)该批商品换汇成本及盈亏率各是多少？

项目二　外汇市场业务及创新

 项目阐释

本项目主要介绍了外汇市场和外汇市场中的业务,包括传统的外汇市场交易和外汇衍生交易。通过本项目的学习,使学生对外汇市场有一个初步的了解,理解并能应用各种外汇业务。

 能力目标

◇ 了解外汇市场的概念、参与者及类型
◇ 熟悉即期外汇交易的基本规则,理解即期外汇交易的应用
◇ 熟悉远期外汇交易的基本规则,理解远期外汇交易的应用
◇ 理解套汇、套利、掉期交易的内涵及计算
◇ 理解外汇期货交易、期权交易及互换交易的内涵和应用

 项目分解

模块一　外汇市场
模块二　外汇交易
模块三　衍生外汇交易

模块一　外汇市场

 工作任务

任务一　外汇市场的参与者
任务二　外汇市场的类型
任务三　全球外汇市场的统一

外汇市场是进行外汇交易或货币兑换的场所,其特点在于买卖的对象是货币,是国际金融市场的重要组成部分。自 20 世纪 70 年代以来,随着国际经济环境和交易技术手段的变化,外汇市场获得了长足的发展。目前,全球外汇市场日交易额约为 4 万亿美元,在国际金融领域中

占有至关重要的地位。

◆ 任务一 外汇市场的参与者

在外汇市场中,参加者众多,简单而言凡是在外汇市场上进行交易活动的人和机构都可定义为外汇市场的参与者。为了更好地认识外汇市场的活动主体,可以把外汇市场的参与者概括地分为外汇银行、外汇经纪人、中央银行和普通客户四类。

一、外汇银行

外汇银行是有权经营外汇业务的银行,它可以是专营或兼营外汇业务的本国商业银行和其他金融机构,也可以是设在本国的外国银行分支机构、代办处或其他金融机构。外汇银行是外汇业务的主体。

二、外汇经纪人

外汇经纪人充当交易双方的中介人,是对买卖指令进行配对并从交易中获取佣金的公司或汇兑商。外汇经纪人有着广泛的信息网,清楚交易双方的报价高低,然后进行配对。经纪人不从买卖差价中获利,但是从交易中获取佣金。

三、中央银行

虽然在布雷顿森林体系崩溃以后,各国已纷纷实行了浮动汇率制,但事实上没有一个国家真正放弃了对外汇市场的干预,都通过中央银行在外汇市场上买入或卖出外汇来干预外汇市场。目前,许多国家都设立了专门的外汇平准基金来干预外汇市场。近年来,西方国家的中央银行不仅单独干预外汇市场,而且,一些主要发达国家的中央银行还经常对外汇市场进行联合干预。因此,中央银行不仅是外汇市场的一般参与者,在一定程度上也可以说是外汇市场的实际操纵者。

四、普通客户

普通客户是指出于交易、保值或投机性需要而参与外汇交易的机构和个人,如进出口商、跨国公司、国际投资者和跨国旅游者、留学生等。自20世纪80年代以来,跨国公司成为外汇市场上的主要客户,其雄厚的资金和巨大的业务量对外汇市场有着较大的影响。

◆ 任务二 外汇市场的类型

一、根据外汇交易的参与者不同分类

在这种划分标准下,外汇市场可分为客户与银行间外汇市场、银行与银行间外汇市场、中央银行与银行间外汇市场三个层次。

1. 客户与银行间外汇市场

客户与银行间外汇市场也称为商业市场、客户市场。在外汇交易中,客户的外汇买卖通常通过外汇银行的柜台交易进行。客户需要外汇时,向外汇银行买入外汇;客户收到外汇后,可以向银行卖出外汇。例如,进口商需要对外支付外币时,可以向银行付出本币买入外币;出口商获得外汇收入可以卖给银行以换取本币。客户也可以通过银行进行外汇投机交易。客户与银行之间所进行的交易金额通常较小、笔数较多,故称为零售外汇交易。客户是外汇市场上的直接供给者和需求者,客户与银行间的交易是外汇市场的第一个层次。

2. 银行与银行间外汇市场

银行与银行间外汇市场也称为同业市场。在银行买入或卖出外汇后，银行自身所持有的外汇就会出现多余或短缺，即外汇敞口头寸。某种货币买入过多的情况称为超买或多头，反之称为超卖或空头。这两种情况都将使银行暴露于汇率波动的风险之中。银行间外汇交易的主要目的是平衡外汇银行自身持有的外汇头寸，以减少外汇风险。这种外汇交易由于交易金额大而被叫做外汇批发交易，它构成外汇市场的第二个层次。

3. 中央银行与银行间外汇市场

中央银行参与外汇交易，主要目的有两个：一是为了增减外汇储备的数量或改变其构成；二是干预汇率。一般来说，中央银行或直接拥有，或代表财政经营本国的官方外汇储备。在外汇市场急剧波动时，为了稳定汇率，中央银行也经常通过参与市场交易进行干预，在外汇过多时买入或在外汇短缺时卖出。中央银行与银行间外汇市场是外汇市场的第三个层次。

二、根据有无固定的交易场所划分

在这种划分标准下，外汇市场可划分为有形外汇市场和无形外汇市场。

1. 有形外汇市场

有形外汇市场是指有固定的营业场所和规定的交易时间的外汇市场，形成时间早。参与外汇交易的双方于一定时间集合在一定的地点，面对面进行洽谈和交易。在历史上，这种外汇交易方式在欧洲大陆比较流行，比如巴黎、法兰克福、米兰等。目前，它逐步被无形外汇市场所取代。

2. 无形外汇市场

无形外汇市场指没有具体交易场所的外汇市场。这种外汇市场的交易是利用现代化的电子通讯工具如各种网络、电话、电传达成的。随着科技的发展，无形外汇市场已经占有了主要位置。伦敦、纽约、东京和苏黎世等外汇市场都属于此类。

三、根据交割的时间不同划分

在这种划分标准下，外汇市场可划分为现汇市场和期汇市场。

1. 现汇市场

现汇市场又叫做即期外汇交易市场，是进行外汇交易的场所和媒介。即期外汇交易指的是交易双方按照外汇市场上的即时价格成交后，在两个交易日内办理交割的外汇交易。也就是说，双方在达成了交易意向之后，在两个工作日内双方进行账户资金的转移。由于外汇交易实际上买卖的是一些货币的活期存款，因此交割就是指把买卖的货币进行清算的过程，交割结束的标志是买卖双方交易货币存款额的增减。一般而言，交割日即是有效的起息日和结息日。现汇交易市场的参与者有进口商、为收回投资而参与交易的跨国公司、为干预市场而进行交易的中央银行等。即期交易使用的是即期汇率，即期交易往往瞬息万变，因此要求交易员要有高超的技能和敏捷快速的反应能力。

2. 期汇市场

期汇市场又叫做远期外汇市场。在一笔进出口贸易中，如果货款是以非出口商本币计价并且几个月后才能支付的话，出口商就面临着在几个月后按照当时的即期汇率来兑换货款的问题。这时出口商到时到底能收回多少本币则是一个未知数，可能会由于即期汇率的波动而遭受损失。出口商面临的问题可以在远期外汇市场得到解决，即该出口商进行远期外汇交易，现在就确定将来要兑换的某种外汇的价格,从而规避汇率风险。远期外汇交易是指外汇买卖成交后,于两个工作日以外的预约时间再办理交割的外汇交易业务。这种外汇买卖的实现需要具备两个过程:一是双方签订远期外汇合约,以规定交易外币的种类、金额、远期汇率、交割时间和地点;二是到预定的日期双方按照约定的条件进行交割。从成交日到交割日,中间的时间最短为3天,另外还有1个月、2个月、3个月、6个月、9个月和12个月。期汇市场的参与者主要有为了规避汇率风险锁定成本的出口商、国际借贷者,另外还有一些投机商和套利者。

◆ 任务三 全球外汇市场的统一

全球外汇市场是由各国际金融中心的外汇市场构成的,这是一个庞大的体系。虽然对于单个外汇市场而言,在营业日内存在"开市"和"收市"时间,但是对于外汇市场的参与者来说,却并不意味着只能在开市后、收市前进行交易。因为对于全球外汇市场而言,即使一个外汇市场收市了,外汇交易仍然可以继续在其他外汇市场进行。

目前,世界上有30多个主要的外汇市场,如伦敦、纽约、东京、巴黎、法兰克福和香港等地的外汇市场等,它们遍布于世界各大洲的不同国家和地区,由于世界各地存在时差,不同外汇市场的交易时间顺承相连或相互交错,从全球范围看,外汇市场已经形成了一个24小时全天候运作的市场。例如,按格林威治时间,香港外汇市场凌晨零点开市,上午9点结束营业;在此之前,在上午7:30和8:30,法兰克福外汇市场和伦敦外汇市场已分别开市,它们分别于下午15:30和16:30结束营业,这时纽约、洛杉矶和芝加哥外汇市场又已开始营业。到它们结束时,香港、新加坡、东京的外汇市场又已开市。如此周而复始,一天24个小时可以连续不断地通过世界各个外汇市场进行交易。当欧美几个主要的外汇交易中心,即伦敦、法兰克福、纽约都在营业时,也即格林威治时间下午时分,外汇市场是最忙碌的。

各个外汇市场相互之间通过先进的通信设施和计算机网络连成一体,市场参与者不仅可以全天候在世界各地进行交易,而且由于交易的速度很快及转移资金的规模庞大,全球各市场间的汇率差异很小,因而形成了全球统一的外汇市场。

全球主要外汇市场交易时间(北京时间)

惠灵顿外汇交易市场	04:00—13:00
悉尼外汇交易市场	06:00—15:00
东京外汇交易市场	08:00—15:30
香港外汇交易市场	10:00—17:00
法兰克福外汇交易市场	14:30—23:00
伦敦外汇交易市场	15:30—00:30
纽约外汇交易市场	21:00—04:00

全球主要的外汇市场包括:

1. 伦敦外汇市场

伦敦外汇市场是一个典型的无形市场,没有固定的交易场所,只是通过电话、电传、电报完成外汇交易。

伦敦外汇市场是全球交易量最大的外汇市场。在伦敦外汇市场上，参与外汇交易的外汇银行机构约有600家，包括本国的清算银行、商人银行、其他商业银行、贴现公司和外国银行。这些外汇银行组成伦敦外汇银行公会，负责制定参加外汇市场交易的规则和收费标准。

在伦敦外汇市场上，约有250多个指定经营商。作为外汇经纪人，他们与外币存款经纪人共同组成外汇经纪人与外币存款经纪人协会。在英国实行外汇管制期间，外汇银行间的外汇交易一般都通过外汇经纪人进行。1979年10月英国取消外汇管制后，外汇银行间的外汇交易就不一定通过外汇经纪人了。

伦敦外汇市场的外汇交易分为即期交易和远期交易。汇率报价采用间接标价法，交易货币种类众多，最多达80多种，经常有三四十种。交易处理速度很快，工作效率高。伦敦外汇市场上外币套汇业务十分活跃，自从欧洲货币市场发展以来，伦敦外汇市场上的外汇买卖与"欧洲货币"的存放有着密切联系。欧洲投资银行积极地在伦敦市场发行大量欧洲德国马克债券，使伦敦外汇市场的国际性更加突出。

2. 纽约外汇市场

纽约外汇市场是重要的国际外汇市场之一，其日交易量仅次于伦敦外汇市场。纽约外汇市场也是一个无形市场。外汇交易通过现代化通讯网络与电子计算机进行，其货币结算都可通过纽约地区银行同业清算系统和联邦储备银行支付系统进行。

由于美国没有外汇管制，对经营外汇业务没有限制，政府也不指定专门的外汇银行，所以几乎所有的美国银行和金融机构都可以经营外汇业务。但纽约外汇市场的参加者以商业银行为主，包括50余家美国银行和200多家外国银行在纽约的分支机构、代理行及代表处。

纽约外汇市场上的外汇交易分为三个层次：银行与客户间的外汇交易、本国银行间的外汇交易以及本国银行和外国银行间的外汇交易。其中，银行同业间的外汇买卖大都通过外汇经纪人办理。纽约外汇市场有8家经纪商，虽然有些专门从事某种外汇的买卖，但大部分还是同时从事多种货币的交易。外汇经纪人的业务不受任何监督，对其安排的交易不承担任何经济责任，只是在每笔交易完成后向卖方收取佣金。

纽约外汇市场交易活跃，但和进出口贸易相关的外汇交易量较小。相当部分外汇交易和金融期货市场密切相关。美国的企业除了进行金融期货交易而同外汇市场发生关系外，其他外汇业务较少。

纽约外汇市场是一个完全自由的外汇市场，汇率报价既采用直接标价法（指对英镑）又采用间接标价法（指对欧洲各国货币和其他国家货币），便于在世界范围内进行美元交易。交易货币主要是欧洲大陆、北美加拿大、中南美洲、远东日本等国货币。

3. 东京外汇市场

东京外汇市场是一个无形市场，交易者通过现代化通讯设施联网进行交易。东京外汇市场的参加者有五类：一是外汇专业银行，即东京银行；二是外汇指定银行，指可以经营外汇业务的银行，共340多家，其中日本国内银行243家，外国银行99家；三是外汇经纪人8家；四是日本银行；五是非银行客户，主要是企业法人、进出口企业商社、人寿财产保险公司、投资信托公司、信托银行等。

东京外汇市场上，银行同业间的外汇交易可以通过外汇经纪人进行，也可以直接进行。日本国内的企业、个人进行外汇交易必须通过外汇指定银行进行。汇率有两种：一是挂牌汇率，包括了利率风险、手续费等的汇率，每个营业日上午10点左右，各家银行以银行间市场的实际汇率为基准各自挂牌,原则上同一营业日中不更改挂牌汇率;二是市场连动汇率,以银行间市场的实际汇率为基准标价。

4. 瑞士外汇市场

瑞士苏黎世外汇市场是一个有历史传统的外汇市场,在国际外汇交易中处于重要地位。这一方面是由于瑞士法郎是自由兑换货币;另一方面是由于二次大战期间瑞士是中立国,外汇市场未受战争影响,一直坚持对外开放。其交易量原先居世界第四位,但近年来被新加坡外汇市场超过。

在苏黎世外汇市场上,外汇交易是由银行自己通过电话或电传进行的,并不依靠经纪人或中间商。由于瑞士法郎一直处于硬货币地位,汇率坚挺稳定,并且瑞士作为资金庇护地,对国际资金有很大的吸引力,同时瑞士银行能为客户资金严格保密,吸引了大量资金流入瑞士。所以苏黎世外汇市场上的外汇交易大部分是由于资金流动而产生的,只有小部分是出自对外贸易的需求。

5. 新加坡外汇市场

新加坡外汇市场是在20世纪70年代初亚洲美元市场成立后,才成为国际外汇市场。

新加坡地处欧亚非三洲交通要道,时区优越,上午可与香港、东京、悉尼进行交易,下午可与伦敦、苏黎世、法兰克福等欧洲市场进行交易,中午还可同中东的巴林、晚上同纽约进行交易。根据交易需要,一天24小时都同世界各地区进行外汇买卖。新加坡外汇市场除了保持现代化通讯网络外,还直接同纽约的CHIPS系统和欧洲的SWIFT(环球银行金融电信协会)系统连接,货币结算十分方便。

新加坡外汇市场的参加者由经营外汇业务的本国银行、经批准可经营外汇业务的外国银行和外汇经纪商组成。其中外资银行的资产、存放款业务和净收益都远远超过本国银行。

新加坡外汇市场是一个无形市场,大部分交易由外汇经纪人办理,并通过他们把新加坡和世界各金融中心联系起来。交易以美元为主,约占交易总额的85%左右。大部分交易都是即期交易,掉期交易及远期交易合计占交易总额的1/3。汇率均以美元报价,非美元货币间的汇率通过套算得出。

6. 香港外汇市场

香港外汇市场是20世纪70年代以后发展起来的国际性外汇市场。自1973年香港取消外汇管制后,国际资本大量流入,经营外汇业务的金融机构不断增加,外汇市场越来越活跃,发展成为国际性的外汇市场。

香港外汇市场是一个无形市场,没有固定的交易场所,交易者通过各种现代化的通讯设施和电脑网络进行外汇交易。香港地理位置和时区条件与新加坡相似,可以十分方便地与其他国际外汇市场进行交易。

香港外汇市场的参加者主要是商业银行和财务公司。该市场的外汇经纪人有三类:当地经纪人,其业务仅限于香港本地;国际经纪人,是20世纪70年代后将其业务扩展到香港的其他外汇市场的经纪人;香港本地成长起来的国际经纪人,即业务已扩展到其他外汇市场的香港经纪人。

20世纪70年代以前,香港外汇市场的交易以港币和英镑的兑换为主。20世纪70年代后,随着该市场的国际化及港币与英镑脱钩与美元挂钩,美元成了市场上交易的主要外币。香港外汇市场上的交易可以划分为两大类:一类是港币和外币的兑换,其中以和美元兑换为主,另一类是美元兑换其他外币的交易。

模块二　外汇交易

工作任务

> 任务一　即期外汇交易
> 任务二　远期外汇交易
> 任务三　套汇、套利、掉期交易

案例导入

根据国际清算银行(BIS)公布的最新银行三年期报告,全球外汇交易量在过去3年激增了20%,2010年4月的日均外汇交易量达4万亿美元。在各类交易工具中,外汇掉期仍是最主要的交易工具,其市场份额为44%,较三年前下降7个百分点;而即期交易和远期交易占总成交量的比重分别为37%和12%,比三年前分别上升7个和1个百分点;期权和其他交易工具占比下降1个百分点至5%。国际清算银行的调查是通过收集全球50多家中央银行和1300家交易银行的输入数据得出。

该报告披露了全球外汇市场整体变化情况,并公布了美国、日本、加拿大、法国、新加坡等地区在外汇市场的表现。全球外汇市场交易的地理格局变化不大,伦敦、纽约和东京仍是全球三大外汇交易中心。2010年,英国在全球外汇交易中的领先地位进一步上升,其在外汇市场交易中的份额由三年前的34%升至2010年4月的37%。美国位列第二位,市场份额由三年前的17%升至2010年4月的18%。日本以6%的份额位居全球第三大外汇交易中心。市场份额排名第四至第七的国家或地区分别为新加坡(5%)、瑞士(5%)、香港特别行政区(5%)和澳大利亚(4%)。

对冲基金、共同基金、保险公司和小型银行的日均外汇交易量增长约42%,至1.9万亿美元。主要交易银行间的外汇交易量确实出现增长,但增速更慢,日均交易量为1.5万亿美元。如果这一形势得以延续,这将是这个传统上一直由大型银行主导的市场的一个潜在大转变。

思考与分析:
1. 请您找出上面案例中涉及的外汇交易方式?
2. 外汇交易中交易量主要来源于哪些交易主体?

外汇交易是国际间结算债权、债务关系的工具。近十几年来,外汇交易不仅在数量上成倍增长,而且在实质上也发生了重大的变化。外汇交易不仅仅是国际贸易得以实现不可或缺的工具,而且已成为最重要的金融商品之一。

◆ 任务一　即期外汇交易

即期交易是外汇市场上最常见、最普遍的交易形式。外汇交易双方商定价格(即汇率)后很快就办理交割手续,一般时间不超过两个营业日。即期交易的汇率构成了所有外汇汇率的基础。一般来说,在国际外汇市场上进行外汇交易时,除非特别指定日期,一般都视为即期交易。

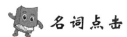

即期外汇交易(spot exchange transaction)又称现汇交易,是指买卖双方成交后两个营业日内办理交割的外汇交易。

一、即期外汇交易的交割日期

交割日,是买卖双方支付货币的日期。由于绝大多数外汇交易通过银行进行结算、收付货币,交割通常表现为交易双方按对方的要求,将卖出的货币解入对方指定的银行,因此交割日也称为起息日,意味着买卖双方解入账户的货币从这一天开始计息。即期交易的交割日距离成交日的时间较短,一般在成交后两个营业日以内。具体来说,交割有以下三种类型:

1. 标准交割日

标准交割日指在成交后第二个营业日交割,如果遇上非营业日,则向后递延到下一个营业日。目前大部分银行间外汇交易都采用这种方式。

2. 隔日交割

隔日交割是指在成交后第一个营业日进行交割。在银行间外汇交易中,如果两种交易货币的发行地刚好属于同一个时区,则可以采用隔日交割的方式,如港元兑新加坡元、日元的交易。

3. 当日交割

当日交割是指在成交当日进行交割的即期外汇交易。一般银行与境内客户的即期外汇买卖都采用这种方式,如我国的个人外汇买卖就采用这种方式。

根据国际金融市场惯例,交割日必须是两种货币的发行国家或地区的各自营业日,并且遵循"价值抵补原则",即一项外汇交易合同的双方必须在同一时间进行交割,以免任何一方因交割的时间不同而蒙受损失。

二、即期外汇交易的报价

在即期外汇交易中,所有货币的汇价都是针对美元的,即采用美元报价法,以美元为标准单位进行报价。但美元对欧元、英镑、澳大利亚元除外。当涉及两种非美元货币之间的汇价时,报价方报出的是美元分别对这两种非美元货币的报价,根据报价再套算出两种非美元货币的汇价。

即期汇率通常由5位数组成。在外汇买卖中,一般用基本点来表示买卖差价和汇率上升下降的变化幅度。基本点简称为"点",是汇率的基本单位。一般情况下,一个基本点为万分之一货币单位,相当于小数点后的第四的数字,即 0.0001。极少数货币因面额较大,其基本点为 0.01 单位。例如,USD/CNY 由 6.7275 变为 6.7263,意味着美元兑人民币下跌了 12 个点;USD/JPY 由 83.09 变为 83.19,意味着美元兑日元上升了 10 个点。由于外汇汇率的变动主要是后面两位数字,前三位数字很少变动,外汇交易报价一般只报最后两位数。但在成交后的确认中一定要将大数(即前 3 位数)和小数(即后 2 位数)一起标明,防止不必要的错误和纠纷。例如:USD/CHF 1.4040/50(40/50)。

实践与体验

下面的报价形式是经常见到的：
USD/JPY（美元兑日元）83.15/18
USD/HKD（美元兑港币）7.7837/45
GBP/USD（英镑兑美元）1.6223/26

思考与分析：
1. 银行在买入美元时，分别需要按什么汇价支付日元、港币和英镑？
2. 银行在卖出美元时，分别需要按什么汇价收进日元、港币和英镑？

通常银行报价时实行双价制，即对每一种货币同时报出买入价和卖出价。斜线左边是买入价，即银行买入基本货币的汇价；斜线右边是卖出价，即银行卖出基本货币的汇价。

银行同业间交易占了外汇交易的绝大部分，其数额较大。交易金额常以 100 万为一个单位。例如，交易中用 one dollar 表示 100 万美元，six dollar 表示 600 万美元。但如果交易金额低于 100 万美元，应预先说明小金额交易，然后再报出具体的金额。

三、即期外汇交易的程序

一笔完整的外汇交易往往包括以下五个步骤：询价、报价、成交或放弃、确认及交割，其中报价是关键。

1. **询价**

询价指一个银行向另一个银行询问某种即期外汇交易的汇率。询价是交易的起点，询价行无需向对方表明自己是以买者还是以卖者的身份来询价，但要报出拟交易货币的名称和交割日期。

2. **报价**

报价指一个银行向另一个银行表示愿意按某种汇率进行外汇交易的意愿，它对报价方具有法律约束力。报价方在接到询价方询问后，要以最快的速度做出报价。

3. **成交或放弃**

当报价方报出询价方所需要的汇价后，询价方应对报价方迅速作出反应，或者成交，或者放弃，而不应与报价方讨价还价。一旦成交，便对交易双方具有约束力。除非双方同意，否则任何一方都无权对交易细节进行修改或否认。

4. **确认**

成交后，交易双方必须就交易细节的详细内容进行一次完整的重复确认，即交易双方要把所交易货币的价格、交易金额、起息日期、开户银行及结算方式等相互确认一遍。

5. **交割**

交易双方按照对方的要求，将卖出的货币及时准确地划入对方指定的银行账户中。

 **知识窗**

外汇业务术语

结算国：外汇交易中所涉货币的发行国。
交易国：进行外汇交易的所在国。

多头:预料将要上涨而买进的外汇,等待卖出。
空头:预料将要下降而卖出外汇,等待买进。
轧平:即将多头抛出,空头补进。
外汇头寸:用外汇表示资产或者负债的余额,可能是资产方,可能是负债方。
隔夜拆借:银行之间的借贷,一般为 7 天。

四、即期外汇交易的应用

1. 满足客户临时性的支付需要

通过即期外汇交易,客户可将手中的一种货币兑换成另一种货币,用以应付进出口贸易、投标、海外工程承包等的外汇结算或归还外汇贷款。例如,某公司需在周三归还某外国银行美元贷款 100 万,而该公司持有日元,它可以在周一按 1 美元＝82.90 日元的即期汇率向银行购入美元 100 万,同时出售日元。周三,该公司通过转账将 8290 万日元交付给银行;同时银行将 100 万美元交付给公司,该公司便可将美元汇出归还贷款。

2. 调整各种货币头寸

如某公司遵循"不要把所有的鸡蛋放在同一个篮子里"的原则,通过即期外汇交易,将全部外汇的 15% 由美元调整为欧元,10% 调整为日元,通过此种组合可以分散外汇风险。

实践与体验

即期外汇交易对话

交易过程　　　　　　意义说明

A:EUR 8 Mio　　A(银行)询价:欧元兑美元,金额 800 万

B:1.4662/66　　B(银行)报价:价格 EUR＝USD1.4662/76

A:My risk　　A 不满意 B 的价格,在此价格下不愿做交易,即此价格不再有效,A 可以在数秒之内再次向 B 询价

A:NOW PLS　　A 再次向 B 询价

B:1.4664 Choice　　B 以 1.4664 的价格任 A 选择要买或卖(一般而言,当报价行报出 Choice 时,一定要做交易,不能以价格不好作借口而不做)

A:Sell PLS　　A 选择卖出欧元,金额 800 万

My USD To A NY　　我的美元请汇入 A(银行)的纽约账户

B:OK Done　　此交易成交

At 1.4664 We Buy　　在 1.166 4 我买入

EUR 8 Mio AGUSD　　欧元 800 万兑美元

Val July-24　　交割日 7 月 24 日

EUR To My Paris　　欧元请汇入我行在巴黎的欧元账户

TKS for Deal,BIBI　　谢谢惠顾,再见

思考与分析:

当企业发生即期外汇交易时,怎样结合实际情况进行外汇交易对话?

3. 进行外汇投机

如果客户或者银行预测某种货币价格会上涨,就可在当天的某一时刻买入该货币,当真的上涨的时候再卖出获利;或者预测某种货币价格会下跌,就可在当天的某一时刻先卖出该货

币,待真的下跌时再买入获利。进行外汇投机如果对汇率预测准确就可以带来丰厚利润,但对汇率走势预测失败,也可能造成巨额亏损。

◆ 任务二 远期外汇交易

名词点击

远期外汇交易(forward foreign exchange transaction)又称期汇交易,是指外汇买卖双方成交时签订合约,约定各种有关条件,如外币的种类、金额、交割时间和地点,在未来的约定日期按合约的约定办理交割的外汇交易。

如果外汇买卖双方在商定价格(即汇率)后并不立即进行交割,而是等到未来某一日期再进行交割,通常至少在一个月以后,则这种外汇交易被称为远期外汇交易。

一、远期外汇交易的交割日期

远期外汇交易与即期外汇交易的主要区别在于交割日或起息日的不同。凡交割日在两个营业日以外的外汇交易均属远期外汇交易,远期外汇交易的交割期限通常为1、2、3、6个月,有的长至一年、短至几天,其中最常见的是3个月,因为国际贸易付款往往是在3个月之后。另外,有些客户需要特殊期限的远期交易,比如52天、97天等,这些客户可以同银行签订特殊日期的远期外汇交易合约,进行零星交易(odd date transaction 或 broken date transaction)。

确定远期外汇交易交割日要遵循以下几点规定:

1. "节假日顺延"规则

远期外汇交易到期时的交割日恰逢银行假日,一般将交割日顺延到下一个营业日。

2. "日对日"规则

"日对日"规则即远期外汇交易的交割日与成交时的即期交割日(即成交后的第二个营业日)相当。例如,2月8日成交的3月期远期外汇交易,2月10日为即期交割日,则标准远期交割日为5月10日,但它们必须是有效的营业日,即相关币种国家共同的营业日。

3. "月底对月底"规则

如果即期交割日恰逢该月最后一个工作日,则远期交割日也安排在相应月份的最后一个工作日。例如,在3月29日达成的1月期远期外汇合约,即交割日为3月31日,远期交割日则是4月31日,但4月份没有31日,则该远期交割日在4月份的最后一个营业日。

4. "不跨月"规则

"不跨月"规则即远期外汇交易交割日遇上节假日顺延时,不能跨过交割月所在月份。例如,即期交割日为1月30日,2个月远期交割日为3月30日,但3月30、31日均不是营业日,则远期外汇交易的交割日应提前到3月29日。

二、远期外汇交易的应用

1. 保值性远期外汇交易

保值性远期外汇交易是指交易者在已知未来远期外汇头寸的情况下,利用远期外汇交易对未来的外汇头寸进行抛补,从而发挥保值的作用。

在浮动汇率制度下,汇率经常波动,而在国际贸易中进出口商从签订贸易合同到执行合同、收付货款通常需要经过一段相当长的时间,在此期间进出口商可能因汇率的变动遭受损失。因此,进出口商可以通过与外汇银行进行远期外汇交易进行保值。

对未来有外汇支出的进口商而言,可以通过与银行签订远期合约买入期汇的方式,即通过与银行交易制造远期外汇多头来对已知的外汇空头进行抛补,对未来外汇的本币计值支出进行保值。同样,对未来有外汇收入的出口商而言,可以通过与银行签订卖出外汇的远期合约,对未来外汇的本币计值收入进行保值,从而规避外汇风险。类似地,对持有净外汇债权或债务的资金借贷者而言,汇率的不利变动也会引起本币计值的收入减少或成本增加,因此进行远期外汇交易是一种可选择的规避外汇风险的方式。

同即期外汇交易一样,外汇银行与客户进行远期外汇交易后,难免会出现期汇的超买或超卖,因此外汇银行就处于汇率变动的风险之中。为避免外汇风险,对不同期限、不同币种头寸的盈缺要进行抛补,以求外汇头寸平衡。

需要注意的是,如果到时的即期汇率对希望保值的一方不利,那么也要与另一方进行交割。利用远期外汇交易的交易者虽然提前确保了外汇兑换的价格,但也享受不到汇率波动给自己带来的好处。所以,此种外汇远期交易的意义只有一个,就是提前确定了收益或者成本。

 实践与体验

某年 3 月 12 日,外汇市场上的即期汇率为 USD/JPY=111.06/20,3 个月远期差价点数为 30/40。假定当天某日本进口商从美国进口价值 100 万美元的机器设备,需在 3 个月后支付美元。若日本进口商预测 3 个月后(6 月 12 日)美元将升值到 USD/JPY=112.02/18。假定在预测准确的情况下,日本进口商不采取即期将日元兑换成美元并在 3 个月后支付的方式。

思考与分析:
1. 如果日本进口商不采取保值措施,则 6 月 12 日需支付多少日元?
2. 如果日本进口商采用远期外汇交易进行保值时避免的损失是多少?

2. 投机性远期外汇交易

利用远期外汇交易进行投机是指投机者基于预期而主动在远期创造外汇头寸以谋利,一般没有贸易背景,投机者只是希望能够通过贱买贵卖获得差价收益。利用远期外汇交易进行投机有买空和卖空两种基本形式。

买空是指投机者在预期某种货币的未来即期汇率将会高于远期汇率的基础上所进行的单纯买入该种货币远期的交易。如果投机者预期准确,即交割日的即期汇率高于双方协定的远期汇率,投机者会获得买空收益。但是,如果预期不准确就会给投机者带来损失。

卖空与买空是相对的,指投机者在预期某种货币的未来即期汇率将会低于远期汇率的基础上所进行的单纯卖出该种货币远期的交易。如果投机者预期准确,即交割日的即期汇率低于双方协定的远期汇率,投机者就会获得卖空收益。但是,如果预期不准确就会给投机者带来损失。

 实践与体验

某加拿大投机商预期 6 个月后美元兑加元有可能大幅度下跌至 USD/CAD=1.3570/90,当时美元 6 个月远期汇率为 USD/CAD=1.368 0/90。如果预期准确,不考虑其他交易费用,该投机商进行 300 万美元规模的投机性远期外汇交易。

思考与分析：
1. 该投机商将会进行买空还是卖空交易？
2. 该投机商通过此次交易可以获利多少？

◆ 任务三 套汇、套利、掉期交易

广义的套汇交易，是指利用不同的外汇市场，不同的货币种类，不同的交割时间以及一些货币汇率和利率上的差异而进行的外汇买卖，一般可以分为地点套汇、利息套汇（套利交易）和时间套汇（掉期交易）三种形式。狭义的套汇交易是指地点套汇。

一、地点套汇

 名词点击

地点套汇是指利用不同外汇市场的汇率差异，在某一外汇市场上买进某种货币，同时在另一外汇市场上卖出该种货币，以赚取利润。

如果不同的外汇市场在汇率上存在差异，投资者就可以进行低买高卖的套汇交易来获利。在套汇中由于涉及的外汇市场多少不同，分为两地套汇和三地套汇。

1. **两地套汇**

两地套汇，是利用两地间的汇率差异，在一个外汇市场上以低价买入一种货币，同时在另一个外汇市场以高价卖出该种货币，以赚取利润。由于是在两个市场之间，套汇者直接参加交易，所以又叫直接套汇。

 实践与体验

某日纽约外汇市场上汇价为 EUR/USD＝1.2375/95，法兰克福外汇市场上，汇价为 EUR/USD＝1.2330/50。由于两地欧元与美元的汇价不一致，从而产生了套汇机会。显然在法兰克福汇市上欧元便宜，而在纽约汇市欧元贵一些。因此，根据贱买贵卖原则，在法兰克福外汇市场上买入欧元，在纽约外汇市场上卖出欧元，即可获得价差收益。

1. 在上例中套汇者在交易中所用汇率分别为多少？
2. 不考虑套汇费用，如果买进100万欧元，该套汇者可以赚取多少美元？

2. **三地套汇**

三地套汇是指套汇者利用三个不同外汇市场在同一时刻存在的汇率差异，同时在三地市场上贱买贵卖以赚取汇差利润的外汇交易活动。它是地点套汇的间接形式，又称间接套汇。

由于三地套汇不能直接看出三地市场是否存在汇差，是否有利可图，所以在做三地套汇之前首先要进行可行性判断。判断的方法有两种：套算比较法和汇价积数法。

（1）套算比较法。套算比较法是通过对三地市场汇率套算比较来判断是否存在汇差、是否有利可图的方法。

（2）汇价积数法。汇价积数法是把三地外汇市场的汇率变成同一种标价方法，然后将其相乘。如果乘积是1，表明不存在套汇机会；如果乘积不是1，则表明存在套汇机会。乘积与1的差额越大，可能获利的利润越大。

需要注意的是，套汇交易要花费电传费用、佣金等套汇费用，套汇毛利必须大于套汇费用，套汇者才可赚取利润;否则,套汇者无利可图,甚至会受损。

三地套汇的计算

某日的某一时刻,纽约、东京和香港三地外汇市场的行情如下:

纽约外汇市场:USD/JPY=120.11/22

东京外汇市场:HKD/JPY=15.080/90

香港外汇市场:USD/HKD=7.9980/90

首先进行可行性判断,看是否有利可图。

方法一:套算比较法

通过对纽约外汇市场和东京外汇市场两地的汇率套算出:

USD/HKD=(USD/HKD)÷(HKD/JPY)
　　　　=(120.11÷15.090)/(120.22÷15.080)
　　　　=7.9596/7.9721

与香港外汇市场的汇率进行比较,存在较大的汇差,纽约和东京两地外汇市场美元对港元的汇价比香港外汇市场低,三地套汇有利可图。

方法二:汇价积数法

把三地外汇市场的汇率标价法全部变成直接标价法。

纽约外汇市场:JPY/USD=(1/120.22)/(1/120.11)

东京外汇市场:HKD/JPY=15.080/90

香港外汇市场:USD/HKD=7.9980/90

然后将三地的货币单位的买入价相乘,得到

7.9980×15.080×(1/120.22)=1.0032≠1,

所以三地套汇有利可图。

然后选择套汇路线。由于香港外汇市场美元较贵,因而首先在香港外汇市场卖出 200 万美元,可得到的港元金额为:

2000000×7.9980=15996000

再在东京外汇市场上卖出 15996000 港元,可得到的日元金额为:

15996000×15.080=241219680

最后在纽约外汇市场上卖出 241219680 日元,收回美元:

241219680÷120.22=2006485.44

因而三地套汇的利润为 USD6485.44。

二、套利交易

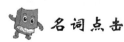

套利交易也称利息套汇,是指套利者利用不同国家或地区短期利率的差异,将资金从利率较低的国家或地区转移到利率较高的国家或地区进行投资,以获取利差收益的外汇交易。

如果不同的外汇市场在利率上存在差异,投资者就可以把资金从利率低的国家或地区转移到利率高的国家或地区,进行套利交易以获取利差收益。按照套利者在套利时是否做远期外汇交易进行保值,套利可分为不抛补套利和抛补套利两种。

1. **不抛补套利**

不抛补套利是指套利者在套利的同时没有做远期外汇交易进行保值的套利交易。不抛补套利往往是在汇率相对稳定的情况下进行的套利活动。但是一般情况下,汇率都会有所波动,或升水或贴水,因此不抛补套利是一种纯粹的套利行为,具有极强的投机性。套利者只着眼利差,而不顾及汇率的变动,是不抛补套利的特点。

2. **抛补套利**

抛补套利是指套利者在套利的同时做一笔远期外汇交易进行保值的套利交易。抛补套利往往是在汇率不是很稳定的情况下进行的套利活动,套利者在赚取套利利润的同时还会做远期外汇交易,以规避汇率风险。

抛补套利与不抛补套利比较

假设日本东京金融市场年利率为3%,美国纽约金融市场年利率为6%,USD/JPY的即期汇率为109.50/110.00。为了谋取利差,一日本投资者欲将1.1亿日元转到美国市场投资1年。在这种情况下,该日本投资者可以这样进行投资选择:

假设不套利,1年后在日本可获投资本利和为:

11000万×(1+3%)=11330万日元。

假设套利,先将日元按即期汇率兑换成美元,再投资到美国套取利差,则1.1亿日元折美元为:

11000万÷110.00=100万美元

1年后投资美元收本利和为:

100万×(1+6%)=106万美元

如果汇率不变,1年后可换回:

106万×109.50= 11607万日元

由此可见,在不考虑汇率变动的情况下,套利要比不套利多收入:

11607万-11330万=277万日元

假如一年后,美元相对日元贬值至USD/JPY=106.00/50,则投资者收回:

106万×106.00=11236万(日元)。

该投资者虽然获得了利差,但在汇差上遭受了比较大的损失,套利的结果不仅不获利,还损失了:

11330万-11236万=94万(日元)。

假设一年期USD/JPY的远期汇率为108.00/108.50,日本投资者进行抛补套利。首先将日元按即期汇率兑换成美元,再投资到美国套取利差,100万美元投资到美国收本利和106万美元,该投资者同时与银行签订一年期远期交易合同,卖出106万美元,预收:

106万×108.00=11448万日元。

所以抛补套利利润为:

11448万-11330万=118万日元

三、掉期交易

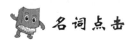

掉期交易是指在买进或卖出一定期限的某种货币的同时,卖出或买进期限不同、金额相同的同种货币。

掉期交易是指在买入某日交割的甲种货币、卖出乙种货币的同时,卖出在另一交割日交割的金额相等的甲种货币并买入乙种货币。作为一种复合性的外汇买卖,掉期交易具有下述特点:①买和卖的交易同时进行;②买卖的货币种类相同,金额相等;③买卖货币的交割日不同。

掉期交易主要用于套期保值,规避外汇风险。掉期交易也可用于货币转换,即从一种货币转换为另一种货币,然后从套期保值的角度出发,再从另一种货币转换回原来的货币,可以满足客户对不同货币资金的需求。

掉期交易主要有两种交易方式:即期对远期的掉期交易和远期对远期的掉期交易。

1. 即期对远期的掉期交易

即期对远期的掉期交易,是指买进或卖出某种即期外汇的同时,卖出或买进同种货币的远期外汇。它是最常见的一种掉期交易形式,交割期限大多为1个星期、1个月、2个月、3个月、6个月。

在短期资本输出输入中,将一种货币调换成另一种货币,通常采用这种掉期形式,即卖出现汇,补进期汇,或买进现汇,卖出期汇。例如,美国一家银行某日向客户按 EUR/USD=1.2450 的汇率卖出 200 万欧元,收入 249 万美元,为防止将来欧元升值,或美元贬值,就在卖出欧元的同时,又买进 3 个月的远期欧元,其汇率为 EUR/USD=1.2460。银行卖出了即期欧元,但同时又补进了远期欧元,将使这家银行的欧元、美元头寸结构不变。虽然如果欧元实际汇率远期贴水将会损失一定的欧元,但这种损失是维持银行正常币种结构的必要成本,同时还可能从美元较高的利率和现汇的买卖差价中得到补偿。

2. 远期对远期的掉期交易

远期对远期掉期交易,是指对不同交割期限的期汇做币种和金额相同而方向相反的两个交易,这种掉期形式只是偶尔使用。比如一个交易员在买进 100 万 60 天远期英镑的同时,又卖出 100 万 90 天远期英镑,这种交易方式即为远期对远期的掉期交易。由于远期对远期掉期交易形式可以使银行及时利用较为有利的汇率时机,在汇率变动中获利,因此越来越受到重视与使用。

模块三　衍生外汇交易

| 任务一　外汇期货交易 |
| 任务二　外汇期权交易 |
| 任务三　互换交易 |

衍生外汇交易工具是建立在传统的外汇交易工具基础上的一种创新工具，主要包括外汇期货交易、外汇期权交易和互换交易等。它的产生和运用是由于外汇交易中的汇率风险，利率风险等不断加大。

◆ 任务一　外汇期货交易

一、外汇期货交易的概念和特征

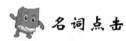

外汇期货交易(foreign exchange future)是指在固定的场所，外汇交易双方通过公开竞价的方式买卖具有标准合同金额和标准交割日期的外汇合约的交易。

期货交易是一种古老的交易方式，它源于商品的远期交易。期货合约是一种标准化的、可转让的延期交割合同。期货合约的规范化、标准化弥补了远期合约的不足。在金融期货市场上，外汇、利率、股票价格指数等均被作为期货商品，成为买卖对象。

外汇期货交易是从1972年开始的，由于固定汇率制度崩溃以后，汇率经常波动，大大地影响了正常的国际贸易和国际投资活动。针对现实的需要，1972年美国芝加哥商品交易所建立了国际货币市场(IMM)，专门从事外汇期货交易，后来陆续增加了其他金融期货。目前，大部分国际金融中心都开办了外汇期货交易，比如伦敦国际金融期货交易所(LIFFE)，悉尼期货交易所(SFE)，东京国际金融期货交易所(TIFFE)，新加坡国际金融交易所(SIMEX)，其中交易量最大的是国际货币市场和伦敦国际金融期货交易所。

与远期外汇交易相比，外汇期货交易有以下特征：

1. 标准化的外汇期货合约

外汇期货交易直接买卖的是代表标准数量外汇的外汇期货合约，而不像远期外汇交易直接买卖的是外汇本身。外汇期货合约之所以被称为标准化合约，主要原因是：

(1) 合约所代表的外汇交易的数量是标准化的。比如IMM的一张英镑合约代表的固定金额为62500英镑，即买入一张英镑合约即代表买入62500英镑。而远期外汇交易的买卖数量是双方商定的。

(2) 交割时间。期货交易有固定的时间，以IMM为例，交割月份有3月、6月、9月和12月。如果一笔远期外汇交易的期限为3个月，指的是从成交日到远期交割日相隔3个月时间；而期货交易的交割日为3月，指的是3月份交割。IMM的具体期货交割时间是交割月份的第三个星期的星期三，如果遇到双方的非营业日时间则向后推一天。

(3) 报价和价格变动尺度标准化。在IMM交易的期货合约的报价都是以美元为基础货币，以交易货币为报价货币。英镑合约的最小变动单位为0.0002，即2个基本点。由于一张期货合约代表的是62500英镑，所以一张英镑期货合约的交易价格的变动都是12.5(=62500×0.0002)美元的倍数。另外还有最多交易数量和保证金规定、结算地点等也都是标准化的。

2. 在交易所内集中交易

远期外汇交易通常是在一个抽象的、无形的市场中进行交易，买卖双方之间可以签订书面契约，也可以通过电话、电报、电传等方式成交，买卖双方互对合约承担法律责任，而且交易的时间不受限制。而外汇期货交易则是在一个有严格交易规则、有统一交易时间的集中交易所进行的,成交采取公开竞价的方式,双方竞价成交后,买卖双方之间不直接发生合约中的法律责任关系,而分别与交易所发生直接的法律责任关系。即买方与交易所发生的是买入合约关系,卖方与交易所发生的是卖出合约关系。

3. 实行经纪人制度

为了有效地对整个交易进行监督管理,外汇期货交易都采用经纪人制度,只有交易所的会员才能直接进场从事交易,而非会员的交易者只能委托属于交易所会员的经纪商或经纪人参与交易,并由结算中心统一清算交割。而远期外汇交易可以是买卖双方直接协议成交,也可以委托经纪人买卖双方成交,交割清算也由买卖双方按合约规定运作。

4. 实行逐日浮动保证金制度

在外汇期货交易中,期货交易者都必须按规定向交易所缴纳一定数量的保证金。在下单交易时所需缴纳的保证金称为初始保证金。开仓后,交易所的结算机构根据每天的结算价格计算出每个交易者未平仓合约的盈亏金额,并以此来增减其保证金账户的余额,当交易者保证金账户中的余额低于维持保证金限额以下时,交易所就通知交易者追加保证金,否则就强行对其持有的合约进行平仓。

外汇期货合约可以在到期时有实际的外币交割发生,也可以在到期前对冲抵消合约。大多数外汇期货交易者交易的目的是投机,因此大多期货合约都在交割日以前以反方向交易方式对冲,即买进再卖出或卖出再买进。据估计,只有5%左右的外汇期货合约是等到交割日到期才进行实际交割。

二、外汇期货市场的组织结构

1. 外汇期货交易所

外汇期货交易所是进行标准化外汇期货合约买卖的场所,是以会员制或公司制的组织形式设立的一个非盈利性机构,其成立的宗旨在于提供固定的交易场所和交易设备、订立标准的期货合约与交易规则,统一交易时间等,以促进并监督所有期货合约的交易过程,使整个期货市场实现公平与效率原则。由于大多数会员是交易者,因此对于交易所内的重大决策的制定与监督工作他们都会积极参与。会员之间除了互选董事之外,还成立另外的机构以协助日常管理和交易活动,如仲裁委员会、交易厅委员会及经纪商行业委员会等。

2. 清算所

清算所的主要功能在于撮合买卖双方在交易所完成期货合约成交,并进行买卖双方的合约和保证金划拨。清算所采用保证金制度,为所有在交易所内达成的期货合约交易提供履约保证。一笔交易完成后,经纪商向买卖双方收取保证金并由结算所的会员存入结算所,作为买卖双方履行其未结算的期货合约所需的财力保证。清算所执行严格的保证金制度,其目的是规避外汇期货交易中的信用风险和价格风险,确保外汇期货市场稳定、有序的进行。

3. 经纪公司

经纪公司即经纪商,是接受客户委托,按照客户指令,以自己的名义为客户进行期货交易并收取交易手续费的中介机构。经纪商必须是注册登记的外汇期货交易所的会员公司,但交易所的会员资格只能归个人所有,所以经纪商通过向交易所派驻具有会员资格的员工进行场内期货交易活动。

4. 市场交易者

期货交易的交易者既指那些非交易所会员的客户,也指代表期货经纪公司从事自营业务的场内交易商。按市场交易者交易的主要目的区分,可分为商业性交易商与非商业性交易商两大类。商业性交易商出于对其未来的外汇收益或支出及在现货市场上交易活动的考虑而利用期货市场,其主要目的是避免汇率变动的风险。非商业性交易商的主要目的是投机。

三、外汇期货市场的功能

对于一个健全的外汇期货市场而言,其功能大致有下列几点:

1. 规避现货价格变动风险

外汇期货合约交易者利用期货合约在期货市场上买进卖出,以达到规避现货价格变动风险的目的。通过这样一个公开的期货市场,不论生产者、使用者,都可将现货市场中的汇率风险经由交易过程而顺利转移给风险承担者,如投机者和套利者。避险功能是外汇期货市场最原始的功能。

2. 投机

投机是外汇期货市场的经济功能之一。所谓投机是指投机者通过预测价格走势以赚取利润的行为。外汇期货市场上的投机者,通过预测外汇汇率的未来走势,不断地买进和卖出外汇期货合约,希望从汇价的经常变化中获得利润。外汇期货市场之所以具有投机的功能,是因为参与外汇期货交易活动所要缴纳的保证金比较低,一般为外汇期货合约总价值的10%左右,这就为投机者提供了以小额资金获取巨额利润的机会。投机者总是千方百计地把握这种以小本谋大利的机会,通过买空或卖空外汇期货合约进入外汇期货市场进行投机活动。

3. 价格发现

价格发现是外汇期货市场的另一个重要经济功能。外汇期货市场之所以具有价格发现功能,是因为外汇期货市场集中了大量的买者和卖者,这些买者与卖者通过公开竞价的方式形成的外汇期货合约价格,是反映当时外汇期货合约供求平衡的价格,它综合地反映了外汇期货市场上大量买者和卖者对各种上市外汇期货合约价格的观点。这种通过竞争形成的外汇期货合约的价格被期货交易所记录下来后,迅速地传播到世界各地,不仅给外汇现货市场提供了重要的参考依据,而且促进了世界外汇期货价格的形成。

四、外汇期货交易的应用

外汇期货交易与外汇远期交易的原理是一样的,是一种进行套期保值或投机的金融工具。

1. 外汇期货交易中的套期保值

外汇期货交易的套期保值,是指交易者将外汇期货交易与外汇现货交易结合起来,在期货市场买进(或卖出)与现货市场数量相当、但交易方向相反的外汇期货合约,以期在未来某一时间通过卖出(或买进)外汇期货合约而补偿和冲抵因现货市场汇价变动所带来的损失。外汇期货交易套期保值的目的就是最大限度地减少汇价波动风险所带来的损失,这种风险转移机制使得外汇期货合约成为控制交易成本和保护实际利润不可缺少的一部分。外汇期货套期保值有多头套期保值、空头套期保值和交叉套期保值三种做法。

(1)多头套期保值。多头套期保值(long hedge),是指套期保值者首先买进外汇期货合约,持有多头头寸,来保护他在外汇现货市场的空头头寸,以避免汇价上涨所带来的风险。如果买进外汇期货合约后,汇价下跌,虽然外汇期货交易受到损失,但相应的外汇现货交易却可以获得盈利;如果卖出外汇期货后,汇价上涨,外汇现货交易虽然发生亏损,但外汇期货交易却可获得盈利,从而对冲了外汇现货交易的亏损。这种多头套期保值一般应用于在未来某日期将发生外汇支出的场合,如从国外进口商品、出国旅游、跨国公司的母公司向其设在外国的子公司供应资金以及债务人到期偿还贷款等。

(2)空头套期保值。空头套期保值(short hedge),是指套期保值者首先卖出外汇期货合约,即卖空,持有空头头寸,来保护其在现货市场的多头头寸,以避免汇率下跌所带来的损失。如果买进外汇现货后,汇价下跌,虽然外汇现货交易会受到损失,但相应的外汇期货合约可获得盈利;要是买进外汇现货后,汇价上涨,外汇期货合约发生亏损,但外汇现货交易却可以获得盈利。这就使得套期保值者可以利用外汇期货市场的价格锁定外汇现货市场价格的变化,从而将外汇市场的汇价风险转移给进行外汇期货交易的投机者身上。这种空头套期保值一般应用于在未来某个日期有外汇收入的公司、银行和个人,如向国外出口商品、提供服务、收回到期对外贷款等。

 实践与体验

假如6月12日,美国IBM公司向加拿大出口价值100万加元的货物,3个月后以加元结算货款,当时现汇汇率为CAD1=USD0.7583。为了防止3个月后加元贬值带来的损失,于是该公司便以CAD1=USD0.7582的价格卖出10份9月到期的加元期货合约(每份10万加元)避险。如果到期加元果然贬值,现汇汇率变为CAD1=USD0.7563,同时9月到期的期货合约价格变为CAD1=USD0.7560。

思考与分析:
1. IBM公司的套期保值属于多头套期保值还是空头套期保值?
2. IBM公司在现汇市场上损失为多少?
3. IBM公司在期货市场上平仓,盈利又为多少?

(3)交叉套期保值。外汇期货市场上一般有多种形式外币对美元的期货合约,而很少有两种非美元货币之间的期货合约。在发生两种非美元货币收付的情况下,就要用到交叉套期保值。交叉套期保值是指利用相关的两种外汇期货合约为一种外汇保值,避免或减少由于汇率的变动所带来的损失。

2. 外汇期货交易中的投机交易

外汇期货交易的投机,是指交易者没有实际的外汇需求,也没有外币债权、债务需要保值,而是根据其对外汇期货行情的预测,低价时买入,高价时卖出,单纯期望从外汇期货合约价格的变动中获取利润的一种交易。它有多头投机和空头投机之分。

(1)外汇期货的多头投机,是指投机者预测外汇期货的价格将要上涨,因而买进外汇期货合约,待价格上涨后卖出平仓获利。

(2)外汇期货的空头投机,是指投机者预测外汇期货的价格将要下跌,因而卖出外汇期货合约,待价格下跌后买入平仓获利。

 实践与体验

在6月10日,某投机者预测瑞士法郎期货将进入牛市,于是在CHF1=USD0.7387的价位买入2份6月到期的瑞士法郎期货(每份12.5万瑞士法郎)。到6月20日,瑞士法郎期货价格果然上升,该投机者在CHF1=USD0.7487的价位平仓。

思考与分析：
1. 该投机者的此次交易属于多头投机还是空头投机？
2. 在不计算手续费的情况下，该投机者在这次投机交易中获利多少？

◆ 任务二　外汇期权交易

一、外汇期权交易的概念和特征

期权交易的蓬勃发展始于20世纪70年代，但在17世纪荷兰郁金香交易中就已经出现了期权交易的萌芽。真正有组织的期权市场首先出现在18世纪的伦敦，但未能得到充分的发展。1973年，在美国成立了芝加哥期权交易所，对期权合约的内容进行了标准化，设立了交换机构，促进了期权交易方式的发展和完善。

名词点击

外汇期权交易是指期权的买方购买期权，从而有权在未来某一时间以某一特定价格买进或卖出一定数量外汇的交易。

期权交易是指交易者支付一定的费用（即期权费），取得在规定期限内按照协议价格买进或卖出一定数量金融工具的权利。外汇期权也称"货币期权"或"外币期权"，其购买者以期权费为代价，享有在合同到期日或到期日之前以规定的价格买进或卖出一定数额外汇的权利。与外汇期货相比，外汇期权有以下几个特点：

1. **外汇期权合约的标的物多于外汇期货合约**

外汇期货合约是以外汇作为交易的标的物，而外汇期权合约除了以外汇作为交易的标的物外，还以外汇期货合约为交易的标的物。

2. **买卖双方的权利与义务对称性不同**

在外汇期货交易中，交易双方的权利与义务是对称的。也就是说，对外汇期货交易的任何一方，都既有要求对方履约的权利，又有对对方履约的义务。但是在外汇期权交易中，期权买方只有权利而没有义务，期权卖方却只有义务而没有权利，交易双方的权利与义务存在着明显的不对称。

3. **履约保证不同**

在外汇期货交易中，交易双方都必须开立保证金账户，并按规定缴纳履约保证金；而在外汇期权交易中，只有期权的卖方（主要是指无担保期权的卖者）需要开立保证金账户，并按规定缴纳保证金，以保证其履行期权合约所规定的义务。而期权的买方由于享有履行期权合约的权利，没有履行期权合约的义务，所以就不需要开立保证金账户，也就不需要缴纳保证金。

4. **买卖双方的盈亏不对称**

在外汇期货交易中，买卖双方都无权违约，在期货合约到期前或平仓前，买方的盈亏与卖方的盈亏是随市场行情变化的，因此，交易双方潜在的亏损和盈利都是无限的。而在外汇期权交易中，由于买卖双方的权利与义务的不对称，因而他们在交易中的盈亏也不对称。从理论上讲，期权的买方盈利无限，而亏损有限（仅限于他所支付的期权费）；期权的卖方则盈利有限（仅限于他所收取的期权费），而亏损无限。

二、外汇期权的类型

外汇期权可按不同标准,从不同的角度进行分类。

1. 按外汇期权的标的物分为外汇现货期权和外汇期货期权

外汇现货期权是指以某种外币现货作为标的物的期权,如英镑期权、欧元期权等。外汇期货期权是指以某种外汇期货合约作为标的物的期权,如以澳元期货合约、加元期货合约等作为标的物的期权。

2. 按外汇期权买卖的方式分为看涨期权、看跌期权、双向期权

看涨期权又叫买入期权、多头期权,是指外汇期权的买方有权按协定价格(又称敲定价格、执行价格或履约价格)在期权到期日或之前,享有向期权出售者买进特定数量外汇或外汇期货合约的权利,而不承担必须买进的义务。看跌期权又叫卖出期权、空头期权,是指外汇期权的买方有权按协定价格,在期权合约的有效期内,享有向期权出售者卖出特定数量外汇或外汇期货合约的权利,但不必负有卖出的义务。双向期权又称双重期权,是指外汇期权的买方,在同一时间内,以同一协定价格同时买入看涨期权和看跌期权。这种双向期权费虽比单一期权费高,但获利机会要高于单独购入任何一种类型的单一看涨期权或看跌期权。

3. 按外汇期权的最后交易日与履约日的不同分为欧式期权和美式期权

欧式期权是指外汇期权合约的买方只有在期权合约的到期日,才有权选择是否执行期权。美式期权是指外汇期权合约的买方,有权在期权合约到期日前任何一个交易日决定是否执行期权,它比欧式期权灵活,期权费比欧式期权高。

4. 按外汇期权交易的场所分为场内期权和场外期权

场内期权又称交易所交易期权或交易所上市期权,是指在集中性外汇期权交易所进行的标准化的外汇期权合约的交易,其交易数量、协定价格、到期日以及履约时间均由交易所统一规定。场外期权又称柜台式期权,或店头市场期权,是指在非集中性的交易场所进行的非标准化的外汇期权合约的交易,其交易数量、协定价格、到期日及履约时间等均由期权交易双方自由议定。

5. 按是否拥有该期权合约所规定的标的资产分为有担保看涨期权和无担保看涨期权

有担保看涨期权是指期权合约的卖者,在出售外汇看涨期权合约时,实际拥有该期权合约所规定的标的外汇资产,并将它作为履约保证存放于经纪人处。对于期权合约的卖者来说,卖出这种有担保看涨期权,可免交保证金,其潜在损失为他购进标的资产的价格与期权合约协定价格之间的差额。无担保看涨期权是指期权合约的卖者,在出售外汇看涨期权合约时,并不拥有该期权合约所规定的标的外汇资产。对于期权合约的卖者来说,卖出这种无担保看涨期权时,必须向经纪人缴纳保证金,在期权合约的买者要求执行该期权合约时,他必须以任何可能的市场价格购进标的资产,并以较低的协定价格卖给期权购买者。

以上所介绍的是几种常用的期权分类方法。在实际生活中,根据分析的需要还可以从另一些角度对外汇期权进行分类。

三、外汇期权交易的功能

外汇期权交易的功能,主要有两个:一是避险保值;二是投机功能。

1. 外汇期权交易的避险保值功能

运用外汇期权交易保值的原理与运用外汇期货保值的原理是相同的,都是通过避免和减少外汇汇率波动风险而达到保值的目的。在国际贸易中运用得较多。在进出口业务中，为了防止汇率变动可能产生不利影响，可以利用外汇期权交易防范风险。例如当某一进口商三个月后需要支付一笔欧元货款，并预期欧元汇率将上升，为了避免三个月后实际支付欧元时汇率变动可能造成的损失，需要将进口成本固定下来。为此，该进口商可以提前购入数份欧元看涨期权。三个月后，将会出现欧元升值、欧元贬值、欧元汇率不变这样三种情况。如果欧元升值，市场汇价大于协定汇价加期权费，该进口商按期履行期权合约，将有利可图；如果欧元贬值，市场汇价小于协定汇价加期权费，该进口商放弃履行期权合约，其损失不会超过所支付的期权费；如果欧元汇率不升也不贬，市场汇价等于协定汇价加期权费，该进口商可以执行也可以不执行期权合约，其最大损失不过是期权费，没有汇率变动损失。这样，该公司通过交付期权费，在汇率发生不利变化时，可避免风险损失，达到保值目的；而在汇率发生有利变化时，执行期权，可以获得较大的收益。

 实践与体验

美国某进口商从德国进口一套价值 100 万英镑的机器设备，3 个月后交付货款。当时的即期汇率为 GBP1＝USD1.65，那么美国进口商花 165 万美元进口这套设备。为了避免 3 个月后货到付款时由于英镑升值使购买这套设备的美元价格上升的风险，该美国进口商决定购买英镑看涨期权进行保值。他查了一下行情得知：协议价格为 GBP1＝USD1.65，期限为 3 个月的英镑看涨期权，期权费为每英镑 2 美分，于是他买进 40 份（每份交易金额为 2.5 万英镑），共计 100 万英镑，付出期权费 2 万美元。

思考与分析：

1. 假如到期时，市场即期汇率为 GBP1＝USD1.62，进口商是否会行权？如果行权，结果会怎样？

2. 假如到期时，市场即期汇率为 GBP1＝USD1.72，进口商是否会行权？如果行权，结果会怎样？

2. 外汇期权交易的投机功能

外汇期权交易还具有投机功能。当投机者预期汇率趋涨时，做多头投机，即购入外汇看涨期权，当投机者预期汇率趋跌时，做空头交易，即购入看跌期权。例如，某投机者预期三个月后加元对美元的汇价将上升，于是按协定汇价购买数份加元看涨期权。这样，他获得了在未来三个月内随时按协定汇价购买加元的权利。三个月后，如果加元汇价正如该投机者所预期的那样上升了，他立即行权按协定汇价购入加元。然后再按上升了的加元汇价卖出加元，收入的美元大于协定价格加期权费，就可以获利。如果三个月后，加元的汇价没有变化或者反而下降了，该投机者，则可放弃执行期权，其损失仅为他期初所支付的期权费。

 案例链接

据 2004 年 1 月 15 日《国际金融报》报道，作为澳大利亚最大银行的澳洲银行在 2004 年 1 月 13 日披露，该行在外汇期权未授权交易中发生 1.8 亿澳元的亏损。该行表示，将暂时终止 4 名与交易有关的雇员的工作，但未披露这些雇员的姓名。该案件已经移交澳大利亚联邦警察局和有关权力机关。

业内人士估计,澳洲银行亏损可能来自于澳元期权投机。澳洲银行在 2003 年 10 月到 2004 年 1 月的期间里在外汇期权市场表现活跃,亏损可能是在这段时间内积累起来的。澳洲银行的外汇分析人员认为,澳元兑美元的汇价在 2003 年 11 月底和 12 月初将回落。交易员很可能根据这种预期进行未授权的外汇期货交易,大量卖出澳元买入期权来获取期权费用,以弥补以前造成的亏损。但是,澳元兑换美元的汇价在 2003 年第四季度上涨了 14%。当澳元买入期权的买方要求实施他们的权利时,澳洲银行按照高价卖出澳元,结果遭受了损失。

◆ 任务三 互换交易

一、互换交易的概念

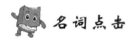

互换交易(swaps transaction)是指两个或两个以上的当事人按共同商定的条件,在约定的时间内定期交换现金流的金融交易。

互换交易是降低长期资金筹措成本和在资产、债务管理中防范利率和汇率风险的最有效的金融工具之一。它也是 20 世纪七八十年代以来国际金融创新中最重要的工具之一。一般情况下,它是交易双方(有时是两个以上的交易者参加同一笔互换交易)按市场行情预约,在一定时期内互相交换货币或利率的金融交易。

寻根溯源,互换交易是外汇市场上掉期交易演变而成的。尽管如此,互换交易在许多方面还是有别于掉期业务。

1. **期限不同**

互换市场上的互换交易是指一年以上中、长期货币或利率的互换交易,而掉期业务是一年以内的货币交易。

2. **市场不同**

一个是互换市场上达成的,另一个是外汇市场上达成的。

3. **性质不同**

掉期是指双面性的外汇买卖交易,即同时做两笔买卖方向相反、货币相同、交割日不同的外汇交易。在这种双面交易中,只有期初交换本金,到期日又反方向交换本金,期初、期末的交割汇价也不同。而货币互换是债务或资产的币种互换交易,不仅有期初和期末本金不同的货币交易,而且还有一连串的利息互换,另外前后交割的汇率也是一样的,一般均采用交易时的即期汇率。

4. **目的不同**

互换市场的互换交易是管理资产、负债及筹措外资时运用的金融工具,而外汇市场上的掉期主要用于资金头寸上的管理。

互换交易开始成为一个独立的市场是在 20 世纪 70 年代之后的英国,其最初的形式是平行贷款(paraller loan)或背靠背贷款(back to back loan)。在背靠背贷款的贷款做法中,处于两个不同国家的双方互相提供一笔价值相等、期限相同、以放款人所在国货币标价的贷款,其目的是为了绕过当时英国政府所实行的外汇管制。比如有两家公司(美国公司和英国公司)各自面临一个困境:美国公司在英国的子公司获取英镑资金较困难,而英国公司在美国的子公司获取美元资金成本较高,为此有些银行或证券经纪人就安排了平行贷款(背靠背贷款),即英国公司贷英镑给这家美国公司在英国的子公司,相应的该美国公司也贷款给英国在美国的子公司。

1979年英国取消外汇管制后,平行贷款便作为一个金融创新或在国际金融市场上作为长期外汇有效的保值工具而继续流行,慢慢演变为后来的货币互换交易。货币互换交易在两个方面改进了背靠背贷款:一是在背靠背贷款中,每笔贷款在资产负债表上都反映为一笔新的债务,而互换交易作为表外科目,通常不影响资产负债表上的资产或负债;二是在对外贷款中,借款人常涉及退税问题,而互换则避免了这方面问题。

利率互换晚于货币互换,利率互换是在1981年才出现,这是一种5年至7年期的以6个月LIBOR为基准的浮动利率对固定利率的互换。1983年初,利率互换开始作为一种标准的"国际性"交易,在美国市场进一步得到发展。

二、货币互换

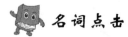 名词点击

货币互换(currency swaps)是指交易双方互相交换不同币种、相同期限、等值资金债务或资产的货币及利率的一种预约业务。

货币互换就是双方按固定汇率在期初交换两种不同货币的本金,然后按预先规定的日期进行利息和本金的分期互换。在某些情况下,期初可以不交换本金,也可以在到期日不交换本金。

案例链接

最为著名的一笔货币互换交易是1981年8月发生在世界银行与国际商业机器公司间,它由所罗门兄弟公司安排成交。在这次交易中,世界银行将2.9亿美元金额的固定利率负债与国际商业机器公司已有的瑞士法郎和德国马克的债务互换,互换双方的主要目的是世界银行希望筹集固定利率的德国马克和瑞士法郎低利率资金,但世界银行无法直接通过发行债券来筹集德国马克和瑞士法郎,而世界银行具有3A级的信誉,能够从市场上筹措到最优惠利率的美元借款。正好相反,国际商业机器公司需要筹集一笔美元资金,由于数额较大,集中于任何一个资本市场都不妥,于是采用多种货币筹资的方法,他们运用本身的优势筹集了德国马克和瑞士法郎,然后通过互换,与世界银行换得优惠利率的美元。

货币互换交易的具体操作过程包括三个步骤:第一,本金的初期互换,其主要目的是确定交易双方各自本金的金额,以便将来计算应支付的利息和再换回本金;第二,利息的互换,即交易双方按议定的利率,以未偿还本金额为基础,进行利息支付;第三,本金的再次互换,即在合约到期日,双方换回交易开始时互换的本金。

三、利率互换

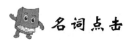 名词点击

利率互换(interest rate swaps)是指交易双方约定在未来的一定期限内根据同种货币的

同样的名义本金交换现金流,其中一方的现金流根据浮动利率计算出来,而另一方的现金流根据固定利率计算。

利率互换又称"利率掉期",是交易双方将同种货币不同利率形式的资产或者债务相互交换。债务人根据国际资本市场利率走势,通过运用利率互换,将其自身的浮动利率债务转换为固定利率债务,或将固定利率债务转换为浮动利率债务。在利率互换中,一般不涉及债务本金的交换,本金只是被作为计算利息的基础,真正交换的只是双方不同特征的利息。

利率互换是一项常用的债务保值工具,用于管理中长期利率风险。一般地说,当利率看涨时,将浮动利率债务转换成固定利率,而当利率看跌时,将固定利率转换为浮动利率可以达到规避利率风险,降低债务成本的目的。

 案例链接

某公司有一笔美元贷款,期限10年,从2010年3月6日至2020年3月6日,利息为每半年计息付息一次,利率水平为USD 6个月LIBOR+70基本点。公司认为在今后十年之中,美元利率呈上升趋势,如果持有浮动利率债务,利息负担会越来越重。同时,由于利率水平起伏不定,公司无法精确预测贷款的利息负担,从而难以进行成本计划与控制。因此,公司希望能将此贷款转换为美元固定利率贷款。为此公司与中国银行做了一笔利率互换交易。

经过利率互换,在每个利息支付日,公司要向银行支付以固定利率7.320%计算的利息,而收到银行以USD 6个月LIBOR+70基本点计算的利息,正好用于支付原贷款利息。这样一来,公司将自己今后10年的债务成本,一次性地固定在7.320%的水平上,从而达到了管理自身债务利率风险的目的。

 实训课业

一、实训项目一

外汇实盘交易。

【实训内容】

通过银行进行外汇实盘交易。

【实训要求】

1. 在银行开设外汇实盘交易账户。
2. 了解外汇交易币种及每笔交易买卖的起点金额。
3. 选择交易方式、交易手续和交易费用。
4. 进行外汇实盘交易。

二、实训项目二

银行外汇交易业务。

【实训内容】

为满足客户对不同币种即期或远期的支付需求,工行可接受其委托办理即期或远期外汇买卖。即期交易将于成交日后两个工作日内进行交割,为了方便客户的资金需求,我行可以按客户的要求,进行当天起息(T+0)和次日起息(T+1)的外汇交易。远期交易将于约定的将来特定时间(成交日后两个工作日以上)、按照约定的币种、金额及汇率进行交割。通常远期外汇交易的最长期限是一年,如果客户需要一年期以上的交易,我行亦可提供该服务。如果客户需要合理摆布外汇资金头寸,有效规避汇率风险,工行可为其提供掉期外汇交易。客户可将金额相同、起息日不同、交易方向相反的即期和远期(或者远期和远期)外汇买卖结合起来,在买入(或卖出)即期(或远期)外汇的同时,卖出(或买入)远期外汇,以实现对资金的需求。

为帮助客户规避汇率风险,固定支出成本或稳定未来收益,工行可接受委托进行外汇期权交易。期权的买方支付期权的卖方一笔费用(期权费)后,即取得享有在未来的某一时间按约定的汇率购买或出售一定数额的某种外汇的权利。

【实训要求】
1. 了解银行的代客外汇买卖业务种类。
2. 比较区分工行的即期、远期、掉期外汇交易。
3. 工商银行的各种代客买卖外汇业务对客户的作用各有哪些?并分别举例说明。

项目三 外汇风险与外汇管制

项目阐释

本项目通过对外汇风险与外汇管制基本理论、基本知识的介绍,使学生正确理解外汇风险及外汇管制的基本知识,掌握我国的外汇管制内容,学会分析外汇风险对企业的影响,掌握外汇风险的防范办法,在实际应用中具备避免和降低外汇风险的能力。

能力目标

◇ 了解外汇风险的概念与种类
◇ 掌握外汇风险的防范方法
◇ 具备避免和降低外汇风险的能力
◇ 了解外汇管制的概念与种类
◇ 掌握我国的外汇管制内容

项目分解

模块一　外汇风险的识别与管理
模块二　外汇管制
模块三　我国的外汇管制

模块一　外汇风险的识别与管理

工作任务

任务一　识别外汇风险
任务二　外汇风险管理的基本知识
任务三　外汇风险管理的一般方法

案例导入

人民币升值预期强 相关公司主动避险忙

由于对 2010 年人民币升值存在预期,近期一批外贸出口型中小板公司纷纷开展远期外汇业务,以锁定公司的汇率风险。

1月4日,广东鸿图公告称,人民币对美元汇率预计会提升,公司将通过有效运用支付方式的外汇套期保值工具保证正收益率,减少汇兑损失。公司董秘告诉记者,公司此前没有开展外汇套期保值业务,考虑到2010年人民币的升值压力,公司决定开展此类业务。

2009年11月24日,大洋电机表示,由于人民币升值美元贬值的压力持续存在,公司决定开展远期外汇套期保值业务,业务期间为2009年11月起至2010年10月止。公司董秘办一工作人员对记者介绍,公司在2007年和2008年已经开展过外汇套期保值业务,2009年因为人民币兑美元汇率变动不大,公司没有开展外汇套期保值业务,主要是缩短应收账周转期,收汇后及时结汇等手段规避汇率风险。公司预期2010年人民币升值压力比较大,所以再次开展此项业务以锁定风险。

同样出于人民币升值预期,2009年11月21日,利欧股份和伊立浦同时公告将开展远期结售汇业务。

对上述中小板公司而言,因为出口业务占比高,汇率波动对公司影响较大。主营汽车,通讯和机电类精密压铸件的广东鸿图,出口收入占主营业务收入的比例在50%以上,公司2008年业绩曾受汇兑损失拖累;销售小功率电机的大洋电机,产品出口比例逐年增加,为65%左右,主要以美元结算;主营厨房小家电产品的伊立浦,出口业务所占比重约为90%,主要采用美元进行结算;利欧股份的水泵产品主要针对欧洲家庭花园使用,自营出口收入约占主营业务收入总额的70%,主要采用美元、欧元等外币进行结算。合理运用金融避险工具,能帮助公司在汇率大幅波动时,保持稳定的利润水平。

不过,使用上述金融工具本身具有一定的风险,包括汇率风险及延期交割风险。为此,上述公司均对开展此类业务的资金规模、操作流程等作了严格规定。另外,他们还表示,开展远期外汇业务,规避风险是主要目的,严控风险,禁止投机和套利交易,并会在远期外汇交易的付出成本和人民币升值的实际损失之间进行权衡和比较,谨慎操作。据了解,大洋电机还专门成立了外汇远期交易操作小组,作为外汇远期交易业务的日常主管机构。

(资料分析:刘巧玲.人民币升值预期强 相关公司主动避险忙[N/OL].证券时报.2010-01-06. http://finance.qq.com/a/20100206/000252.htm.)

思考与分析:
1. 预期人民币升值,我国外贸出口型企业会遇到什么外汇风险?
2. 我国外贸出口型企业应如何防范可能发生的外汇风险?

◆ 任务一 识别外汇风险

一、外汇风险的概念及构成

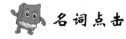

外汇风险(foreign exchange risk),是指在一定时期内,在持有或运用外汇的场合,因汇率变动而给有关主体带来损失的可能性。

外汇风险有广义和狭义之分。广义的外汇风险是指由于汇率、利率变化以及交易者到期违约或外国政府实行外汇管制给外汇交易者可能带来的任何经济损失或经济收益;狭义的外汇风险仅指因两国货币汇率的变动给交易双方中任何一方可能带来的损失或收益。本节所讨论的外汇风险主要是指狭义的外汇风险。

通常将承受外汇风险的外汇金额称为"受险部分"或"暴露"(exposure),也就是说,如果做定量分析的话,可通过分析外汇的暴露程度来判断外汇风险的大小。例如,如果某跨国公司资金部的一位负责人称他们在欧元方面有 100 万美元的正暴露,那就是说,欧元若升值 10%,该公司将受益 10 万美元;欧元若贬值 10%,该公司将会损失 10 万美元,因此,暴露的这部分外汇,就处于风险状态。从这里我们也可以看出外汇交易之所以会产生风险是因为有一部分外汇头寸处于暴露状态,即因为有外汇暴露才导致了外汇风险,同时,外汇暴露程度是确定的,而外汇风险程度是不确定的。

需要注意的是,在我们日常实际活动中,对外汇风险的理解习惯于从风险的主体出发,也就是说从主体损失的可能性来进行分析和研究,因此当我们在表述外汇风险时,主要是指在一定时期内,在持有或运用外汇的场合,因汇率变动而给有关主体带来损失的可能性。

外汇风险的构成要素有三:一是本币,因为本币是衡量一笔国际经济交易效果的共同指标,外币的收付均以本币进行结算,并考核其经营成果;二是外币,因为任何一笔国际经济交易必然涉及外币的收付;三是时间,这是因为,国际经济交易中,应收款的实际收进,应付款的实际付出,借贷本息的最后偿付,都有期限即时间因素。在确定的期限内,外币与本币的折算汇率可能会发生变化,从而产生外汇风险。

二、外汇风险的类型

外汇风险基本上可以分成五大类:外汇买卖风险、交易结算风险、会计风险、外汇储备风险、经济风险。

1. 外汇买卖风险

外汇买卖风险是指由于外汇交易而产生的汇率风险。这种风险是以一度买进或卖出外汇,将来又必须卖出或买进外汇为前提而存在的。

 实践与体验

如果某银行以 1 欧元=1.2782 美元的汇率买进的欧元,以 1 欧元=1.2761 美元卖出,1 个欧元的交易就会发生 0.0021 美元的买卖亏损。

思考与分析:

1. 银行蒙受这种损失的可能性在当初进行外汇交易时就产生了,这属于哪种外汇风险?
2. 企业在什么情况下也会面临这类风险?

银行的外汇风险主要是外汇买卖风险,因为外汇银行的交易几乎都是外汇买卖,即外币现金债权的买卖。银行以外的企业有时也面临外汇买卖风险,它主要存在于以外币进行借贷款或伴随外币借贷而进行外币交易的情况之中。

2. 交易结算风险

交易结算风险是指以外币计价或成交的交易,由于外币与本币的比值发生变化而引起亏损的风险,即在以外币计价成交的交易中,因为交易过程中外汇汇率的变化使得实际支付的本币现金流量变化而产生的亏损。这种外汇风险主要是伴随着商品及劳务买卖的外汇交易而发生的,并主要由进行贸易和非贸易业务的一般企业所承担。具体来说,可将这些交易分成两大类:一类是企业资产负债表中所有未结算的应收应付款所涉及的交易活动和以外币计价的国际投资和信贷活动;另一类是表外项目所涉及的、具有未来收付现金的交易,如远期外汇合约、期货买卖及研究开发等。

在国际经济贸易中,贸易商无论是以即期支付还是延期支付都要经历一段时间,在此期间汇率的变化会给交易者带来损失,从而产生交易结算风险。

 实践与体验

中国某企业出口价值为10万美元的商品,在签订合同时汇率为 USD1=CNY6.80,出口商可收68万人民币货款,而进口商应付10万美元。若三个月后才付款,此时汇率为 USD1=CNY6.60。

思考与分析:
1. 若进口商三个月后才付款,该企业蒙受了多少损失?
2. 该企业应如何防范该交易风险?

交易结算风险还有可能产生于外币计价的国际投资和国际借贷活动。比如投资者以本国货币投资于某种外币资产,如果投资本息收入的外币汇率下跌,投资实际收益就会下降,使投资者蒙受损失。再比如,从国际资本借贷中的借款者来看,借入一种外币需换成另一种外币使用,或偿债资金的来源是另一种货币,则借款人就要承担借入货币与使用货币或还款来源之间汇率变动的风险,若借入货币的汇率上升,就增加借款成本而有受损之可能。

3. 会计风险

会计风险又称外汇评价风险或折算风险,它是指企业进行外币债权、债务结算和财务报表的会计处理时,对于必须换算成本币的各种外汇计价项目进行评议所产生的风险。企业会计通常是以本国货币表示一定时期的营业状况和财务内容的,这样,企业的外币资产、负债、收益和支出,都需按一定的会计准则换算成本国货币来表示,在换算过程中会因所涉及的汇率水平不同、资产负债的评价各异,损益状况也不一样,因而就会产生一种外汇评价风险。

 案例链接

会计风险

我国某合资企业以美元为记账货币。年初该企业有4万英镑存款,英镑/美元的汇率为1.72,在财务报表中折算为6.88万美元。年底该公司编制资产负债表时,英镑/美元的汇率为1.60,该笔英镑存款经重新折算仅为6.4万美元,账面价值减少了0.44万美元。

4. 经济风险

经济风险是指由于未预料的汇率变化导致企业未来的纯收益发生变化的外汇风险。风险的大小取决于汇率变化对企业产品的未来价格、销售量以及成本的影响程度。一般而言,企业未来的纯收益由未来税后现金流量的现值来衡量,这样,经济风险的受险部分就是长期现金流量,其实际国内货币值受汇率变动的影响而具有不确定性。比如,当一国货币贬值时,出口上可能因出口商品的外币价格下降而刺激出口,从而使出口额增加而得到收益。但另一方面,如果出口商在生产中所使用的主要原材料是进口品,因本国货币贬值会提高以本币表示的进口品的价格,出口的生产成本又会增加,其结果有可能使出口商在将来的纯收益下降,这种未来纯收益受损的潜在风险即属于经济风险。

经济风险的分析是一种概率分析,是企业从整体上进行预测、规划和进行经济分析的一个具体过程,其中必然带有主观成分。因此,经济风险不是出自会计程序,而是来源于经济分析。

潜在的经济风险直接关系到海外企业经营的效果或银行在海外的投资收益,因此对于一个企业来说经济风险较之其他外汇风险更为重要。分析经济风险主要取决于预测能力,预测是否准确直接影响生产、销售和融资等方面的战略决策。

5. 外汇储备风险

外汇业务活动交易者不论是国家政府、外汇银行还是企业,为弥补国际收支和应付国际支付的需要,都需要有一定的储备,其中相当大的部分是外汇储备。在外汇储备持有期间,若储备货币汇率变动引起外汇储备价值发生损失就称之为储备风险。在一般情况下,外汇储备中货币品种适当分散,保持多元化,根据汇率变动和支付需要,随时调整结构,使风险减小到最低限度。

◆ 任务二　外汇风险管理的基本知识

案例导入

国际竞标中的汇率防范手段选择

国内某一通讯设备供应商 M 公司到德国参加一项通讯工程投标,标书规定的货币为欧元,投标金额为 800 万欧元。投标截止日期为 6 月 1 日,决标日期为 8 月 1 日,支付日为 9 月 1 日。M 公司经营的海外项目本币为美元,并希望从此项目中获得收入 1000 万美元。M 公司投标时的即期汇率为 1 欧元=1.2400 美元,3 个月远期汇率为 1 欧元=1.2500 美元。国内设备供应商理论上可以选择 3 种方法防范汇率风险:①不采用任何外汇措施。如果中标,在支付日即 9 月 1 日采用即期外汇交易的方法把所得的欧元换成美元;如果不中标,不需要进行任何外汇交易。②与银行作一笔远期外汇交易。出售 9 月 1 日到期的 800 万欧元,远期汇率为欧元/美元=1.25。③向银行购买外汇期权,行权日为 9 月 1 日。以欧元/美元=1.26 为行权价格,购买 800 万欧元的看跌期权,支付期权费 8 万美元。

思考与分析:

为了避免汇率风险,M 公司最好采用哪种外汇交易方式,为什么?

名词点击

外汇风险管理(foreign exchange risk management),是指外汇资产持有者通过风险识别、风险衡量、风险控制等方法,预防、规避、转移或消除外汇业务经营中的风险,从而减少或避免可能的经济损失,实现在风险一定条件下的收益最大化或收益一定条件下的风险最小化。

一、外汇风险管理的原则

1. 保证宏观经济原则

在处理企业、部门的微观经济利益与国家整体的宏观利益的问题上,企业部门通常是尽可能减少或避免外汇风险损失,而转嫁到银行、保险公司甚至是国家财政上去。在实际业务中,应把两者利益尽可能很好地结合起来,共同防范风险损失。

2. **分类防范原则**

对于不同类型和不同传递机制的外汇汇率风险损失,应该采取不同适用方法来分类防范,以期奏效,但切忌生搬硬套。对于交易结算风险,应以选好计价结算货币为主要防范方法,辅以其他方法;对于债券投资的汇率风险,应采取各种保值为主的防范方法;对于外汇储备风险,应以储备结构多元化为主,又适时进行外汇抛补。

3. **稳妥防范原则**

该原则从其实际运用来看,包括三方面:

(1) 使风险消失;

(2) 使风险转嫁;

(3) 从风险中避损得利。

二、外汇风险管理的策略

1. **完全抵补策略**

完全抵补策略即采取各种措施消除外汇敞口额,固定预期收益或固定成本,以达到避险的目的。对银行或企业来说,就是对于持有的外汇头寸,进行全部抛补。一般情况下,过程,尤其是对于实力单薄、涉外经验不足、市场信息不灵敏、汇率波动幅度大等情况。

2. **部分抵补策略**

部分抵补策略即采取措施清除部分敞口金额,保留部分受险金额,试图留下部分赚钱的机会,当然也留下了部分赔钱的可能。

3. **完全不抵补策略**

完全不抵补策略即任由外汇敞口金额暴露在外汇风险之中,这种情况适合于汇率波幅不大、外汇业务量小的情况。在面对低风险、高收益、外汇汇率看涨时,企业也容易选择这种策略。

三、外汇风险管理的过程

1. **识别风险**

企业在对外交易中要了解究竟存在哪些外汇风险,是交易风险、会计风险、还是经济风险。或者了解面临的外汇风险哪一种是主要的,哪一种是次要的;哪一种货币风险较大,哪一种货币风险较小;同时,要了解外汇风险持续时间的长短。

2. **度量风险**

综合分析所获得的数据和汇率情况,并将风险暴露头寸和风险损益值进行计算,把握这些汇率风险将达到多大程度,会造成多少损失。

汇率风险度量方法可以用直接风险度量方法和间接风险度量方法,根据风险的特点,从各个不同的角度去度量汇率风险,这样才能为规避风险提供更准确的依据。

3. **规避风险**

规避风险即在识别和衡量的基础上采取措施控制外汇风险,避免产生较大损失。汇率风险规避方案的确定需要在企业国际贸易汇率风险规避战略的指导下选择具体的规避方法企业应该在科学的风险识别和有效的风险度量的基础上,结合企业自身的性质。经营业务的规模、范围和发展阶段等企业的经营特色,采取全面规避战略、消极规避战略或是积极规避战略。各种规避战略只有适用条件不同,并没有优劣之分。

企业在确定其规避战略的基础上,进一步选择其避险方法可供企业选择的避险方法归纳起来有两大类:一类是贸易谈判结合经营策略来规避汇率风险;另一类是利用金融衍生工具来规避交易风险,主要有期汇、期货、期权及其他金融衍生工具。不同的方法对应着不同的操作,但目的都是为了使"不确定性"得到确定,从而规避风险。

◆ 任务三 外汇风险管理的一般方法

一、企业经营中的外汇风险管理

1. 选好或搭配好计价货币

(1)选择本币计价。选择本币作为计价货币,不涉及到货币的兑换,进出口商则没有外汇风险。

(2)选择自由兑换货币计价。选择自由兑换货币作为计价结算货币,便于外汇资金的调拨和运用,一旦出现外汇风险可以立即兑换成另一种有利的货币。

(3)选择有利的外币计价。注意货币汇率变化趋势,选择有利的货币作为计价结算货币,这是一种根本性的防范措施。一般的基本原则是"收硬付软"。由于一种结算货币的选择,与货币汇率走势,与他国的协商程度及贸易条件等有关,因此在实际操作当中,必须全面考虑,灵活掌握,真正选好有利币种。

(4)选用"一篮子"货币。通过使用两种以上的货币计价来消除外汇汇率变动带来的风险。比较典型的"一篮子"货币有 SDRs 和 ECU。

(5)软硬货币搭配。软硬货币此降彼升,具有负相关性质。进行合理搭配,能够减少汇率风险。交易双方在选择计价货币难以达成共识时,可采用这种折中的方法。对于机械设备的进出口贸易,由于时间长、金额大,也可以采用这种方法。

实践与体验

中国某外贸公司代理国内某客户进口机械设备一台,价值51万美元,三个月后付款。

思考与分析:

如何正确选择计价货币,降低可能发生的外汇风险?

2. 平衡抵消法避险

(1)平衡法亦称配对法,指交易主体在一笔交易发生时,再进行一笔与该笔交易在货币、金额、收付日期上完全一致,但资金流向相反的交易,使两笔交易面临的汇率变化影响抵消。平衡抵消法具体包括两种:

一是单项平衡法。这种方法又可包括两方面:第一,严格意义上的单项平衡;第二,一般意义上的单项平衡,是指在外汇交易中做到收付币种一致,借、用、收、还币种一致,借以避免或减少风险。

二是综合平衡法,是指在交易中使用多种货币,软硬货币结合,多种货币表示头寸并存,将所在单项多头与空头合并,由此使多空两相抵消或在一个时期内各种收付货币基本平衡。该平衡法比单项平衡法更具灵活性,效果也较显著。

(2)组对法,指交易主体通过利用两种资金的流动对冲来抵消或减少风险的方法。

它与平衡法相比,其特殊点在于:平衡法是基于同一种货币的对冲,而组对法则基于两种货币的对冲。组对法比较灵活,也易于运用,但若组对不当反而会产生新的风险。因此,必须注意组对货币的选择。

(3)借款法,指有远期外汇收入的企业通过向银行借入一笔与远期收入相同币种、相同金额和相同期限的贷款而防范外汇风险的方法。

其特点在于能够改变外汇风险的时间结构,把未来的外币收入现在就从银行借出来,以供支配,这就消除了时间风险,届时外汇收入进账,正好用于归还银行贷款。不过该法只消除了时间风险,尚存在着外币对本币价值变化的风险。

(4)投资法,指当企业面对未来的一笔外汇支出时,将闲置的资金换成外汇进行投资,待支付外汇的日期来临时,用投资的本息(或利润)付汇。

一般投资的市场是短期货币市场,投资的对象为规定到期日的银行定期存款、存单、银行承兑汇票、国库券、商业票据等。这里要注意,投资者如果用本币投资,则仅能消除时间风险;只有把本币换成外币再投资,才能同时消除货币兑换的价值风险。

投资法和借款法都是通过改变外汇风险的时间结构来避险,但两者却各具特点,前者是将未来的支付移到现在,而后者则是将未来的收入移到现在,这是主要的区别。

3. 利用国际信贷

(1)外币出口信贷,是指在大型成套设备出口贸易中,出口国银行向本国出口商或外国进口商提供低利贷款,以解决本国出口商资金周转困难或满足外国进口商资金需要的一种融资业务。

该法有四个特点:①贷款限定用途,只能用于购买出口国的出口商品;②利率较市场利率为低,利差由政府补贴;③属于中长期贷款;④出口信贷的发放与信贷保险相结合。它包括两种形式:一是卖方信贷(supplier's credit),即由出口商所在地银行对出口商提供的贷款;二是买方信贷(buyer's credit),即由出口商所在地银行对外国进口商或进口方的银行提供的融资便利。出口商可以利用卖方信贷避免外汇风险。

(2)福费廷,指在延期付款的大型设备贸易中,出口商把经进口商承兑的、5年以内的远期汇票无追索权地卖断给出口商所在地的金融机构,以提前取得现款的资金融通方式。

福费廷业务是出口商以商业信用方式出卖商品时,在货物装船后立即将发票、汇票、提单等有关单据卖断给承购应收账款的财务公司或专业机构,收进全部或大部分货款,从而取得资金融通的业务。

在这种交易中,出口商及时得到货款,并及时地将这笔外汇换成本币。它实际上转嫁了两笔风险:一是把远期汇票卖给金融机构,立即得到现汇,消除了时间风险,且以现汇兑换本币,也消除了价值风险,从而,出口商把外汇风险转嫁给了金融机构;二是福费廷是一种卖断行为,把到期进口商不付款的信用风险也转嫁给了金融机构,这也是福费廷交易与一般贴现的最大区别。

(3)保付代理,出口商在对收汇无把握的情况下,往往向保理商叙做保付代理业务。该种业务结算方式很多,最常见的是贴现方式。由于出口商能够及时地收到大部分货款,与托收结算方式比较起来,不仅避免了信用风险,还减少了汇率风险。

在以上三者国际信贷中,出口信贷与福费廷属中长期融资,而保付代理业务则是短期贸易信贷的一种,其特点是:①不能向出口商行使追索权;②保理组织提供广泛、综合的服务;③保理组织预支货款。进出口商保理组织在该业务中起了重要的作用。

4. **运用系列保值法**

(1)合同中加列保值条款。保值条款是经贸易双方协商,同意在贸易合同中加列分摊未来汇率风险的货币收付条件。在保值条款中交易金额以某种比较稳定的货币或综合货币单位保值,清算时按支付货币对保值货币的当时汇率加以调整。在长期合同中,往往采用这类做法。这种方法主要有:①黄金保值条款;②硬币保值;③"一篮子"货币保值,就是在合同中规定采用多种货币来保值,其做法与原理和硬币保值相同。

(2)调价保值。调价保值包括加价保值和压价保值等。在国际贸易中出口收硬币,进口付软币是一种理想的选择,但在实际当中有时只能是"一厢情愿"。在某些场合出口不得不收取软币,而进口被迫用硬币。此时就要考虑实行调价避险法,即出口加价和进口压价,借以尽可能减少风险。具体有两种方法:①加价保值;②压价保值。

5. **开展各种外汇业务**

(1)即期合同法,指具有近期外汇债权或债务的公司与外汇银行签订出卖或购买外汇的即期合同,以消除外汇风险的方法。即期交易防范外汇风险需要实现资金的反向流动。企业若在近期预定时间有出口收汇,就应卖出手中相应的外汇头寸;企业若在近期预定的时间有进口付汇,则应买入相应的即期外汇。

(2)远期合同法,指具有外汇债权或债务的公司与银行签订卖出或买进远期外汇的合同,以消除外汇风险的方法。具体做法是:出口商在签订贸易合同后,按当时的远期汇率预先卖出合同金额和币别的远期,在收到货款时再按原订汇率进行交割。进口商则预先买进所需外汇的远期,到支付货款时按原定汇率进行交割。这种方法优点在于:一方面将防范外汇风险的成本固定在一定的范围内;另一方面,将不确定的汇率变动因素转化为可计算的因素,有利于成本核算。该法能在规定的时间内实现两种货币的风险冲销,能同时消除时间风险和价值风险。

案例链接

一家英国公司向美国出口一笔价款为1000万美元的商品,3个月后收款。为了防止美元贬值,该公司同银行做了一笔远期外汇交易,卖出远期美元。银行报出的英镑对美元的汇率如下:

美元:即期汇率 1.5234/41

3个月远期价差 0.0120/0.0124

由于三个月远期价差是前小后大,故采取加法,即三个月远期汇率为1.5354/65。这笔交易对银行来说,就是用英镑买入美元,银行本着低价买进高价卖出的原则,所以使用的3个月远期汇率应是1英镑买进1.5365美元,而不是1英镑买进1.5354美元,

三个月后出口商用收回的1000万美元可换回:1000万÷1.5365美元/英镑=6508298英镑,有效防止了美元可能出现的贬值而导致英镑收入的下降。

(3)期货交易合同法,指具有远期外汇债务或债券的公司,委托银行或经纪人购买或出售相应的外汇期货,借以消除外汇风险的方法。这种方法主要有:①"多头套期保值";②"空头套期保值"。

(4)期权合同法,该法与远期外汇合同法相比,更具有保值作用。因为远期法届时必须按

约定的汇率履约,保现在值不保将来值。但期权合同法可以根据市场汇率变动作任何选择,即既可履约,也可不履约,最多损失期权费。进出口商利用期权合同法的具体做法是:①进口商应买进看涨期权;②出口商应买进看跌期权。

(5)掉期合同法,指具有远期的债务或债权的公司,在与银行签订卖出或买进即期外汇的同时,再买进或卖出相应的远期外汇,以防范风险的一种方法。它与套期保值的区别在于:套期保值是在已有的一笔交易基础上所做的反方向交易,而掉期则是两笔反方向的交易同时进行。掉期交易中两笔外汇买卖币种、金额相同,买卖方向相反,交割日不同。这种交易常见于短期投资或短期借贷业务外汇风险的防范上。

(6)利率互换,它包括两种形式:一是不同期限的利率互换,另一种是不同计息方式(一般是固定利率与浮动利率)互换,通过互换降低筹资成本,减少风险。

(7)其他规避风险措施,主要包括:①易货贸易;②提前或延期结汇。

二、银行在经营中的风险管理

如上所述,外汇银行是外汇市场的主要参与者,它不但可为客户买卖充当经纪人,还可自营买卖,赚取差价利润。因此,银行加强外汇风险管理,十分重要。

1. 内部限额管理

这种管理主要是为了防止外汇买卖风险,包括自营外汇业务风险和代客户买卖风险。当银行代理客户买卖中形成敞口头寸时,风险也随之降临。

首先,银行在制定限额时,必须分析影响限额规模的各种因素,包括:

(1)外汇交易的损益期望。在外汇交易中,风险与收益成正比。银行最高领导层对外汇的业务收益的期望越大,对外汇风险的容忍程度越强,其限额也就越大。

(2)亏损的承受能力。在外汇交易中,控制亏损程度要比达到盈利目标容易一些。银行亏损承受能力取决于资本规模的大小。亏损的承受能力越强,则交易额就可以定得越大。

(3)银行在外汇市场上扮演的角色。银行参与外汇市场活动,可以是一般参加者(ordinary participant),也可以是市场活跃者(jobber),甚至可以是市场领导者(market-leader)。银行在市场扮演的角色不同,其限额大小也不同。

(4)交易的币种。交易的币种越多、交易的笔数和交易量自然也大,容许的交易额度也应当大些。

(5)交易人员的素质。交易人员的水平越高、经验越丰富,容许的交易额也应当越大。

其次,在上述基础上确定交易限额的种类,包括:

(1)即期外汇头寸限额。这种限额一般根据交易货币的稳定性、交易的难易程度、相关业务的交易量等因素确定。

(2)同业拆放头寸限额。这种限额的制订要考虑交易的难易程度、拆放期限长短、拆放货币利率的稳定性等。

(3)掉期外汇交易限额。该限额的制订,必须考虑期限长短和利率的稳定性。同时,还应制定不对称远期外汇买卖限额。

(4)敞口头寸。敞口头寸是指由于没有及时抵补(covered)而形成的某种货币买入过多(long position)或某种货币卖出过多(short position)。敞口头寸限额一般需规定敞口头寸的金额和允许的时间。

(5)止蚀点限额。

2. 外部限额管理

这种管理办法主要是为规避交易中存在的清算风险、信用风险和国家风险。

具体措施有：

(1)建立清算限额，指银行为了防范清算风险和信用风险，根据同业银行、客户的资本实力、经营作风、财务状况等因素，制订能够给予的限额，并根据情况变化对该限额进行周期性调整。

(2)建立拆放限额，指银行根据同业银行的资产和负债、经营状况和财务状况，确定拆放额度。对于不同的同业银行，拆放的额度是不一样的。拆放额度应根据情况的变化进行调整，交易员必须根据规定的额度进行拆放，超额拆放则视为越权。

(3)建立贷款限额，指银行一般根据不同的国家、地区分别设立贷款限额，使信贷资金有一个合理的分布比例。除了对贷款总额控制外，还应调整贷款费用来进行风险补偿，即区分不同的对象分别采用不同的贷款利率和费用。

三、外汇储备风险管理

外汇储备风险管理，是一国金融宏观管理的重要组成部分。储备货币汇率变动同样对其价值影响巨大，如果储备货币发生货币危机，则会给以这种货币作为国家储备资产的国家，带来极大的损失。因此，对外汇储备进行管理，意义非常重大，尤其是一些发展中国家更是如此。

外汇储备风险管理的方法，可归纳为四种：

(1)质量管理，重点在于选择最佳储备货币；

(2)数量管理，核心是测量出一定时期里一国应持有的最佳或最适储备量；

(3)结构管理，关键在于对有关储备货币进行有效的组合，使外汇储备资产保值；

(4)投资管理，主要设立专门化的经营与投资机构，依法对外汇储备资产进行投资，使其尽可能在保值的基础上增值。

模块二 外汇管制

 工作任务

> 任务一 外汇管制的基本知识
> 任务二 外汇管制的内容和方式

◆ 任务一 外汇管制的基本知识

一、外汇管制的概念

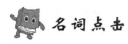

外汇管制（foreign exchange control），在中国又称外汇管理，是指一国政府授权国家货币金融管理当局或其他国家机关，对外汇收支、买卖、借贷、转移以及国际间的结算、外汇汇率和

外汇市场等实行的管制措施。

外汇管制有狭义与广义之分。狭义的外汇管制指一国政府对居民在经常项目下的外汇买卖和国际结算进行限制。广义的外汇管制指一国政府对居民和非居民的涉及外汇流入和流出的活动进行限制性管理。

外汇管制法规生效的范围一般以本国领土为界限。在设立特区的国家中,某些外汇管制法规可能不适用于特区。一个国家对不同国家货币的外汇管制宽严程度也可能有所不同。

外汇管制针对的活动涉及外汇收付、外汇买卖、国际借贷、外汇转移和使用;本国货币汇率的决定;本国货币的可兑换性;以及本币和黄金、白银的跨国界流动。

外汇管制的手段是多种多样的,大体上分为价格管制和数量管制两种类型:前者指对本币汇率做出的各种限制,后者指外汇配给控制和外汇结汇控制。

二、外汇管制的主体

外汇管制的主体是实施外汇管制的机构。一般由政府授权财政部、中央银行或另外成立专门机构作为执行外汇管制的机构。如1939年英国实施外汇管制后指定英国财政部为决定外汇政策的权力机构,英格兰银行代表财政部执行外汇管制的具体措施;日本由大藏省负责外汇管制工作;意大利设立了外汇管制的专门机构——外汇管制局。除官方机构外,有些国家还由其中央银行指定一些大商业银行作为经营外汇业务的指定银行,并按外汇管制法令集中办理一切外汇业务。我国外汇管制的主体是国家外汇管理局。

国家外汇管理局

国家外汇管理局为副部级国家局,内设综合司(政策法规司)、国际收支司、经常项目管理司、资本项目管理司、管理检查司、储备管理司、人事司(内审司)、科技司8个职能司和机关党委,设置中央外汇业务中心、外汇业务数据监测中心、机关服务中心、《中国外汇管理》杂志社4个事业单位。其基本职能如下:

1. 研究提出外汇管理体制改革和防范国际收支风险、促进国际收支平衡的政策建议;研究落实逐步推进人民币资本项目可兑换、培育和发展外汇市场的政策措施,向中国人民银行提供制订人民币汇率政策的建议和依据。

2. 参与起草外汇管理有关法律法规和部门规章草案,发布与履行职责有关的规范性文件。

3. 负责国际收支、对外债权债务的统计和监测,按规定发布相关信息,承担跨境资金流动监测的有关工作。

4. 负责全国外汇市场的监督管理工作;承担结售汇业务监督管理的责任;培育和发展外汇市场。

5. 负责依法监督检查经常项目外汇收支的真实性、合法性;负责依法实施资本项目外汇管理,并根据人民币资本项目可兑换进程不断完善管理工作;规范境内外外汇账户管理。

6. 负责依法实施外汇监督检查,对违反外汇管理的行为进行处罚。

7. 承担国家外汇储备、黄金储备和其他外汇资产经营管理的责任。

8. 拟订外汇管理信息化发展规划和标准,规范并组织实施,依法与相关管理部门实施监管信息共享。

9. 参与有关国际金融活动。

10. 承办国务院及中国人民银行交办的其他事宜。

（资料来源：外汇局介绍［EB/OL］. http：www. safe. gov. cn/model_safe/whjjs/Whjjs_detail. jsp?id=1&TD=1602000000000000.）

三、外汇管制的客体

外汇管制的客体即外汇管制的对象，分为对人和对物两种。

对人包括对法人和自然人。外汇管制所针对的自然人和法人通常划分为居民和非居民。对居民和非居民的外汇管制待遇不同。由于居民的外汇支出涉及居住国的国际收支问题，故管制较严，对非居民的管制则较宽。

外汇管制所针对的物主要涉及国际支付手段，包括外国钞票和铸币、外币支付凭证、外币有价证券和黄金；有的国家还涉及白银、白金和钻石。

四、外汇管制的目的

1. 促进国际收支平衡或改善国际收支状况

长期的国际收支逆差会给一国经济带来显著的消极影响，维持国际收支平衡是政府的基本目标之一。政府可以用多种方法来调节国际收支，但是对于发展中国家来说，其他调节措施可能意味着较大代价。例如，政府实行紧缩性财政政策或货币政策可能改善国际收支，但它会影响经济发展速度，并使失业状况恶化。

2. 稳定本币汇率，减少涉外经济活动中的外汇风险

汇率的频繁地大幅度波动所造成的外汇风险会严重阻碍一国对外贸易和国际借贷活动的进行。对于缺乏外汇储备的发展中国家来说，外汇管制是稳定本币对外币的汇率的重要手段。

3. 防止资本外逃或大规模的投机性资本流动，维护本国金融市场的稳定

经济实力较弱的国家存在着非常多的可供投机资本利用的缺陷。例如，在经济高速发展时商品价格、股票价格、房地产价格往往上升得高于其内在价值。在没有外汇管制的情况下，这会吸引投机性资本流入，后者会显著加剧价格信号的扭曲。一旦泡沫破灭，投机性资本外逃，又会引发一系列连锁反应，造成经济局势迅速恶化。外汇管制是这些国家维护本国金融市场稳定运行的有效手段。

4. 增加本国的国际储备

任何国家都需要持有一定数量的国际储备资产，国际储备不足的国家可以通过多种途径来增加国际储备，但是其中多数措施需要长期施行才能取得明显成效。外汇管制有助于政府实现增加国际储备的目的。

5. 有效利用外汇资金，推动重点产业优先发展

外汇管制使政府拥有更大的对外汇运用的支配权。政府可以利用它限制某些商品进口，来保护本国的相应幼稚产业；或者向某些产业提供外汇，以扶植重点产业优先发展。

6. 增强本国产品国际竞争能力

在本国企业不足以保证产品的国际竞争能力的条件下，政府可以借助于外汇管制为企业开拓国外市场。例如，规定官方汇率是外汇管制的重要手段之一，当政府直接调低本币汇率时，或限制短期资本流入时，都有助于本国增加出口。

7. 增强金融安全

金融安全指一国在金融国际化条件下具有抗拒内外金融风险和外部冲击的能力。开放程度越高,一国维护金融安全的责任和压力越大。影响金融安全的因素包括国内不良贷款、金融体制改革和监管等内部因素,也涉及外债规模和使用效益、国际游资冲击等涉外因素。发展中国家经济发展水平较低,经济结构有种种缺陷,特别需要把外汇管制作为增强本国金融安全的手段。

◆ 任务二 外汇管制的内容和方式

一、外汇管制的内容

1. 对贸易项目的管制

对贸易项目的管制主要包括对进口付汇的管制和对出口收汇的管制。

2. 对非贸易项目的管制

从总体上看,对非贸易项目的外汇管制,收入松,支出严;发达国家松,发展中国家严。

3. 对资本项目的管制

一些发达国家由于国际收支长期顺差,就需要采取一些限制外国资本流入的措施;而对于资本输出,发达国家一般都不作限制。

发展中国家为了发展民族经济,争取国际收支平衡,多采取限制本国资金外流和鼓励吸收外资的政策。

4. 对现钞、黄金等贵金属及其制成品的管制

重点一般放在限制现钞、黄金等贵金属及其制成品的输出上。

此外,外汇管制还有一项很重要的内容,就是对汇率的管理。汇率管制的中心内容是实行复汇率制度,通过规定高低不同的汇率调节和控制外汇收支。

二、外汇管制的基本方式

1. 对出口外汇收入的管制

在出口外汇管制中,最严格的规定是出口商必须把全部外汇收入按官方汇率结售给指定银行。出口商在申请出口许可证时,要填明出口商品的价格、数量、结算货币、支付方式和支付期限,并交验信用证。

2. 对进口外汇的管制

对进口外汇的管制通常表现为进口商只有得到管汇当局的批准,才能在指定银行购买一定数量的外汇。管汇当局根据进口许可证决定是否批准进口商的买汇申请。有些国家将进口批汇手续与进口许可证的颁发同时办理。

3. 对非贸易外汇的管制

非贸易外汇涉及除贸易收支与资本输出入以外的各种外汇收支。

对非贸易外汇收入的管制类似于对出口外汇收入的管制,即规定有关单位或个人必须把全部或部分外汇收支按官方汇率结售给指定银行。为了鼓励人们获取非贸易外汇收入,各国政府可能实行一些其他措施,如实行外汇留成制度,允许居民将个人劳务收入和携入款项在外汇指定银行开设外汇账户,并免征利息所得税。

4. 对资本输入的外汇管制

发达国家采取限制资本输入的措施通常是为了稳定金融市场和稳定汇率,避免资本流入

造成国际储备过多和通货膨胀。它们所采取的措施包括：对银行吸收非居民存款规定较高的存款准备金；对非居民存款不付利息或倒数利息；限制非居民购买本国有价证券等。

5. **对资本输出的外汇管制**

发达国家一般采取鼓励资本输出的政策，但是它们在特定时期，如面临国际收支严重逆差之时，也采取一些限制资本输出的政策，其中主要措施包括：规定银行对外贷款的最高额度；限制企业对外投资的国别和部门；对居民境外投资征收利息平衡税等。

6. **对黄金、现钞输出入的管制**

实行外汇管制的国家一般禁止个人和企业携带、托带或邮寄黄金、白金或白银出境，或限制其出境的数量。

对于本国现钞的输入，实行外汇管制的国家往往实行登记制度，规定输入的限额并要求用于指定用途。对于本国现钞的输出则由外汇管制机构进行审批，规定相应的限额。不允许货币自由兑换的国家禁止本国现钞输出。

7. **复汇率制**

对外汇进行价格管制必然形成事实上的各种各样的复汇率制。复汇率制指一国规章制度和政府行为导致该国货币与其他国家的货币存在两种或两种以上的汇率。

模块三　我国的外汇管制

 工作任务

> 任务一　我国外汇管制的历史沿革
> 任务二　现行的外汇管理体制

◆ 任务一　我国外汇管制的历史沿革

新中国成立以来，中国外汇管理体制大体经历了计划经济时期、经济转型时期和1994年开始建立社会主义市场经济以来三个阶段。

一、计划经济时期的中国外汇管理体制（1953—1978年）

1953年起，中国实行计划经济体制，对外贸易由国营对外贸易公司专管，外汇业务由中国银行统一经营，逐步形成了高度集中、计划控制的外汇管理体制。国家对外贸和外汇实行统一经营，用汇分口管理。外汇收支实行指令性计划管理，一切外汇收入必须售给国家，需用外汇按国家计划分配和批给。国际收支平衡政策"以收定支，以出定进"，依靠指令性计划和行政办法保持外汇收支平衡。实行独立自主、自力更生的方针，不借外债，不接受外国来华投资。人民币汇率作为计划核算工具，要求稳定，逐步脱离进出口贸易的实际，形成汇率高估。

二、经济转型时期的中国外汇管理体制（1979—1993年）

1. **实行外汇留成制度**

1979年开始实行外汇留成办法。在外汇由国家集中管理、统一平衡、保证重点的同时，实行贸易和非贸易外汇留成，区别不同情况，适当留给创汇的地方和企业一定比例的外汇，以解决发展生产、扩大业务所需要的物资进口。

2. 建立和发展外汇调剂市场

在实行外汇留成制度的基础上,产生了调剂外汇的需要。为此,1980年10月起中国银行开办外汇调剂业务,允许持有留成外汇的单位把多余的外汇额度转让给缺汇的单位。

3. 改革人民币汇率制度

(1)实行贸易内部结算价和对外公布汇率双重汇率制度。汇率高估,不利于对外贸易的发展,因此,1981年,中国制定了一个贸易外汇内部结算价,按当时全国出口商品平均换汇成本加10%利润计算,定为1美元合2.8元人民币,适用于进出口贸易的结算,同时继续公布官方汇率,1美元合1.5元人民币,沿用原来的"一篮子货币"计算和调整,用于非贸易外汇的结算。随着国际市场美元汇率的上升,我国逐步下调官方汇率,到1984年底,官方汇率已接近贸易外汇内部结算价。1985年1月1日取消内部结算价,重新实行单一汇率,汇率为1美元合2.8元人民币。

(2)根据国内外物价变化调整官方汇率。改革开放以后,中国物价进行改革,逐步放开,物价上涨,为使人民币汇率同物价的变化相适应,起到调节国际收支的作用,1985—1990年根据国内物价的变化,多次大幅度调整汇率。由1985年1月1日的1美元合2.8元人民币,逐步调整至1990年11月17日的1美元合5.22元人民币。这几年人民币汇率的下调主要是依据全国出口平均换汇成本上升的变化,汇率的下调滞后于国内物价的上涨。

(3)实行官方汇率和外汇调剂市场汇率并存的汇率制度。为配合对外贸易,推行承包制,取消财政补贴,1988年3月起各地先后设立了外汇调剂中心,外汇调剂量逐步增加,形成了官方汇率和调剂市场汇率并存的汇率制度。从1991年4月9日起,对官方汇率的调整由以前大幅度、一次性调整的方式转为逐步缓慢调整的方式,即实行有管理的浮动,至1993年底调至1美元合5.72元人民币,比1990年11月17日下调了9%。同时,放开外汇调剂市场汇率,让其随市场供求状况浮动,汇率波动较大。在国家加强宏观调控和中国人民银行入市干预下,1993年底回升到1美元合8.72元人民币。

4. 允许多种金融机构经营外汇业务

1979年前,外汇业务由中国银行统一经营。为适应改革开放以后的新形势,在外汇业务领域中引入竞争机制,改革外汇业务经营机制,允许国家专业银行业务交叉,并批准设立了多家商业银行和一批非银行金融机构经营外汇业务;允许外资金融机构设立营业机构,经营外汇业务,形成了多种金融机构参与外汇业务的格局。

5. 建立对资本输出入的外汇管理制度

6. 放宽对境内居民的外汇管理

个人存放在国内的外汇,准许持有和存入银行,但不准私自买卖和私自携带出境。对个人收入的外汇,视不同情况,允许按一定比例或全额留存外汇。从1985年起,对境外汇给国内居民的汇款或从境外携入的外汇,准许全部保留,在银行开立存款账户。1991年11月起允许个人所有的外汇参与外汇调剂。个人出国探亲、移居出境、去外国留学、赡养国外亲属需用外汇,可以凭出境证件和有关证明向国家外汇管理局申请,经批准后卖给一定数额的外汇,但批汇标准较低。

7. 外汇兑换券的发行和管理

为了便利旅客,防止外币在国内流通和套汇、套购物资,1980年4月1日起中国银行发行外汇兑换券,外汇券以人民币为面额。外国人、华侨、港澳台同胞、外国使领馆、代表团人员可以用外汇按银行外汇牌价兑换成外汇券并须用外汇券在旅馆、饭店、指定的商店、飞机场购买商品和支付劳务、服务费用。未用完的外汇券可以携带出境,也可以在不超过原兑换数额的50%以内兑回外汇。收取外汇券的单位须经外汇局批准,并须把收入的外汇券存入银行,按收支两条线进行管理。收券单位把外汇券兑换给银行的,可以按规定给予外汇留成。

三、1994年开始建立社会主义市场经济以来的中国外汇管理体制

1993年11月14日,党的十四届三中全会通过的《中共中央关于建立社会主义市场经济体制若干问题的决定》中明确要求,"改革外汇管理体制,建立以市场供求为基础的、有管理的浮动汇率制度和统一规范的外汇市场,逐步使人民币成为可兑换货币"。这为外汇管理体制进一步改革明确了方向。1994年至今,围绕外汇体制改革的目标,按照预定改革步骤,中国外汇管理体制主要进行了以下改革:

1. 1994年对外汇体制进行重大改革,实行人民币经常项目有条件可兑换

(1)实行银行结售汇制度,取消外汇上缴和留成,取消用汇的指令性计划和审批。从1994年1月1日起,取消各类外汇留成、上缴和额度管理制度,对境内机构经常项目下的外汇收支实行银行结汇和售汇制度。

(2)汇率并轨,实行以市场供求为基础的、单一的、有管理的浮动汇率制度。1994年1月1日,人民币官方汇率与市场汇率并轨,实行以市场供求为基础的、单一的、有管理的浮动汇率制,并轨时的人民币汇率为1美元合8.70元人民币。人民币汇率由市场供求形成,中国人民银行公布每日汇率,外汇买卖允许在一定幅度内浮动。

(3)建立统一的、规范化的、有效率的外汇市场。1994年4月1日银行间外汇市场——中国外汇交易中心在上海成立,连通全国所有分中心,4月4日起中国外汇交易中心系统正式运营,采用会员制、实行撮合成交集中清算制度,并体现价格优先,时间优先原则。中国人民银行根据宏观经济政策目标,对外汇市场进行必要的干预,以调节市场供求,保持人民币汇率的稳定。

(4)对外商投资企业外汇管理政策保持不变。为体现国家政策的连续性,1994年在对境内机构实行银行结售汇制度时,对外商投资企业的外汇收支仍维持原来办法,准许保留外汇,外商投资企业的外汇买卖仍须委托外汇指定银行通过当地外汇调剂中心办理,统一按照银行间外汇市场的汇率结算。

(5)禁止在境内外币计价、结算和流通。1994年1月1日,中国重申取消境内外币计价结算,禁止外币境内流通和私自买卖外汇,停止发行外汇兑换券。对于市场流通的外汇兑换券,允许继续使用到1994年12月31日,并于1995年6月30日前可以到中国银行兑换美元或结汇成人民币。

通过上述各项改革,1994年中国顺利地实现了人民币经常项目有条件可兑换。

2. 1996年取消经常项目下尚存的其他汇兑限制,12月1日宣布实现人民币经常项目可兑换

(1)将外商投资企业外汇买卖纳入银行结售汇体系。1996年7月1日起,外商投资企业外汇买卖纳入银行结售汇体系,同时外商投资企业的外汇账户区分为用于经常项目的外汇结算账户和用于资本项目的外汇专用账户。外汇局核定外汇结算账户的最高金额,外商投资企业在核定的限额内保留经常项下的外汇收入,超过部分必须结汇。外商投资企业经常项目下的对外支付,凭规定的有效凭证可直接到外汇指定银行办理,同时,继续保留外汇调剂中心为

外商投资企业外汇买卖服务。1998年12月1日外汇调剂中心关闭以后，外商投资企业外汇买卖全部在银行结售汇体系进行。

(2)提高居民用汇标准，扩大供汇范围。1996年7月1日，大幅提高居民因私兑换外汇的标准，扩大了供汇范围。

(3)取消尚存的经常性用汇的限制。1996年，中国还取消了出入境展览、招商等非贸易非经营性用汇的限制，并允许驻华机构及来华人员在境内购买的自用物品、设备、用具等出售后所得人民币款项可以兑换外汇汇出。

经过上述改革后，中国取消了所有经常性国际支付和转移的限制，达到了国际货币基金组织协定第八条款的要求。1996年12月1日，中国正式宣布接受第八条款，实现人民币经常项目完全可兑换。至此，中国实行了人民币经常项目可兑换、对资本项目外汇进行严格管理、初步建立了适应社会主义市场经济的外汇管理体制，并不断得到完善和巩固。

3. 2001年加入世界贸易组织以来，继续深化外汇管理体制改革

外汇管理主动顺应加入世贸组织和融入经济全球化的挑战，进一步深化改革，继续完善经常项目可兑换，稳步推进资本项目可兑换，推进贸易便利化。主要措施有：

(1)大幅减少行政性审批，提高行政许可效率。根据国务院行政审批改革的要求，2001年以来，外汇管理部门分三批共取消34项行政许可项目，取消的项目占原有行政审批项目的46.5%。

(2)进一步完善经常项目外汇管理，促进贸易投资便利化。允许所有中资企业与外商投资企业一样，开立经常项目外汇账户，几次提高企业可保留现汇的比例并延长超限额结汇时间。多次提高境内居民个人购汇指导性限额并简化相关手续。

(3)稳步推进资本项目可兑换，拓宽资金流出入渠道。放宽境外投资外汇管理限制，将境外投资外汇管理改革试点推广到全国，提高分局审核权限和对外投资购汇额度，改进融资性对外担保管理办法，大力实施"走出去"战略。允许部分保险外汇资金投资境外证券市场，允许个人对外资产转移。实行合格境外机构投资者制度，提高投资额度，引进国际开发机构在中国境内发行人民币债券，促进证券市场对外开放。允许跨国公司在集团内部开展外汇资金运营，集合或调剂区域、全球外汇资金。出台外资并购的外汇管理政策，规范境内居民跨国并购和外国投资者并购境内企业的行为。规范境内居民通过境外特殊目的公司开展股权融资和返程投资的行为。

(4)积极培育和发展外汇市场，完善有管理的浮动汇率制。2005年7月21日汇率改革以前，积极发展外汇市场：改外汇单向交易为双向交易，积极试行小币种"做市商"制度；扩大远期结售汇业务的银行范围，批准中国外汇交易中心开办外币对外币的买卖。7月21日，改革人民币汇率形成机制，实行以市场供求为基础、参考一篮子货币进行调节、有管理的浮动汇率制度。配合这次改革，在人民银行的统一领导和部署下，外汇管理部门及时出台一系列政策促进外汇市场发展，包括：增加交易主体，允许符合条件的非金融企业和非银行金融机构进入即期银行间外汇市场；引进美元"做市商"制度，在银行间市场引进询价交易机制；将银行对客户远期结售汇业务扩大到所有银行，引进人民币对外币掉期业务；增加银行间市场交易品种，开办远期和掉期外汇交易；实行银行结售汇综合头寸管理，增加银行体系的总限额；调整银行汇价管理办法，扩大银行间市场非美元货币波幅，取消银行对客户非美元货币挂牌汇率浮动区间限制，扩大美元现汇与现钞买卖差价，允许一日多价等。

(5)加强资金流入管理,积极防范金融风险。调整短期外债口径。对外资银行外债实行总量控制,外资银行向境内机构发放的外汇贷款按照国内外汇贷款管理。实行支付结汇制,严控资本项目资金结汇。将外商投资企业短期外债余额和中长期外债累计发生额严格控制在"投注差"内,明确规定外商投资企业的境外借款不可以结汇用于偿还国内人民币贷款。以强化真实性审核为基础,加强对出口预收货款和进口延期付款的管理。将境内机构180天(含)以上、等值20万美元(含)以上延期付款纳入外债管理,同时规范了特殊类外商投资企业的外债管理,并将境内贷款项下境外担保按履约额纳入外债管理,由债务人逐笔登记改为债权人定期登记。加强对居民和非居民个人结汇管理。

(6)强化国际收支统计监测,加大外汇市场整顿和反洗钱力度。加快国际收支统计监测预警体系建设,初步建立高频债务监测系统和市场预期调查系统,不断提高预警分析水平。加大外汇查处力度,整顿外汇市场秩序,积极推进外汇市场信用体系建设,初步建立起了以事后监管和间接管理为主的信用管理模式。建立和完善外汇反洗钱工作机制,2003年起正式实施大额和可疑外汇资金交易报告制度,加强反洗钱信息分析工作。

◆ 任务二 现行的外汇管理体制

一、人民币经常项目可兑换

1996年,我国正式接受国际货币基金组织协定第八条款,实现了人民币经常项目可兑换。为了区分经常项目和资本项目交易,防止无交易背景的逃骗汇及洗钱等违法犯罪行为,我国经常项目外汇管理仍然实行真实性审核(包括指导性限额管理)。根据国际惯例,这并不构成对经常项目可兑换的限制。

(1)经常项目外汇收入实行限额结汇制度。除国家另有规定外,经常项目下的外汇收入都须及时调回境内。凡经国家外汇管理局及其分支局批准开立经常项目外汇账户的境内机构(包括外商投资企业),可在核定的最高金额内保留经常项目外汇收入,超过限额部分按市场汇率卖给外汇指定银行,超过核定金额部分最长可保留90天。

(2)境内机构经常项目用汇。除个别项目须经外汇局进行真实性审核外,可以直接按照市场汇率凭相应的有效凭证用人民币向外汇指定银行购汇或从其外汇账户上对外支付。

(3)实行进出口收付汇核销制度。货物出口后,由外汇局对相应的出口收汇进行核销;进口货款支付后,由外汇局对相应的到货进行核销。以出口收汇率为主要考核指标,对出口企业收汇情况分等级进行评定,根据等级采取相应的奖惩措施,扶优限劣,并督促企业足额、及时收汇。建立了逐笔核销、批量核销和总量核销三种监管模式,尝试出口核销分类管理。目前正在设计、开发和推广使用"出口收汇核报系统"。

二、资本项目部分管制

按照"循序渐进、统筹规划、先易后难、留有余地"的改革原则,中国逐步推进资本项目可兑换。

目前,除国务院另有规定外,资本项目外汇收入均需调回境内。境内机构(包括外商投资企业)的资本项目下外汇收入均应向注册所在地外汇局申请在外汇指定银行开立外汇专用账户进行保留。外商投资项下外汇资本金结汇可持相应材料直接到外汇局授权的外汇指定银行办理,其他资本项下外汇收入经外汇管理部门批准后才能卖给外汇指定银行。除外汇指定银行部分项目外,资本项目下的购汇和对外支付,均需经过外汇管理部门的核准,持核准件方可在银行办理售付汇。

1. 直接投资

我国对外商直接投资外汇管理一直比较宽松。近几年,不断放宽境内企业对外直接投资外汇管理,支持企业"走出去"。

外商直接投资管理:外商投资企业的资本金、投资资金等需开立专项账户保留;外商投资项下外汇资本金结汇可持相应材料直接到外汇局授权的外汇指定银行办理,其他资本项下外汇收入经外汇局批准后可以结汇;外商投资企业资本项下支出经批准后可以从其外汇账户中汇出或者购汇汇出;为进行监督和管理,对外商投资企业实行外汇登记和年检制度。

境外投资管理:国家外汇管理局是境外投资的外汇管理机关。境内机构进行境外投资,需购汇及汇出外汇的,须事先报所辖地外汇分局(外汇管理部)进行投资外汇资金来源审查;全部以实物投资项目、援外项目和经国务院批准的战略性投资项目免除该项审查;境外投资项目获得批准后,境内投资者应到外汇管理部门办理境外投资外汇登记和投资外汇资金购汇汇出核准手续。国家对境外投资实行联合年检制度。

2. 证券投资

在证券资金流入环节,境外投资者可直接进入境内B股市场,无需审批;境外资本可以通过合格境外机构投资者(QFII)间接投资境内A股市场,买卖股票、债券等,但合格境外机构投资者的境内证券投资必须在批准的额度内;境内企业经批准可以通过境外上市(H股),或者发行债券,到境外募集资金调回使用。

证券资金流出管理严格,渠道有限。除外汇指定银行可以买卖境外非股票类证券、经批准的保险公司的外汇资金可以自身资金开展境外运用外,其他境内机构和个人不允许投资境外资本市场。目前,已批准个别保险公司外汇资金境外运用,投资境外证券市场。另外,批准中国国际金融有限公司进行金融创新试点,开办外汇资产管理业务,允许其通过专用账户受托管理其境内客户的外汇资产并进行境外运作,国际开发机构在中国境内发行人民币债券也已开始试点。

3. 其他投资

外债管理:中国对外债实行计划管理,金融机构和中资企业借用1年期以上的中长期外债需纳入国家利用外资计划。1年期以内(含1年)的短期外债由国家外汇管理局管理。外商投资企业借用国际商业贷款不需事先批准,但其短期外债余额和中长期外债累计发生额之和要严格控制在其投资总额与注册资本额的差额内。所有的境内机构(包括外商投资企业)借用外债后,均需及时到外汇局定期或者逐笔办理外债登记。实行逐笔登记的外债,其还本付息都需经外汇局核准(银行除外)。地方政府不得对外举债。境内机构发行商业票据由国家外汇管理局审批,并占用其短贷指标。

另外,境内机构180天(含)以上、等值20万美元(含)以上延期付款纳入外债登记管理;境内注册的跨国公司进行资金集中运营的,其吸收的境外关联公司资金如在岸使用,纳入外债管理;境内贷款项下境外担保按履约额纳入外债管理,并且企业中长期外债累计发生额、短期外债余额以及境外机构和个人担保履约额之和,不得超过其投资总额与注册资本的差额。

对外担保管理:对外担保属于或有债务,其管理参照外债管理,仅限于经批准有权经营对外担保业务的金融机构和具有代位清偿债务能力的非金融企业法人可以提供。除经国务院批准为使用外国政府贷款或者国际金融组织贷款进行转贷外,国家机关和事业单位不得对外出具担保。除财政部出具担保和外汇指定银行出具非融资项下对外担保外,外汇指定银行出具融资项下担保实行年度余额管理,其他境内机构出具对外担保须经外汇局逐笔审批。对外担保须向外汇局登记,对外担保履约时需经外汇局核准。

此外,目前已批准中国银行进行全球授信的试点,为境外企业发展提供后续融资支持;允许境内居民(包括法人和自然人)以特殊目的公司的形式设立境外融资平台,通过反向并购、股权置换、可转债等资本运作方式在国际资本市场上从事各类股权融资活动;允许跨国公司在集团内部开展外汇资金运营;允许个人合法财产对外转移。

三、加强对金融机构外汇业务的监督和管理

目前,经常项目的外汇收支基本上直接到外汇指定银行办理;资本项目的外汇收支经外汇管理部门批准或核准后,也在外汇指定银行办理。银行在办理结售汇业务中,必须严格按照规定审核有关凭证,防止资本项目下的外汇收支混入经常项目结售汇,防止不法分子通过结售汇渠道骗购外汇。近年来,通过加大外汇查处力度,整顿外汇市场秩序,积极推进外汇市场信用体系建设,初步建立起了以事后监管和间接管理为主的信用管理模式。

四、不断改进的人民币汇率形成机制

人民币汇率形成机制改革坚持主动性、可控性、渐进性的原则。自2005年7月21日起,我国开始实行以市场供求为基础、参考一篮子货币进行调节、有管理的浮动汇率制度。人民币汇率不再盯住单一美元,而是按照我国对外经济发展的实际情况,选择若干种主要货币,赋予相应的权重,组成一个货币篮子。同时,根据国内外经济金融形势,以市场供求为基础,参考一篮子货币计算人民币多边汇率指数的变化,对人民币汇率进行管理和调节,维护人民币汇率在合理均衡水平上的基本稳定。参考一篮子表明外币之间的汇率变化会影响人民币汇率,但参考一篮子不等于盯住一篮子货币,它还需要将市场供求关系作为另一重要依据,据此形成有管理的浮动汇率。

人民币汇价的管理:中国人民银行于每个工作日闭市后公布当日银行间外汇市场美元等交易货币对人民币汇率的收盘价,作为下一个工作日该货币对人民币交易的中间价格。银行间外汇市场人民币对美元买卖价在中国人民银行公布的市场交易中间价上下0.3%的幅度内浮动,欧元、日元、港币等非美元货币对人民币交易价浮动幅度为上下3%。外汇指定银行在规定的浮动范围内确定挂牌汇率,对客户买卖外汇。银行对客户美元挂牌汇价实行价差幅度管理,美元现汇卖出价与买入价之差不得超过交易中间价的1%,现钞卖出价与买入价之差不得超过交易中间价的4%,银行可在规定价差幅度内自行调整当日美元挂牌价格。银行可自行制定非美元对人民币价格。银行可与客户议定所有挂牌货币的现汇和现钞买卖价格。

五、不断发展的外汇市场

从交易主体看,除银行金融机构之外,符合条件的非金融企业和非银行金融机构都可以进入即期银行间外汇市场,并扩大远期结售汇业务的试点银行范围;从交易机制看,改外汇单向交易为双向交易,引进美元"做市商"制度,并在银行间市场引进询价交易机制;从业务品种和范围看,批准中国外汇交易中心开办外币对外币的买卖,引进人民币对外币掉期业务,增加银行间市场交易品种,开办远期和掉期外汇交易;从汇价管理看,扩大银行间市场非美元货币波幅,取消银行对客户非美元货币挂牌汇率浮动区间限制,扩大美元现汇与现钞买卖差价,允许

一日多价等;从结售汇头寸管理看,实行银行结售汇综合头寸管理,大幅增加银行体系的总限额,统一中外资银行管理政策和限额核定标准。

六、不断完善的国际收支监测体系

完善银行结售汇统计,启动银行结售汇统计报表改造工作,重新设计和开发了新版银行结售汇统计系统;升级国际收支统计监测系统,加强对跨境资金流动的监测;加快建设国际收支统计监测预警体系,初步建立高频债务监测系统和市场预期调查系统,不断提高预警分析水平。

提高国际收支统计数据透明度。我国编制并对外公布国际收支平衡表,通过金融机构进行国际收支间接申报。自2005年起,外汇局每半年发布一次《中国国际收支报告》。

七、健全和完善外汇管理信息化系统

外汇局现有的电子监管系统有出口核报系统、进口核销系统、居民个人因私购汇系统、外汇账户管理信息系统、外债统计监测系统、银行结售汇统计系统、国际收支统计监测系统、反洗钱信息系统等。目前,正在进一步升级和完善上述系统,并根据外汇管理的需要,开发和设计新的电子系统,提高数据采集的及时性、准确性和完整性,完善系统的查询、分析、监测等综合功能,加强和改善非现场监管水平。

八、逐步建立科学有效的外汇管理法规体系

1980年12月,中国颁布了《中华人民共和国外汇管理暂行条例》。1996年2月颁布了《中华人民共和国外汇管理条例》,1996年年底实现人民币经常项目下可兑换后,对该条例进行了修订。近年来,对新中国成立以来的各项外汇管理法规进行了全面清理和修订,重新制定和公布。总之,根据国情和外汇管理工作实践,通过不断充实、完善外汇管理法规,逐步建立起"科学、合理、有效"的外汇管理法规体系。

 实训课业

一、实训项目一

企业外汇风险的识别。

【实训内容】

1. 如果某银行以1美元=1.6428人民币的汇率买进人民币,以1美元=1.6734人民币美元卖出人民币,该银行就会发生亏损。

2. 日本一家跨国公司在美国的子公司于2009年初购得一笔价值为10万美元的资产,按当时汇率USD1=JPY 100.00,这笔美元价值为1000万日元,到2009年年底,日元汇率上升到USD1=JPY 90.00,于是在2009年年底给跨国公司的财务报表上,这笔美元资产的价值仅为900万日元,比开始时资产价值减少了100万日元。

【实训要求】

指出外汇风险的种类,识别上述案例的外汇风险类别。

二、实训项目二

企业外汇风险的防范。

【实训内容】

A公司情况如下,该企业进口支付的货币主要有欧元和英镑,而该企业的外汇收入主要以美元为主,该企业在2009年1月签订了一批进口合同约合500万美元左右的非美元(欧元、英镑),那时欧元兑美元汇价在1.1美元,英镑兑美元也在1.5美元,该企业大约还有500万美元的外汇收入,这样该企业存在收入外汇的币种、金额与支付外汇的币种、金额不匹配,收付时间也不一致,而且这种不匹配的情况在可预见的未来一段时期内依然存在,主要是支付的外汇金额大于收入的外汇金额,收入的货币主要是美元,而支付的货币主要是欧元、英镑等非美元,表明公司有必要采取积极的保值避险措施,对未来可测算的外汇支付(特别是非美元货币的对外支付)锁定汇率风险。

【实训要求】

联系本项目所学内容,指出A公司可以选择哪些举措避免汇率风险?并制订详细的避险方案?

三、技能训练

1. 中国某企业出口一批设备,价值100万美元,进口方承诺3个月后付款。请同学们帮助该企业选择合同货币。

2. 日本某公司6个月后应付账款100万欧元,请用远期合同法消除该公司的外汇风险。

项目四　国际收支与国际储备

项目阐释

本项目通过对国际收支与国际储备相关知识的分析,使学生掌握国际收支平衡表的内容,会分析国际收支情况,知道如何调节国际收支,同时使学生熟悉一国国际储备的作用。

能力目标

◇ 掌握国际收支、国际收支平衡表、国际储备的概念
◇ 能对一国的国际收支状况进行分析
◇ 了解我国的国际收支状况
◇ 熟悉国际储备的作用

项目分解

模块一　国际收支概述
模块二　国际收支状态的分析与调节
模块三　我国的国际收支
模块四　国际储备

模块一　国际收支概述

工作任务

任务一　国际收支和国际收支平衡表的概念
任务二　国际收支平衡表的内容
任务三　国际收支平衡表的编制原理和记账方法

任务一 国际收支和国际收支平衡表的概念

 案例导入

新浪网2011年4月1日财经报道:国家外汇管理局2011年4月1日公布了2010年我国国际收支平衡表修订数据。数据显示,2010年全年及第四季度,我国国际收支经常项目、资本和金融项目继续呈现"双顺差",国际储备资产继续增长。

修订后的数据显示,2010年我国经常项目顺差达3054亿美元,较上年增长17%。其中,按照国际收支统计口径计算,货物贸易顺差2542亿美元,服务贸易逆差221亿美元,收益顺差304亿美元,经常转移顺差429亿美元。

2010年,我国资本和金融项目顺差为2260亿美元,增长25%,其中,直接投资净流入1249亿美元,证券投资净流入240亿美元,其他投资净流入724亿美元。

2010年,我国国际储备资产增加4717亿美元,增长18%,其中,外汇储备资产增加4696亿美元(不含汇率、价格等非交易价值变动影响),在基金组织的储备头寸和特别提款权合计增加22亿美元。

根据修订后的国际收支平衡表,2010年第四季度,我国经常项目顺差为1021亿美元,同比增长7%,资本和金融项目顺差为1189亿美元,增长88%;国际储备资产增加1857亿美元,增长49%。

外汇局当日发布的《2010年中国国际收支报告》称,2010年,我国涉外经济总体趋于活跃,国际收支交易呈现恢复性增长,总体规模创历史新高,与同期国内生产总值之比为95%,较2009年上升13个百分点,贸易、投资等主要项目交易量均较快增长。经常项目收支状况持续改善,顺差与国内生产总值之比为5.2%,与2009年的比例基本持平,仍明显低于2007年和2008年的历史高点。国际收支统计口径的货物贸易顺差与国内生产总值之比为4.3%,较2009年下降0.7个百分点。主要受欧洲主权债务危机影响,我国资本和金融项目顺差年内呈现一定波动。境内市场主体的负债外币化倾向依然较强,外债规模有所上升,外汇贷款继续增加。

报告预计,2011年,我国国际收支仍将保持顺差格局。全球经济持续复苏,国际贸易和投资活动稳步回升,我国将继续吸引外资流入,利差、汇差等因素可能增加我国资本净流入。主要发达国家消费有待进一步提振,我国经济结构调整有所加快,内需将逐渐成为拉动经济增长的主要动力,贸易平衡状况可能有所改善。此外,宏观经济金融中的不稳定因素依然较多,国际收支运行可能呈现一定波动。

"十二五"规划纲要明确提出,国际收支趋向基本平衡是"十二五"时期经济社会发展的主要目标之一。外汇局表示,下一阶段外汇管理工作将按照国家统一部署,积极配合实施稳健的货币政策,加快转变外汇管理理念和方式,深化外汇管理重点领域改革,积极防范跨境资金流动风险,促进国际收支基本平衡。

思考与分析:
1. 为什么大家对国际收支状况如此关注?
2. 国际收支状况对经济到底会产生什么样的影响?
3. 反映国际收支的这些数字是怎样统计上来的?

一、国际收支的概念

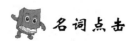

国际收支(international balance of payment),是指在一定时期内,一国居民与非居民之间进行的全部经济交易的系统的货币记录。

国际收支的概念是随着国际经济交易的发展变化而变化的。资本原始积累时期,国际经济交易主要表现为对外贸易,国际收支即被定义为一国的对外贸易收支。金本位制崩溃后,国际收支的含义扩展为一国的外汇收支。第二次世界大战后,国际经济交易的内容和范围进一步扩大。

国际货币基金组织(IMF)在《国际收支手册》(1993年第5版)中将国际收支定义为:"国际收支是一定时期的统计报表,它着重反映:①一国与其他国家之间商品、劳务和收入的交易;②该国货币、黄金、特别提款权以及对其他国家债权、债务的所有变化和其他变化;③无偿转移支付,以及根据会计处理的需要,平衡前两项没有相互抵消的交易和变化的对应交易。"

国际收支的概念内涵非常丰富,我们可以从以下几个方面来理解:

第一,国际收支记录的是对外往来的内容,即一国居民与非居民之间的经济交易。划分居民与非居民的依据不是以国籍为标准,而是以居住地,从事生产、消费等经济活动所在地作为划分的标准。因此,在国际收支统计中,居民是指在一个国家(或地区)的居住期限达一年以上,在其经济领土内具有经济利益的经济单位。否则该经济单位就被称为该国(或地区)的非居民。需要特别注意的是,"居民"是一个经济概念,与法律概念"公民"不同,居民与非居民都包括个人、企业、政府、非盈利团体四类。联合国、国际货币基金组织、世界银行等是任何国家的非居民。

中国居民

国际收支统计申报中的"中国居民"定义是根据《国际收支手册》(第5版)"第四章经济体的居民单位"中的原则以及我国实际情况制定的,具体指:

1. 在中国境内居留一年以上(包括一年)的自然人,外国及香港、澳门、台湾地区在境内的留学生、就医人员、外国驻华使馆领馆外籍工作人员及其家属除外;

2. 中国短期出国人员(在境外居留时间不满一年)、在境外留学人员、就医人员及中国驻外使馆领馆工作人员及其家属;

3. 在中国境内依法成立的企业事业法人(含外商投资企业及外资金融机构)及境外法人的驻华机构(不含国际组织驻华机构、外国驻华使馆领馆);

4. 中国国家机关(含中国驻外使馆领馆)、团体、部队。

(资料来源:国家外汇管理局网站[EB/OL]. http://www.safe.gov.cn/model_safe/ywzn/ywzn_detail.jsp?ID=130100000000000000,18

第二,国际收支反映的内容以交易为基础,而不是以货币收支为基础。因此,国际收支即包括立即结清的各种到期支付的交易,也包括未到期的交易;既包括发生货币收付的国际交换活动,也包括未发生货币收付的国际交换活动等。

第三,国际收支记录的是全部经济交易。所谓交易,包括四类:①交换,即一交易者(经济体)向另一交易者(经济体)提供一宗经济价值并从对方得到价值相等的回报。这里所说的经济价值,可概括为实际资源(货物、服务、收入)和金融资产。②转移,即一交易者向另一交易者提供了经济价值,但没有得到任何补偿。③移居,即一个人把住所从一经济体搬迁到另一经济体的行为。移居后,该个人原有的资产负债关系的转移会使两个经济体的对外资产、负债关系均发生变化,这一变化应记录在国际收支之中。④其他根据推论而存在的交易。

第四,国际收支是个事后的概念。概念中的"一定时期"一般是指过去的一个会计年度,所以它是对已发生事实进行的记录。

二、国际收支平衡表的概念

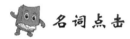
名词点击

国际收支平衡表,是国际收支的外在表现,是指在一定时期内的全部国际经济交易根据交易的内容与范围,按照经济分析的需要设置账户或项目,按照复式记账法进行分类记录的会计报表。

国际货币基金组织(IMF)已经出版了《国际收支手册》第6版,对国际收支平衡表的编制所采用的概念、准则、管理、分类方法以及标准构成都作了统一的说明。它规定其成员国有义务定期向该组织报送本国的国际收支数据资料。IMF逐年编制各成员国的国际收支平衡表,并以年鉴形式出版。

◆ 任务二 国际收支平衡表的内容

国际货币基金组织提出了一套有关构成国际收支平衡表的项目分类的建议,称为标准组成部分,其账户主要有:

一、经常项目

经常项目又称经常账户,是国际收支平衡表中最基本最重要的账户,它反映了一个国家(或地区)与其他国家(或地区)之间实际资源转移,是一个国家(或地区)对外经济交往的基础,具体分为货物、服务、收入以及经常转移四个子项目。

1. **货物**

货物具体包括了一般商品、用于加工的货物、货物的修缮、各种运输工具在港口采购的所有货物以及非货币黄金。货物的出口或进口应在货物的所有权从一居民转移到另一居民记录下来。

2. **服务**

服务是指居民与非居民相互提供的服务,包括运输、旅游、通讯服务、建筑服务、保险服务、金融服务(不包括保险公司和退休基金会的服务)、计算机和信息服务、专有权力(如商标、版权、专利制作方法、技术、设计、制造权和经销权等)的使用费和特许费、研究和开发服务、广告和市场调研服务、个人和文化及娱乐服务、其他商业服务(如经营租赁服务、法律、会计和管理咨询)以及政府服务等。

3. **收入**

收入包括职工报酬和投资收入两部分。

(1) 职工报酬。职工报酬指以现金或实物形式支付给非居民工人的工资、薪金和其他福利。

(2) 投资收入。投资收入包括居民持有的国外资产而得到的收入,包括直接投资收入(利润)、证券投资收入和其他投资收入。

4. 经常转移

经常转移是指商品、劳务或金融资产在居民与非居民之间转移后,并未得到补偿与回报,它包括了各级政府(如政府间经常性的国际合作、对收入和财产支付的经常性税收等)的转移和其他转移(如工人汇款、保险费——减去服务费以及非人寿保险的保费),而不包括固定资产所有权的转移,同固定资产收买/放弃相联系的或以其为条件的资金转移,债权人不索取任何回报而取消的债务。被排除的三类转移,应属于资产转移范畴。

二、资本和金融项目

资本和金融项目是指对资产所有权在国际间流动行为进行记录的账户,它由资本账户和金融账户两大部分组成。

1. 资本账户

资本账户主要由资本转移和非生产、非金融资产的收买和放弃两部分组成。

(1) 资本转移。资本转移指涉及固定资产所有权转移,同固定资产买进卖出联系在一起或以其为条件的资金转移以及债权人不索取任何回报而取消的债务。这一项目下细分为各级政府的转移和其他转移。

(2) 非生产、非金融资产的收买和放弃。非生产、非金融资产指的是各种无形资产,如注册的商标、注册的单位名称、租赁合同或其他可转让的合同和商誉。

2. 金融账户

金融账户包括了引起一个经济体对外资产和负债所有权变更的所有权交易。根据投资类型或功能分成直接投资、证券投资、其他投资和储备资产等项目。

(1) 直接投资。直接投资反映一经济体的直接投资者对另一经济体的直接投资企业的永久利益,它包括直接投资者和直接投资企业之间的所有交易,即直接投资包括两者之间开始的交易,以后的交易及它们与公司型和非公司型的附属企业之间的交易。

(2) 证券投资。证券投资包括股票和债券的交易。债券交易包括了长期债券、中期债券、货币市场的工具和金融衍生工具。

(3) 其他投资。这是一个剩余项目,它包括所有直接投资、证券投资或储备资产未包括的金融交易。主要有长短期的贸易信贷、贷款(包括利用基金组织的信贷、基金组织的贷款和同金融租赁联系在一起的贷款)、货币和存款(可转让的和其他类型的,如:储蓄存款和定期存款、入股形式的存款和贷款以及在信贷合作社的股份等),以及应收款项和应付款项(直接投资项下的交易排除在外)。

(4) 储备资产。储备资产又称官方储备或国际储备,包括一经济体的货币当局认为可以用来满足国际收支和在某些情况下满足其他目的资产的交易。具体项目包括货币化的黄金、特别提款权、在基金组织的储备头寸、外汇资产(货币、存款和有价证券)以及其他的债权。

三、"错误与遗漏"项目

由于国际收支运用的是复式记账法,经常项目、资本和金融项目的变动余额相加之后在理论上应等于零,如果不为零,其差额即以"错误与遗漏"项目去抵补。

在产生误差与遗漏的主要原因:一是由于原始资料不准确,居民漏报、少报等引起的;二是跨年度交易,统一口径不一;三是短期资本的国际转移,故意逃避管制引起的。针对这一情况,在国际收支平衡表中,标准的做法是将错误和遗漏用一个单独的项目表示出来。一些编制人员把它称作平衡项目或统计误差,它的目的就是平衡贴上各组成部分的数据报得过高与过低。因此,如果组成部分的贷方出现余额,那么就在借方注上一笔数目相等的错误和遗漏,出现相反的情况,同理。残差项目数值的大小不应视为是代表了整个统计报表的准确性。但是,净的残差数目较大,则会影响统计表的分析。

 实践与体验

表 4-1 中国国际收支平衡表

单位:亿美元

项目	行次	差额	贷方	借方
一、经常项目	1	3054	19468	16414
A. 货物和服务	2	2321	17526	15206
a. 货物	3	2542	15814	13272
b. 服务	4	−221	1712	1933
1. 运输	5	−290	342	633
2. 旅游	6	−91	458	549
3. 通讯服务	7	1	12	11
4. 建筑服务	8	94	145	51
5. 保险服务	9	−140	17	158
6. 金融服务	10	−1	13	14
7. 计算机和信息服务	11	63	93	30
8. 专有权利使用费和特许费	12	−122	8	130
9. 咨询	13	77	228	151
10. 广告、宣传	14	8	29	20
11. 电影、音像	15	−2	1	4
12. 其他商业服务	16	184	356	172
13. 别处未提及的政府服务	17	−2	10	11
B. 收益	18	304	1446	1142
1. 职工报酬	19	122	136	15
2. 投资收益	20	182	1310	1128
C. 经常转移	21	429	495	66
1. 各级政府	22	−3	0	3
2. 其他部门	23	432	495	63

续表 4-1

项目	行次	差额	贷方	借方
二、资本和金融项目	24	2260	11080	8820
A. 资本项目	25	46	48	2
B. 金融项目	26	2214	11032	8818
1. 直接投资	27	1249	2144	894
1.1 我国在外直接投资	28	−602	76	678
1.2 外国在华直接投资	29	1851	2068	217
2. 证券投资	30	240	636	395
2.1 资产	31	−76	268	345
2.1.1 股本证券	32	−84	115	199
2.1.2 债务证券	33	8	154	146
2.1.2.1(中)长期债券	34	19	128	110
2.1.2.2 货币市场工具	35	−11	25	36
2.2 负债	36	317	368	51
2.2.1 股本证券	37	314	345	32
2.2.2 债务证券	38	3	22	19
2.2.2.1(中)长期债券	39	3	22	19
2.2.2.2 货币市场工具	40	0	0	0
3. 其他投资	41	724	8253	7528
3.1 资产	42	−1163	750	1912
3.1.1 贸易信贷	43	−616	5	621
长期	44	−43	0	43
短期	45	−573	4	578
3.1.2 贷款	46	−210	197	407
长期	47	−277	0	277
短期	48	66	197	131
3.1.3 货币和存款	49	−580	303	883
3.1.4 其他资产	50	244	245	1
长期	51	0	0	0
短期	52	244	245	1
3.2 负债	53	1887	7503	5616
3.2.1 贸易信贷	54	495	583	88
长期	55	35	41	6
短期	56	460	542	81

续表 4-1

项目	行次	差额	贷方	借方
3.2.2 贷款	57	791	5860	5069
长期	58	100	264	163
短期	59	691	5596	4906
3.2.3 货币和存款	60	603	1038	435
3.2.4 其他负债	61	−3	22	25
长期	62	−4	1	5
短期	63	1	22	20
三、储备资产	64	−4717	0	4717
3.1 货币黄金	65	0	0	0
3.2 特别提款权	66	−1	0	1
3.3 在基金组织的储备头寸	67	−21	0	21
3.4 外汇	68	−4696	0	4696
3.5 其他债权	69	0	0	0
四、净误差与遗漏	70	−597	0	597

注：1. 本表计数采用四舍五入原则。

2. 从2010年三季度开始，按照国际标准，将外商投资企业归属外方的未分配利润和已分配未汇出利润同时记入国际收支平衡表中经常账户收益项目的借方和金融账户直接投资的贷方。2010年各季度以及2005—2009年年度数据也按此方法进行了追溯调整。

（资料来源：国家外汇管理局网站［EB/OL］. http://www.safe.gov.cn/model_safe/tjsj/pic/20110401152637569.doc.）

◆ 任务三　国际收支平衡表的编制原理和记账方法

国际收支平衡表是按照复式记账法进行记录编制的，即每笔交易都是由两笔价值相等，方向相反的账目表示。复式记账法运用在国际收支平衡表时，主要包括以下三个要点：

第一，任何一笔交易发生，必然涉及借方和贷方两个方面，有借必有贷，借贷必相等。

第二，所有国际收支项目都可以分为资金来源项目（如出口）和资金运用项目（如进口）。资金来源项目的贷方表示资金来源（即收入）增加，借方表示资金来源减少。资金运用项目的贷方表示资金占用（即支出）减少，借方表示资金占用增加。

第三，凡是有利于国际收支顺差增加或逆差减少的资金来源增加或资金占用减少均记入贷方，凡是有利于国际收支逆差增加或顺差减少的资金占用增加或资金来源减少均记入借方。

借方科目记录本国对外国支付的项目，凡是外汇支出、资本输出、资产增加、负债减少都记入借方。贷方科目记录本国从外国那里收入的项目，凡是外汇收入、资本输入、资产减少、负债增加都记入贷方。

实践与体验

根据所给资料,编制国际收支账户。
1. A国企业出口价值10万美元的机器设备。
2. A国居民到外国旅游花费20万美元,该笔费用从该居民的海外存款账户中扣除。
3. A国政府动用外汇储备向外国提供无偿援助。
4. A国居民动用其在海外存款40万美元购买外国某公司股票。

模块二 国际收支状态分析与调节

 工作任务

> 任务一 国际收支平衡和国际收支均衡
> 任务二 国际收支不平衡的口径
> 任务三 国际收支不平衡的类型
> 任务四 国际收支调节的理论

 案例导入

外汇局最新发布的2010年《中国国际收支报告》中指出,2011年我国国际收支将保持较大顺差格局,下一阶段外汇管理部门将继续严厉打击"热钱"等违法违规资金流入。

外汇局国际收支分析小组分析,国际收支保持较大顺差一方面是由于全球经济持续复苏,国际贸易和投资活动将稳步回升。国际货币基金组织(IMF)2011年1月份预测,2011年全球经济增长4.4%,较2010年增速小幅回落。

其次,我国经济将在世界范围内保持相对较高增速,继续吸引外资流入。根据IMF预测,2011年发达经济体和新兴市场经济体将分别增长2.5%和6.5%,而我国经济增速将超过9%。再者,我国与主要发达国家宏观政策出现分化,利差、汇差等因素可能使得套利资金净流入增加。最后,受国内宏观调控力度加大和境外融资成本较低等因素影响,境内企业境外融资活动可能趋于活跃。外汇局同时预计,今年国际收支状况有望继续改善。

思考与分析:
国际收支顺差意味着什么呢?

◆ 任务一 国际收支平衡和国际收支均衡

一、国际收支平衡的概念

在理论上,国际收支中的所有交易都可以按照发生的动机分为自主性交易和补偿性交易。自主性交易是指个人和企业为某种自主性目的(比如追逐利润、旅游、汇款赡养亲友等)而从事的交易。补偿性交易是指为弥补国际收支不平衡而发生的交易,比如为弥补国际收支逆差而向外国政府或国际金融机构借款、动用官方储备等。

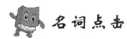

国际收支差额,是指自主性交易的差额。当这一差额为零时,就称为"国际收支平衡";当这一差额为正数时,则称为"国际收支顺差";当这一差额为负数时,则称为"国际收支逆差"。

国际收支顺差和国际收支逆差统称为国际收支不平衡。但在实践中,很难精确区别自主性交易和补偿性交易,所以这种方法仅仅提供了一种思维方式,很难把它付诸实践。

二、国际收支均衡的概念

国际收支均衡是指国内经济处于均衡状态下的自主性国际收支平衡,即国内经济处于充分就业和物价稳定下的自主性国际收支平衡。

由于一国的对外经济与国内经济是密切相连的,因此把国际收支平衡同国内经济均衡联系起来具有更深刻的意义,因此产生了国际收支均衡的概念。国际收支均衡时已过达到福利最大化的综合政策目标。在世界经济日趋一体化的今天,国际收支调节的目的不仅仅是平衡,更应该实行均衡这一目标。

◆ 任务二 国际收支不平衡的口径

一国国际收支不平衡是各国政府和国际经济组织政策调整的重要对象,但在做到"对症下药",还需要正确认识国际收支不平衡的口径,即国际收支不平衡出现在哪个或者哪些账户中。

一、贸易收支差额

贸易收支差额即商品进出口收支差额。进口大于出口则为逆差,出口大于进口则为顺差。这是传统上用得较多的一个口径。对于某些国家,贸易收支在全部国际收支中所占的比重相当大,因此他们简便地把贸易收支作为国际收支的近似代表。但是我们必须注意的是,贸易账户仅仅是国际收支的一个组成部分,绝不能代表国际收支的全部。而且这种将商品贸易流量与劳务贸易流量分开的做法是比较生硬的,特别是目前劳务贸易流量已占经常项目账户相当比重,这种作法并不可取。

二、经常项目差额

经常项目差额是国际收支平衡中最重要的差额,它综合反映一国进出口状况,是一个国家国际竞争力和经济地位的体现,也是预测一国经济发展与政策变化效果的主要指标。国际经济组织常用这一指标对成员国经济进行衡量,如国际货币基金组织就特别重视各成员国经常项目的收支情况。

经常项目差额是指贸易、服务、收入和经常转移等流量的借贷净差额,即

经常项目差额＝贸易差额＋服务差额＋收入差额＋经常转移差额

三、资本和金融账户差额

随着经济全球化进程的加快,资本移动对一国宏观经济的作用越来越突出,资本和金融项目称为国际收支另一重要组成部分。资本和金融账户逆差,表明本国资本流出大于资本流入;反之亦然。

对资本和金融账户差额进行分析,主要有两方面的作用:一是通过这一差额可以看出一国资本市场的开放程度和金融市场的发达程度,对一国货币政策和汇率政策的调整提供有益的借鉴;二是资本和金融账户与经常账户之间具有融资关系,所以资本和金融账户余额可以折射出一国经常账户的状况和融资能力。

四、综合账户差额或总差额

对于对外开放的国家而言,国际收支平衡时一国宏观调控的主要目标之一,但实际上经常出现国际收支的差额。在没有特别指明的情况下,人们所称的国际收支顺差或逆差,就是指综合账户差额(又称总差额)的顺差或逆差。

$$综合差额 = 经常项目差额 + 资本项目差额 + 净误差与遗漏差额$$

综合差额必然导致官方储备的反方向变动,综合差额为逆差,储备资产减少;综合差额为顺差,储备资产增加,由此可以用它来衡量国际收支对一国储备造成的压力。这一指标综合地反映了自主性国际收支的状况,是全面衡量和分析国际收支状况的指标。

◆ 任务三　国际收支不平衡的类型

一、临时性不平衡

临时性不平衡是短期的、由非确定或偶然因素如自然灾害、政局动荡等引起的国际收支不平衡。这种性质的国际收支失衡程度一般较轻、持续时间不长、带有可逆性,可以认为是一种正常现象。在浮动汇率制度下,这种性质的国际收支失衡有时根本不需要政策调节,市场汇率的波动有时就能将其纠正。在固定汇率制度下,一般也不需要用政策措施,只需动用官方储备便能加以克服。

例如,2011年利比里亚政局动荡,其石油输出受到影响,引起其出口收入减少,出现临时性不平衡,同时使得世界各国对石油产量产生担心引致石油价格上升至历史高位。

二、结构性不平衡

结构性不平衡是指国内经济、产业结构不能适应世界市场的变化而发生的国际收支失衡。我们可以从两个层面来理解:

第一,结构性不平衡是指因经济和产业结构变动的滞后和困难所引起的国际收支失衡。

第二,结构性不平衡是指一国的产业结构比较单一,或其产品出口的需求收入弹性低,或虽然出口需求的价格弹性高,但进口需求的价格弹性低所引起的国际收支失衡。这种情况在发展中国家表现得尤为突出。如在20世纪70年代,石油输出国调整了石油产量,引起世界市场石油价格上涨数倍,导致部分国家国际收支出现巨额逆差。这就是由于进口需求价格弹性低所引起的结构性失衡。

三、周期性不平衡

周期性不平衡是指由经济周期变化而造成的国际收支不平衡。当一国的经济处于衰退期时,社会总需求下降,进口需求也相应下降,国际收支可能发生盈余。反之,如果一国经济处于繁荣时,国内投资与消费需求旺盛,进口需求相应增加,国际收支便出现逆差。周期性不平衡在第二次世界大战前的发达资本主义国家表现得出现明显。在战后,其表现经常受到扭曲,即繁荣时期国际收支出现顺差,萧条时出现逆差。如1981—1982年发达国家(除日本外)在衰退期普遍伴有巨额的贸易逆差。

四、货币性不平衡

货币性不平衡又称价格性不平衡,是指在一定汇率水平下,一国物价与商品成本高于他国而引起出口货物价格相对高昂、进口货物价格相对便宜,从而导致的国际收支失衡。在这里,国内商品成本与一般物价上升的原因被认为是货币供应量的过分增加,因此,国际收支失衡的原因是货币性的。货币性不平衡可以是短期的,也可以是中期或长期的。

五、收入性不平衡

收入性不平衡是指由于一个国家的国民收入的相对快速增长而导致进口需求增长超过出口增长所引起的国际收支不平衡。

一般来说,一国经济增长较快,国民收入大幅增加,全社会消费水平就会提高,社会总需求扩大,在开放型经济下,社会总需求的扩大通常不一定会表现为价格上涨,而表现为增加进口,减少出口,导致国际收支出现逆差;反之,当经济增长率较低,国民收入减少时,国际收支出现顺差。

实践与体验

请同学们根据表 4-1 所提供的数据,分析我国 2010 年国际收支状况。

◆ 任务四　国际收支调节的理论

国际收支调节理论主要分析一国国际收支的决定因素和保持国际收支平衡的适当政策。

一、弹性分析法

弹性分析法是英国剑桥大学经济学家琼·罗宾逊(J. Robinson)在马歇尔微观经济学和局部均衡分析方法的基础上发展起来的。它着重考虑货币贬值取得成功的条件及其对贸易收支的影响。

1. 弹性分析法的主要内容

弹性分析法理论认为,汇率变动首先引起进出口商品价格的变动,进而引起进出口数量的变动,最终导致贸易收支的变动。比如一国货币贬值会使出口商品价格下降、进口商品价格上升,从而促使出口量增加、进口量减少。但货币贬值最终是否能改善贸易收支,还取决于该国贸易商品的供求弹性。

需求量变动的百分比与价格变动的百分比之比,称为需求对价格的弹性,简称需求弹性。供给量变动的百分比与价格变动的百分比之比,称为攻击对价格的弹性,简称供给弹性。比值越大,则弹性越大,说明进出口商品价格能在较大程度上影响进出口商品的供求数量。假设进口商品的需求弹性为 E_m,出口商品的需求弹性为 E_x,则

当 $E_m + E_x > 1$ 时,即进口商品和出口商品的需求弹性之和大于 1 时,货币贬值能改善贸易收支,这就是著名的马歇尔—勒纳条件。

当 $E_m + E_x = 1$ 时,货币贬值对贸易收支没有影响。

当 $E_m + E_x < 1$ 时,货币贬值将恶化贸易收支。

2. 对弹性分析法的评价

弹性分析法的贡献在于它的分析纠正了货币贬值一定有改善贸易收支作用效果的片面看法,正确指出了只有在一定的进出口供求弹性条件下,货币贬值才能改善贸易收支。

但该分析法也存在一些缺陷,主要体现在:第一,该理论是建立在局部均衡分析的基础上,只考虑汇率变动对一国贸易收支的影响,而假定其他条件(如收入等)保持不变,但实际上其他条件并非不变;第二,该理论没有涉及国际资本流动,在资本流动规模巨大的今天,其局限性就表现得非常突出;第三,该理论只是一种比较静态的分析,在现实世界中本币贬值对贸易收支的影响是一个动态过程;第四,实际中,对进出口商品的弹性估计是一个比较复杂的问题。

二、吸收分析法

吸收分析法是由西德尼·亚历山大(Sidney Alexander)1952年在凯恩斯宏观经济学的基础上提出的。它从宏观经济学中的国民收入方程式入手,着重考察总收入与总支出对国际收支的影响,并在此基础上,提出国际收支调节的相应政策主张。

1. 吸收分析法的主要内容

在开放经济条件下,国民收入恒等式为:

$$国民收入(Y)=消费(C)+投资(I)+政府支出(G)+[出口(X)-进口(M)]$$

移动该等式,得

$$国际收支差额=X-M=Y-(G+C+I)$$

我们将国内总支出(G+C+I)部分称为国内吸收。当国民收入大于国内吸收时,国际收支为顺差;国民收入小于国内吸收时,国际收支为逆差;国民收入等于国内吸收时,国际收支平衡。一国要改善国际收支的主要方式就是增加收入和减少吸收。

2. 对吸收分析法的评价

吸收分析法从总收入与总吸收的相对关系中来考察国际收支失衡的原因并提出国际收支的调节政策,而不是从相对价格出发,这是它与弹性分析法的重大差别,吸收分析法含有强烈的政策搭配取向。

但吸收分析法的主要缺点是假定贬值是出口增加的唯一原因,并以贸易收支代替国际收支,因此,从宏观角度看,它具有不够全面的地方。

三、货币分析法

货币分析法是随着20世纪70年代货币主义学说的兴起而出现的,它是从货币的角度而不是从商品的角度来考察国际失衡的原因并提出相应的政策主张。它的创始者主要是罗伯特·蒙代尔、哈里·约翰逊、雅各布·弗兰克尔等。

1. 货币分析法的假定前提

第一,在充分就业的均衡状态下,一国的实际货币需求是收入和利率等变量的稳定函数。

第二,从长期看,货币需求是稳定的,货币供给变动不影响实物产量。

第三,贸易商品的价格是由世界市场决定的,从长期看,一国的价格水平和利率水平接近世界水平。

2. 货币分析法的主要内容

在上述假定条件下,货币分析法的基本理论课用下列公式表达:

$$M_d = f(Y, r)$$
$$M_s = D + R$$

式中,M_d 为货币需求,M_s 为货币供给,Y 为国民收入,r 为利率。一国的货币供给分为两部分,D 为由国内银行体系创造的货币供给,R 为国际收支顺差(国际储备)创造的货币供给。

假定长期内货币需求等于货币供给,即 $M_d = M_s$,则 $M_d = D + R$,可得:
$$R = M_d - D$$
即国际储备＝货币需求－国内信用创造,该公式是货币分析法的最基本方程式。它表明：国际收支是一种货币现象；国际收支逆差实际上就是一国国内的名义货币供应量(D)超过了名义货币需求量；国际收支问题,实际上反映的是实际货币余额(货币存量)对名义货币供应量的调整过程。

3. **货币分析法的政策主张**

(1)所有国际收支不平衡,在本质上都是货币性的。因此,国际收支的不平衡,都可以由国内货币政策来解决。

(2)国内货币政策主要是指货币供应政策。因为政府可能操纵的是货币供应量的规模,而货币需求是收入、利率的稳定函数,受政府的影响小。因此,膨胀性的货币政策可以减少国际收支顺差,紧缩性的货币政策可以减少国际收支逆差。

(3)为平衡国际收支而采取的贬值、进口限额、关税、外汇管制等贸易和金融干预措施,只有当它们的作用是提供货币需求、尤其是提高国内价格水平时,才能改善国际收支,且这种影响是暂时的。若在施加干预措施的同时伴有国内信贷膨胀,则国际收支不一定能改善,甚至还可能恶化。

总之,货币分析法的政策主张的核心是：在国际收支发生逆差时,应注重国内信贷的紧缩。

4. **对货币分析法的评价**

货币分析法的主要贡献是强调在国际收支分析中对货币因素的重视,而且它不仅仅以经常项目为研究对象,而是考虑了包括流动在内的全部国际收支因素。

但是,它也存在缺陷,主要是它的一些假定如货币需求函数是相当稳定的,货币供给变动不影响实物产量等不符合现实；同时,过分强调货币因素,而忽视了其他因素的作用。

模块三　我国的国际收支

工作任务

> 任务一　我国国际收支编制方法的演变
> 任务二　我国国际收支的特征
> 任务三　我国国际收支的调节原则和手段

◆ 任务一　我国国际收支编制方法的演变

1978年以前,我国的对外经济活动基本上局限于商品进出口业务和侨汇业务,因此我国只编制外汇收支平衡表,用以反映我国的对外有形贸易、无形贸易及单方面转移的外汇收支情况。

1978年以后,我国开始实行改革开放政策,我国与世界其他国家的经济往来日益频繁,特别是在直接投资、证券投资、国际信贷等方面,单纯依靠过去的外汇收支平衡表已不能全面、综合地反映我国对外经济交往情况。特别是 1980 年 4 月我国恢复了在国际货币基金组织中的合法席位,作为该组织的成员国,需要报送国际收支平衡表,因此国家外汇管理局及中国银行总行 1980 年开始试编国际收支平衡表,当时是参照国际货币基金组织 1977 年第四版的标准进行编制的。1984 年,我国对国际收支统计制度进行了修订,1985 年 9 月,国家外汇管理局正式对外公布了我国 1982—1984 年的国际收支平衡表。从 1987 年开始,我国每年定期公布上一年度国际收支平衡表,以便公众及时了解我国国际收支状况。

为适应建立社会主义市场经济体制的需要,1995 年 8 月我国正式颁布了《国际收支统计申报方法》,同年 11 月制定了《国际收支申报方法实施细则》,于 1996 年 1 月开始实施,按照国际货币基金组织的新要求和标准编制我国国际收支统计数据,称为国际上最先采用新手册原则的成员国之一。

目前,我国的国际收支平衡表采用国际通用的基本格式,主要项目有四大类,即经常项目、资本与金融项目、储备资产以及净误差与遗漏项目,每类项目又各有它的特定细目。

◆ 任务二 我国国际收支的特征

一、国际收支总额增长迅速,在国民经济中所占比例不断增大

改革开放以来,随着我国经济的迅速发展,我国对外贸易进出口总额增长迅猛。1978—2008 年我国的进出口总额年均增长 18.1%,尤其是 2001 年加入世界贸易组织以来,对外贸易发展迅速,2002—2008 年,进出口总值以年均 25.9% 的速度增长。1978 年我国的进出口总额仅为 206 亿美元,1999 年已达 3204 亿美元,跃居世界第十位,2001 年进出口总额达到 5098 亿美元,上升为世界贸易排名第六位,2008 年进出口提高到 25616 亿美元,比 1978 年增长 124.3 倍,跃居世界第三,仅次于美国与德国,占世界贸易总额的比重也由原来的 0.8% 提高到 7.7%。2010 年中国进出口总额为 29727.6 亿美元,比上年增长 34.7%,其中出口 15779.3 亿美元,进口 13948 亿美元,顺差 1831 亿美元。我国成为一个名副其实的对外贸易大国。

改革开放 30 多年来,我国外贸进出口迅速增长,高于同期 GDP 增速。1978—2008 年,我国外贸年平均增速比 GDP 年平均增速高 8.15 个百分点,分子比分母增长快,外贸依存度也不断上升。这与我国比较优势和在国际分工中的地位基本一致,本质上反映了我国国际竞争力不断提高,表明我国在国际分工体系中扮演了越来越重要的角色。外贸发展为我国创造了大量就业岗位,积累了巨大物质财富,是改革开放取得的伟大成就之一。

二、国际收支持续双顺差

2001—2006 年,我国国际收支总额顺差由 522 亿美元上升到 2599 亿美元,占 GDP 的比重由 3% 上升到 10%。

1. 经常项目顺差

1990—2008 年的 19 年间,除了 1993 年(-119 亿美元)外,我国经常项目均表现为顺差,其规模从 1990 年的 119.97 亿美元增长到 2008 年的 4261 亿美元。经常项目顺差的原因主要是货物项的顺差。我国货物出口大于进口,而且货物贸易增长迅速,出口规模不断扩大。1990 年货物贸易顺差 91 亿美元,1997 年接近 500 亿美元,2006 年为 2177 亿美元,2008 已达到 3606.82 亿美元。

服务贸易是我国经常项目收支中次大项目,除 1990 年、1991 年、1994 年外,1990 年至今,

我国该项目持续逆差,且逆差额有逐年增加的趋势,而其中主要是运输、通讯、建筑、保险、金融、专有权利使用费和特许费、咨询等方面逆差。来华和出国旅游是服务贸易的主要内容,我国旅游服务长期为顺差,但2010年旅游服务为逆差。同时,运输和保险、专有权利使用费和特许费等其他服务项目的巨额差额使得服务贸易总体呈逆差之势。但由于贸易规模巨大,服务和收益账户的逆差不足以影响经常项目的顺差结果。

2. **资本项目顺差**

我国国际收支资本与金融项目保持顺差,主要有两方面的原因:一方面由于外商在华直接投资持续增加,使得直接投资持续增加,使得直接投资账户顺差,并且顺差额不断加大,2007年我国实际使用外商直接投资748亿美元,1983年为9.2亿美元,年均增长20.1%;另一方面,我国对外直接投资近年来有逐步增大趋势。2003—2007年,对外直接投资额(非金融部分)分别为29亿美元、55亿美元、123亿美元、176亿美元和187亿美元。2007年对外经济合作合同金额达到853亿美元,完成营业额479亿美元,分别比1989年增长37.6倍和27.4倍。

三、误差与遗漏有所扩大

1994—2008年,我国净误差与遗漏额4次为正、11次为负,尤其是1997年该账户出现借方余额222.54亿美元,随后借方余额数逐年下降。根据国际经验,净误差与遗漏额超过商品借贷方总计(即贸易额)的5%,整个国际收支运行就会出现问题,1996—1999年我国净误差与遗漏额占货物贸易总值的比重为4%~6%,2000—2007年占比为2%以下,2008年占比为1%。

四、外汇储备较快增长

改革开放之初我国外汇储备增长缓慢,出口创汇成为出口部门的一个特有名词。随着改革开放的不断深入,对外贸易逐年快速增长,我国与世界经济往来日趋频繁,1994年实行外汇管理体制改革以后,我国的外汇储备一直呈现持续快速增长的态势。1978年,我国外汇储备仅1.67亿美元。1996年11月,我国的外汇储备首次突破1000亿美元。5年后,这一数字翻了一番达到2000亿美元。2010年我国外汇储备余额为28688亿美元,同比增长19.6%。目前,我国外汇储备余额稳居全球首位,接近外汇储备世界第二日本的3倍。

全球第一:四问中国天量外汇储备

国家外汇管理局最新数据显示,2010年我国外汇储备余额为28688亿美元,同比增长19.6%。目前,我国外汇储备余额稳居全球首位,接近外汇储备世界第二日本的3倍。如此巨量的外汇储备受到国人关注。

外汇储备为何持续高增长

外汇储备,即一国政府所持有的国际储备资产中的外汇部分。狭义而言,是指一个国家的外汇积累;广义而言,是指以外汇计价的资产,包括现钞、黄金、国外有价证券等。

在新中国成立后近30年的时间里,我国外汇储备极其有限。1978年,我国外汇储备仅1.67亿美元。1996年11月,我国的外汇储备首次突破1000亿美元。5年后,这一数字翻了一番达到2000亿美元。

进入21世纪,我国外汇储备增速开始加快。2006年2月我国外汇储备超过日本成为全球第一外汇储备国,2006年10月突破1万亿美元,2009年6月底突破2万亿美元。

中国社科院世界经济与政治研究所研究员何帆认为,我国外汇储备快速增加的主要原因是国际收支方面出现的经常账户和资本账户的双顺差。

经常账户顺差主要表现为贸易顺差。从1994年到现在,我国对外贸易维持了长达十多年的顺差。2010年我国外贸顺差为1831亿美元。其中三季度和四季度顺差额分别为653亿美元和625亿美元,均超过2010年上半年553亿美元的顺差额。

资本账户顺差主要来自于外商直接投资。商务部数据显示,2010年我国累计吸收外资1057.4亿美元,首次突破千亿美元,而同期我国累计实现非金融类对外直接投资590亿美元,虽然创下了对外投资流量的历史新高,但与我国吸收的外资相比,仍有数百亿美元的差距。

此外,强烈的人民币升值预期以及国内外利差等多种因素也会诱使部分国际资本流入,形成外汇储备。

如何看待高额外汇储备

外汇储备的基本功能主要有两个:一是用于进口国内所需的物资;二是用于偿还政府和私人部门所借的外债。一个国家必须有一定的外汇储备,以应对国际支付上可能出现的短期流动性困难。除此之外,外汇储备还具有调节外汇市场、稳定金融秩序、增强国家信誉等功能。

那么外汇储备是不是越多越好呢?对此,国家外汇管理局明确表示,外汇储备不是越多越好,中国不追求大规模的外汇储备,也不追求国际收支的长期顺差。

首先,外汇储备增长过快、规模过大是经济发展失衡的结果。我国国内消费不足,经济增长长期依靠投资和出口拉动。这种发展模式一方面带来了巨额贸易顺差,一方面廉价而低效地使用了国内资源,给我国经济可持续发展带来严峻考验。

其次,外汇储备增长过快、规模过大有可能加剧国内物价上涨的压力。在我国现行的结售汇制度下,企业在国际市场上获取的外汇要到中国人民银行(央行)进行结汇。这个过程,央行以人民币购买外汇,实际是向国内市场中投入货币,增加了通货膨胀的压力和货币政策操作的难度。

第三,外汇储备还存在保值风险,外汇储备规模越大,相应的风险也就越大。目前,我国外汇储备中相当部分用于购买美国国债。如果美元贬值,我国将承担损失。

全国政协委员、华东师范大学国际金融研究所所长黄泽民对半月谈记者表示,一个国家合理的外汇储备规模主要看三个指标,一是其三四个月进口所需要的用汇,二是其10%的对外货币性负债,三是其干预外汇市场、稳定汇率所需要的外汇储备。他认为,我国的外汇储备满足上述需求已绰绰有余。

外汇储备可以直接用在国内吗

外汇储备既然过多,为什么不把它花在国内改善民生,或者直接分给民众呢?

为了回答这个问题,先要了解一点资产负债表的知识。中国政法大学资本研究中心主任刘纪鹏介绍说,在市场经济下,不管是央行还是一般金融机构或者企业,都有各自的资产负债表。资产负债表的左边是资产,由金融资产、实物资产和无形资产构成;右边是资金来源,由负债和自有资本构成,其中负债形成的是债务性资产,自有资本则是权益性资产,二者构成了总资产。因此,总资产等于负债加自有资本。

现在我们来看外汇储备。在我国现行的结售汇制度下,获得外汇的企业必须把外汇卖给央行,央行通过发出人民币购买外汇,形成外汇储备。问题是,央行的人民币从哪里来?刘纪鹏说,这部分是印刷机新印出来的,部分是金融机构的存款准备金,部分是央行发行央票回收的货币,总之,都是央行的负债。所以,外汇储备虽然是央行的资产,但它是债务性资产。

从这个意义上讲，外汇储备与商业银行的资产一样，是不可能无偿分配的。中国人民银行副行长易纲说得很明白，央行必须为自己的负债如央行票据、法定存款准备金等支付利息，外汇储备的投资收益是央行支付负债成本的主要来源。因此，把外汇储备无偿分配会造成央行负债的悬空，不具操作性。

同样，把外汇储备用于国内支付购买也不可行。中国社科院研究员张斌对半月谈记者解释说，外汇储备不管给个人、政府或者企业，在国内都没办法直接使用，需要首先兑换成人民币。其结果就是外汇回到央行，央行发出人民币，形成二次结汇，相当于央行直接增发货币。

怎样用外汇储备为国为民服务

尽管外汇储备是负债性资产，但如同商业银行的存款一样，有一个如何使用的问题，并且只要用在国外，也不会二次结汇。温家宝总理曾经说过，要"运用外汇储备来为我们的建设服务"。

在今年全国两会期间主题为"货币政策及金融问题"的记者会上，易纲表示，我们的方针一直是推进外汇储备投资的多元化：一是在币种上的多元化，如主要的可兑换货币、储备货币、新兴市场的货币；二是在资产上的多元化，只要资产符合安全性、流动性、收益性的要求，央行都会予以考虑。

黄泽民认为，应当通过投资、采购等渠道消化超额外汇储备。考虑到我国正处于新兴工业化时期，应该主要向国外石油、矿藏等资源类领域进行投资。采购国外的先进装备、先进技术，提升我国制造业的技术水平。复旦大学国际金融系副教授陆前进则建议，要鼓励中国企业走出去。放宽中国企业和居民海外直接投资的范围、渠道和审批程序，开拓更多的外汇直接投资渠道。资本管理模式应从"宽进严出"向"严进宽出"转变。此外，还有许多专家呼吁，应继续放宽居民结售汇限制，实现藏汇于民。美、日等发达国家，居民手中的外汇储备数倍甚至数十倍于官方储备。储备化公为私以后，投资主体分散，不但有利于分散风险，提高决策效率，而且个人和企业可视经营能力和承受能力，投资风险高但收益也高的品种，从而提高资金使用效率。

（资料来源：高远至.全球第一、四问中国天量外汇储备[J].半月谈，2011(7).）

◆ 任务三　我国国际收支的调节原则与手段

在我国，早期的国际收支平衡实质上就是外汇收支的平衡。新中国成立以来，特别是改革开放以后，我国根据国际收支的一般原则，结合我国的具体情况，摸索出一套适合于我国国情的国际收支管理理论和管理方法。

一、我国国际收支调节的基本原则

我国国际收支调节总的管理原则是将国际收支平衡当做是整个国民经济综合平衡的有机组成部分来考虑，具体把握以下几点：

1. 国民经济综合平衡是国际收支平衡的重要保证

我国国民经济的综合平衡包括财政、信贷、物资和外汇四个方面的平衡，实质上是社会总供给和社会总需求的平衡。总供给和总需求之间的失衡，必然会导致国际收支的失衡，因此，整个国民经济的综合平衡时实现我国国际收支平衡的前提条件和根本保证。

2. 国际收支平衡是保障国民经济健康、科学、可持续发展不可缺少的环节

国际收支平衡作为国民经济的一个有机组成部分，由国民经济综合平衡来决定，反过来又影响国民经济的综合平衡。

二、我国国际收支的调节手段

随着我国改革开放的不断深入,我国国际收支的调节中各种经济杠杆和市场调节手段的运用越来越明显。

1. 汇率政策

汇率政策指通过汇率的升降影响进出口商品的价格,使对外贸易朝着有利于我国经济目标的方向发展。1994年我国人民币汇率并轨前,主要实行人民币汇率贬值政策。目前,汇率政策以保持人民币汇率稳定为主。随着我国对外开放的力度不断加大,与世界经济的联系越来越紧密,人民币汇率政策对我国国际收支的调节作用会更加重要。

2. 税收政策

税收政策主要包括海关关税、进口关税、出口退税以及对外商投资企业的税收优惠政策等。这些手段在促进进出口和引进外资方面发挥了积极作用。

3. 货币政策

货币政策通过紧缩或放松信贷来调节总需求,从而调节贸易收支。对进出口商和外商有针对性地发放优惠贷款,以达到调节进出口贸易和鼓励外商投资的目的。

4. 外汇管制

通过对我国贸易收支、非贸易收支和资本项目收支的管制来调节国际收支和保持国际收支的稳定。改革开放以后,我国的外汇管制逐步放松,随着我国经济实力的增强和市场经济运行机制的完善,外汇管制手段的使用会越来越少,我国的国际收支调节最后将主要依靠汇率、利率等经济手段来进行。

模块四　国际储备

工作任务

任务一　国际储备概述
任务二　国际储备的构成
任务三　国际储备的作用
任务四　国际储备的管理

◆ 任务一　国际储备概述

一、国际储备的概念

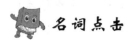
名词点击

国际储备又称"官方储备",是一国货币当局持有的,用于国际支付、弥补国际收支逆差和保持汇率稳定及可用于其他紧急支付的国际间普遍接受的所有流动资产的总称。

二、国际储备的特征

按照这一定义,一种资产需具备以下特征才能成为国际储备。

(1)官方持有。一国货币当局直接掌握并予以使用的资产才是国际储备,一般金融机构、企业和个人所持有的资产不能算作国际储备。

(2)自由兑换。作为国际储备的资产必须可以在国际间不受限制地自由兑付,与其他金融资产相交换。一国货币自由可兑换取决于该国货币在国际经济中的地位和作用。

(3)流动性。作为国际储备的资产必须是随时都能够转移和转换的资产,可以随时变现的有价证券、活期外汇存款等。

(4)普遍接受性。作为国际储备的资产必须能够为世界各国普遍认同与接受、使用。

三、国际储备与国际清偿力

国际清偿力是一国政府在国际经济活动中能动用的一切国际支付手段的总和。按照国际货币基金组织的定义,国际清偿力除国际储备外还包括一国对外借款能力,不仅包括无条件的信贷部分,还包括有条件的信贷部分。

国际清偿力和国际储备是两个相关但又不同的概念。国际清偿力所包含的内容大于国际储备,国际储备是国际清偿力中很重要的一部分,但不是全部。国际储备是一国具有的现实对外清偿能力,国际清偿力则包括现有的对外清偿能力和潜在的对外清偿能力。

> 自有储备=黄金储备+外汇储备+普通提款权+特别提款权
> 狭义的国际储备=狭义的国际清偿力=自由储备
> 广义的国际储备=自有储备+借入储备=广义的国际清偿力

◆ 任务二 国际储备的构成

一、自有储备

自有储备主要包括一国的货币用黄金储备、外汇储备、在国际货币基金组织的储备地位以及在国际货币基金组织的特别提款权余额。

1. 黄金储备

黄金储备亦称"货币性黄金",是指一国货币当局作为金融资产持有的黄金。黄金的天然属性使其天然地成为国际储备资产。自1976年起,根据国际货币基金组织的《牙买加协议》,黄金同国际货币制度和各国的货币脱钩,黄金不准作为货币制度的基础,也不准用于政府间的国际收支差额清算。

尽管黄金作为货币的职能已大大降低了,但黄金长期以来一直被人们认为是最后的支付手段,它的贵金属特性使它易于被人们所接受,各国货币当局可以方便地通过向市场出售黄金来获得所需的外汇,平衡国际收支的差额。因此,国际货币基金组织在统计和公布各成员国的国际储备时,依然把黄金储备列入其中。

2. 外汇储备

外汇储备是一国货币当局持有的对外流动性资产总和,其主要形式为国外银行存款和外国政府债券。外汇储备是当今国际储备中的主体,其金额超过所有其他类型的储备,在实际国际支付中使用频率最高、规模最大。在20世纪70年代以前,外汇储备的供应主要依赖于美元。但自20世纪70年代初期起,由于美元币值的相对不稳定,加上其他一些国家在经济上的崛起以及在世界经贸领域中作用的扩大,储备货币的供应开始出现多样化。

3. 在国际货币基金组织的储备地位(头寸)

国际货币基金组织的储备头寸亦称普通提款权,指成员国在国际货币基金组织普通账户中可以自由提取和使用的资产。国际货币基金组织犹如一个股份制性质的储蓄互助会,当一国国家加入基金组织时,须按一定的份额向该组织缴纳一笔钱,称为份额。成员国在国际货币基金组织缴纳的份额(即储备头寸)可以分为两部分:一是成员国以储备资产(外汇和黄金)认缴其份额25%所形成的对国际货币基金组织的债权,这部分成为"储备档贷款";二是国际货币基金组织用去的本国货币持有量部分,称为"超储备档头寸",占份额的75%。

4. 在国际货币基金组织的特别提款权余额

一国国际储备中的特别提款权是指该国在基金组织特别提款权账户上的贷方余额。特别提款权与普通提款权相似,不同的是普通提款权是信贷,而特别提款权可以作为成员国现有的黄金和美元储备以外的外币储备。国际货币基金组织于1969年创设特别提款权,并于1970年按成员国认缴的份额开始向参加特别提款权部的成员国分配特别提款权。

知识窗

序号	国家(地区)组织	数量(吨)	黄金占外汇储备%
1	美国	8133.5	72.8%
2	德国	3406.8	68.1%
3	国际货币基金组织	2966.8	注(1)
4	意大利	2451.8	67.0%
5	法国	2435.4	65.6%
6	中国(注2)	1054.1	1.6%
7	瑞士	1040.1	24.1%
8	日本	765.1	2.8%
9	俄罗斯	668.6	5.5%
10	荷兰	612.5	55.2%
11	印度	557.7	7.5%
12	欧洲央行	501.4	27.1%
13	中国台湾	423.6	4.3%
14	葡萄牙	382.5	82.2%
15	委内瑞拉	363.9	47.6%

注:世界各国黄金储备排名表更新于2010年6月,数据来源于国际货币基金组织(IMF)的国际金融统计数据库(IFS)2010年6月版以及其他可得到的来源。IMF国际金融统计数据库的数据有两个月的延迟,所以大部分国家的数据都是截止到2010年4月份、2010年3月份甚至是更早。凡在最近6个月内未向国际货币

基金组织上报黄金储备情况的国家未被列入本表中。

各国黄金占外汇储备比例都是由世界黄金委员会(WGC)计算。金价按 4 月底的每盎司 1179.25 美元计算(每吨按照 32151 盎司计算)。

(1) 国际清算银行(BIS)和 IMF 的资产负债表不允许计算该百分比。至于其他国家,因其他储备的最新数据欠缺。

(2)2009 年 4 月公布,从 2003 年至 2009 年的 6 年间,中国黄金储备共增加 454 吨。

二、借入储备

随着各国经济相互依存度的提高,国际货币基金组织现在已经把具有国际储备资产特征的借入储备统计在国际清偿力范围之内。借入储备资产主要包括备用信贷、互惠信贷和支付协议、本国商业银行的对外短期可兑换货币资产等。

1. 备用信贷

备用信贷是一成员国在国际收支发生困难或预计要发生困难时,同基金组织签订的一种备用借款协议。备用信贷协议的签订,对外汇市场上的交易者和投机者具有一种心理上的作用,它一方面表示政府干预外汇市场的能力得到了扩大;另一方面表示了政府干预外汇市场的决心。因此,有时协议签订的本身就能起到调节国际收支的作用。

2. 互惠信贷和支付协议

互惠信贷和支付协议是指两个国家签订的使用对方货币的协议。按照该协议,当其中一国发生国际收支困难时,便可按协议规定的条件自动地使用对方的货币,然后在规定的期限内偿还。互惠信贷和支付协议与备用信贷协议相似,不同之处是该协议是双边的,只能用来解决协议国之间的收支差额,而不能用作清算同第三国的收支差额。

3. **本国商业银行的对外短期可兑换货币资产**

本国商业银行的对外短期可兑换货币资产,尤其是在离岸金融市场或欧洲货币市场上的资产,虽其所有权不属于政府,也未被政府所借入,但因为这些资金流动性强、对政策的反应十分灵敏,故政府可以通过政策的、新闻的、道义的手段来诱导其流动方向,从而间接达到调节国际收支的目的。

◆ 任务三 国际储备的作用

每个国家之所以要保持适度的国际储备,是因为国际储备对一国的经济、政治等多方面发挥着重要的作用。

一、调节国际收支不平衡

当一国发生暂时性的国际收支困难,则可通过使用国际储备予以解决。这一方法可以快速平衡国际贸易逆差的影响,既维护本国国际信誉,又可避免事后被迫采取的一些剧烈的经济紧缩政策对国内经济所产生的负面影响。若国际收支困难是长期的、巨额的、或根本性的,则国际储备仅能起到一种缓冲作用。

二、干预外汇市场

当本国货币汇率在外汇市场上发生变动或波动时,尤其是因非稳定性投机因素引起本国货币汇率波动时,政府可动用储备来缓和汇率的波动,甚或改变其变动的方向。通过出售储备购入本币,可使本国货币汇率上升;反之,购入储备抛出本币,则使本国货币汇率下降。干预本国货币汇率是国际储备的重要作用。

三、信用保证

一国拥有充足的国际储备可以作为政府向外借款的保证,同时有助于提高国内外投资者对本国货币汇率稳定的信心,有助于提高本国货币在国际间的信誉。

◆ 任务四 国际储备的管理

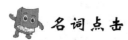

国际储备管理,是指一国政府及货币当局根据一定时期内本国国际收支状况及经济发展的要求,对国际储备规模、结构及资产运用等方面所进行的调节和控制。

随着各国国际储备规模的不断扩大极其作用的不断增强,对它进行有效的管理已逐渐被各个国际所重视,通常各国根据自己的不同情况采取不同的管理方法。国际储备的管理主要包括国际储备的规模管理和国际储备的币种管理。

一、国际储备的规模管理

美国耶鲁大学教授罗伯特·特里芬曾在其 1960 年出版的《黄金和美元危机》中指出一国国际储备的合理数量,约为该国年进口总额的 20%～50%。根据实际情况,对大多数国家来讲,保持储备占年进口总额的 30%～40% 是比较合理的。决定一国最佳储备量的因素主要包括进口规模、进出口贸易(或国际收支)差额的波动程度、汇率制度、国际收支自动调节机制和调节政策的效率、持有储备的机会成本、金融市场的发育程度、国际货币合作状况和国际资金流动情况等。

二、国际储备的币种管理

国际储备资产币种管理非常必要,也非常重要,它是随着国际国币制度的演变而演变的。20 世纪 70 年代初以前,国际储备币种管理主要是处理美元储备与黄金储备的关系。20 世纪 70 年代初期,国际货币制度发生了重大变化,国际储备币种管理也发生了非常大的变化。目前,国际储备币种管理主要遵循币值稳定、资产的收益性、国际贸易往来的方便性原则,各国根据自身的情况进行币种的选择和结构的搭配,以期获得更好效果。

 实训课业

一、实训项目

国际收支的应用。

【实训内容】

在国家外汇局网站上查阅我国近年来的国际收支和国际储备情况。

【实训要求】

1. 简述国际收支与国际借贷的关系。
2. 简述国际收支平衡表的主要项目有哪些?
3. 简述国际收支平衡表的编制原则和记账规则是什么?

4. 简述国际储备的构成。

二、技能训练

根据所给资料,编制国际收支账户。

(1)A 国从该国进口 180 万美元的纺织品。该国将此笔货款存入美联储银行。

(2)该国从 B 国购入价值 3600 万美元的机器设备,由该国驻 B 国的银行机构以美元支票付款。

(3)该国向 C 国提供 8 万美元的工业品援助。

(4)该国动用外汇储备 60 万美元,分别从 A 国和 D 国进口小麦。

(5)E 国保险公司承保(2)、(4)项商品,该国支付保险费 2.5 万美元。

(6)该国租用 F 国的船只运送(2)、(4)两项商品,运费 12 万美元,付款方式同(2)。

(7)外国游客在该国旅游,收入为 15 万美元。

(8)该国在海外的侨胞汇回本国 25 万美元。

(9)该国对外承包建筑工程 30 万美元,分别存入所在国银行。

(10)外国在该国直接投资 1500 万美元。

(11)该国向 G 国出口 25 万美元商品,以清偿对 G 国银行的贷款。

(12)该国在国外发行价值 100 万美元的 10 年期债券,该笔款项存入国外银行。

(13)该国向国际货币基金组织借入短期资金 30 万美元,以增加外汇储备。

(14)据年底核查,该国外汇储备实际增加了 75 万美元。

项目五　国际融资

项目阐释

本项目通过国际融资过程中发生的相关案例分析,使学生了解并熟悉国际融资的主要类型及其操作程序,掌握如何利用国际融资的具体业务为企业服务。

能力目标

◇ 了解国际融资的概念、特点
◇ 掌握国际融资的主要类型
◇ 掌握主要的国际融资类型的操作程序

项目分解

模块一　国际融资概述
模块二　国际贸易短期信贷融资
模块三　国际贸易中长期信贷融资
模块四　国际项目融资
模块五　国际租赁融资和国际证券融资

模块一　国际融资概述

工作任务

任务一　认识国际融资
任务二　国际融资的分类

◆ 任务一　认识国际融资

案例导入
优酷网挂牌纽交所 曾获6轮风投共计1.6亿美元

北京时间2010年12月8日晚10点,优酷网正式在纽交所挂牌上市,股票代码YOKU,发行价为12.8美元,共发行1584.77万股美国存托股票(ADS),此次IPO共计募集资金约2.03亿美元。优酷网成为全球首家在美独立上市的视频网站。

根据清科数据库显示,上市前优酷网共完成6轮融资,融资规模达1.6亿美元。各轮融资情况如下:

2005年11月进行第一轮融资,获成为基金和Farallon Funds共计381.8万美元投资;

2007年1月和7月进行第二轮融资,获成为基金、Farallon Funds和Sutter Hill Funds共计1205万美元投资;

2007年11月进行第三轮融资,获成为基金、Farallon Funds、Sutter Hill Funds和Brookside共计2505万美元投资;

2008年6月进行第四轮融资,获成为基金、Farallon Funds、Maverick Funds、Sutter Hill Funds、VLLIV、VLLV和Brookside共计3000万美元投资;

2009年11月进行第五轮融资,获成为基金、Maverick Fund、Sutter Hill Funds和Brookside共计4005万美元投资;

2010年9月进行第六轮融资,获成为基金、Farallon Funds等共计5000万美元投资。

(资料来源:腾讯财经[EB/OL]. http://finance.qq.com/a/20101209/002880.htm.)

思考与分析:
1. 优酷网为什么要进行国际融资?
2. 国际融资有哪些具体方式?

一、国际融资的概念和特征

名词点击

国际融资(international financing),是指跨国界的资金的融通,是通过国际金融市场筹集企业发展所需的流动资金、中长期资金,目的是进入资金成本更优惠的市场,扩大企业发展资金的可获取性,降低资金成本。

国际融资有两个基本特征:一是偿还性,即借贷必须以偿还作为前提条件,到期归还;二是收益性,即偿还时必须有一个资金增加额。国际融资是超越国界的借贷行为,除了具有这两个特征外,还有一些新的特点:

1. 风险较大

国际融资与国内融资相比,风险较大。国际融资除存在通常信贷交易中的商业风险外,还存在偿债能力风险,即债务人经营管理不善、出现亏损、到期无力偿还或延期偿付。此外,还面临来自于主权国家的管制行为及融资中使用的货币风险。

国际融资通常是分属于不同国家的资金持有者之间跨国境的资金融通和转移。国际融资当事人所在国家政府,如发生政变、实行资金冻结或外汇管制,有可能会造成该国的借款人不能或不愿对外国贷款人履行其债务责任时,国家风险就产生了。因为这种风险主要是由贷款人承担的,一旦遇到,必定损失巨大。

国际融资所使用的货币也会给融资人带来风险。国际融资使用的货币可以是筹资人所在国货币、贷款人所在国货币或第三国货币,因而具有外汇风险。外汇风险既可以由贷款人承担,或由借款人承担,也可由借款人和贷款人共同承担。一旦汇价发生波动,借款人的偿债负担和能力及贷款人按期收回贷款和债权收益就会受到影响。

2．主客体复杂

国际融资是不同国家的资金持有者之间跨国境的资金融通和转移。因此,国际融资当事人的构成比较复杂,有四种类型：①居民金融机构,如保险公司、投资公司等；②居民非金融公司,包括本国政府、政府机构、企业和个人等；③非居民金融机构,包括外国银行、外国非银行金融机构以及国际金融组织等；④非居民非金融机构,包括外国政府、政府机构、外国企业和个人等。国际融资的借贷双方至少有一方居住地不在本国,即其中一方是非居民的金融机构或非居民的非金融机构。

3．受到政府管制

国际融资当事人所在国家政府,从本国政治、经济利益出发,为平衡本国国际收支,贯彻执行本国的货币政策,以及减少或防范国际融资的风险,会对国际融资活动施加严格的干预管制。主权国家对国际融资的管制一般是授权本国中央银行,对国际融资主体、国际融资客体和融资条件实行法律的、行政的各种限制性措施。

4．融资工具变化

二战后,特别是 20 世纪 80 年代以来,世界经济发生了深刻的变化。科学技术的飞速发展,信息化时代的悄然到来,使得世界经济迅速向一体化、自由化方向推进,国际融资工具不断创新。国际金融市场上出现了"融资证券化"特征,即融资由银行贷款转向具有流动性的债务工具,筹资者除向银行贷款外,更多的是通过发行各种有价证券、股票及其他商业票据等方式,在证券市场上直接向国际社会筹集资金。

国际融资证券化的主要表现是：①国际银行贷款逐年下降,国际债券市场发展很快。②信贷资产证券化的发展,使大量期限长、流动性差的信贷资产转化为有盈利和可流通的债券。③美国商业银行住宅抵押贷款中的抵押资产证券化。④英国商业银行将出口信贷债权转化为证券债权。

二、国际融资的作用

国际融资是在国际范围内配置资金,其积极作用包括：

1．有利于解决资金闲置和资金短缺问题,加快经济发展

在经济建设中,资金短缺是一个突出的问题,单靠国内的资金积累不能适应经济快速发展的需要,必须把视野扩展到国际范围实行国际融资。国际融资为一些急需资金的企业开拓了融资渠道,也为资金闲置国提供了大量的投资渠道,缓解了资金的供求矛盾,从而有力地推动世界各国经济的发展。

2．有利于推动国际贸易的发展

国外大型跨国公司在资金、管理及全球网络方面都有明显的优势,通过国际融资,可以充分利用资金、技术和市场网络,把受资国生产的产品销往海外或提高产品的附加值,推动国际贸易的发展。

3. 有利于提高受资企业的技术和管理水平

在国际融资的过程中,有相当数量的技术管理人员直接参与项目的生产和管理,他们能带来大量的适用技术和先进管理经验,从而有利于培养出一批具有高级技术和管理人才,促进技术和管理的现代化。其次,通过市场竞争将有利于企业的技术外溢,加速技术在企业之间的流动。而且随着融资规模的不断扩大,外资企业吸收的劳动力数量不断增加,给受资国创造了更多的就业机会。

4. 有利于全球资源的优化配置

国际融资调剂各国资金余缺,把闲置资本转化为赢利资本,使资本流向收益最高的国家,从而使资本资源在世界范围内更加有效地配置,有效地利用。

国际融资的消极作用主要体现在以下两个方面:①对东道国,如果资金流入量控制不好,造成对外资严重依赖,影响民族工业,经济政策受到制约,使债务国陷入债务危机;②对投资国,过度输出资金,将会使利率上升,不利于国内经济增长,增加竞争的对手,增加风险。

◆ 任务二 国际融资的分类

根据不同标准,国际融资还可以进行多种分类:

1. 按融资目的划分

(1)贸易融资。国际贸易融资是指与贸易有直接关系的融资。在整个进出口贸易过程中,进出口商都想获得资金融通。这种融资行为可以看做是对国际贸易的金融支持,其短期行为表现为对进出口商的短期资金融通,如商业信用、银行信用;其长期行为表现为对进出口商的长期资金融通,时间一般在一年以上。目前,最典型的中长期国际贸易融资是出口信贷。

(2)项目融资。项目融资是指为特定的工程项目融通资金。项目融资一般均为中长期融资,资金量和风险都较大。因此,项目融资必须成立一个具有独立的法人资格的项目公司。同时,该公司也是项目贷款的直接债务人。项目所需的大部分资金来自项目贷款,项目贷款的偿还资金来自项目收入和项目本身的资产。

(3)一般融资。一般融资是指与进出口贸易和特定工程项目都没有直接联系的融资。其主体可以是国家政府、国际金融机构,也可以是企业,主要是为了克服资金短缺、调剂外汇资金,或弥补国际收支逆差、维持货币汇率等需要而进行的。

2. 按融资方式划分

(1)直接融资。直接融资是指资金融通是由资金供应者与筹资者直接协商进行,或者通过经纪人把融资双方结合起来进行融资,经纪人则收取一定的佣金。前一种直接融资局限性较大,例如,进出口贸易中T/T支付方式、国内贸易中的赊购商品等往往会受到资金供应方的资金能力、资金借入方的信用状况等条件的限制。后一种直接融资局限性较小,例如,企业通过证券公司发行企业债券,由于资金供应者分散化,融资风险大大降低,资金供应量也会上升。

(2)间接融资。间接融资是指通过金融中介人,如银行和保险公司、投资公司等非银行金融机构进行的资金融通。金融中介主要通过吸收存款、保险金或信托投资金等来汇集资金,同时又通过发放贷款或购买原始有价证券等方式将其所汇集的资金转移到资金短缺的筹资者手中,这就是间接融资。

3. 按运作方式分类

(1)国际信贷融资。国际信贷融资是一国借款人在国际金融市场上向外国金融机构借入外币资金的一种信用活动和融资方式,是国际融资的主体。国际信贷按贷款的性质和来源,分为政府贷款、国际银行贷款、国际金融机构贷款、对外贸易短期信贷、出口信贷、保理业务、福费廷业务等。

(2)国际项目融资。国际项目融资是一种特殊的融资方式,是指以境内建设项目的名义在境外筹措资金,并以项目自身的收入资金流量、自身的资产与权益,承担债务偿还责任的融资方式,也是无追索或有限追索的融资方式。

(3)国际租赁融资。国际租赁又称跨国租赁或离岸租赁,是指处于不同国家(或地区)的出租人与承租人之间的租赁活动。由出租人在一定期限内以收取租金为条件,将资本货物等租赁物交付承租人使用的一种融物和融资相结合的活动。

(4)国际证券融资。国际证券融资是指一国的借款人在国际金融市场上通过发行债券或股票的方式进行的融资活动。

4. 按融通资金的来源划分

(1)政府信贷。政府信贷是指融通的资金来自各国政府的财政预算,如某国政府利用本国财政预算资金向另一国政府提供长期优惠贷款。它在很大程度上受到两国政府之间的政治关系影响,其优惠程度取决于两个因素,即贷款的成本与购买货物的限定。一般而言,贷款成本低、购买货物限定少的政府信贷比较优惠。

(2)国际金融机构融资。国际金融机构融资是指融通资金来自国际金融机构,如国际货币基金组织、世界银行、国际开发协会、亚洲开发银行等。由它们向成员国提供贷款,以促进成员国经济发展,维持国际收支平衡。

(3)国际商业银行融资。国际商业银行融资是指资金来自国际商业银行,这种融资的特点是:期限比较灵活,可长可短;贷款成本较高,浮动利率居多;贷款用途不受限制,借款人可以自由运用。

模块二 国际贸易短期信贷融资

 工作任务

> 任务一 国际短期出口融资
> 任务二 国际短期进口融资

◆ 任务一 国际短期出口融资

一、出口押汇

1. 出口信用证押汇

出口信用证押汇是指银行凭出口商提供的信用证以及规定的全套单据为抵押品,向议付行申请的出口押汇。它的前提是贸易采用信用证结算方式。

知识窗

议付行

信用证开证行在信用证中指定一家银行并授权其在单据相符时议付买单,垫款给受益人,这家银行被称为议付行。

议付行在决定是否提供融资时,主要考虑以下因素:

(1)信用证条款与单据是否严格一致,若单证不符,议付行可以通过电报或电传征求开证行的意见,即电提。开证行还要征求进口商的意见。若进口商愿意做出修订,使单证达到一致,则开证行恢复第一性付款责任,并通知议付行。

(2)开证行所在国家的政治经济状况会影响到收汇的安全。若该国发生战争、动乱或金融危机,则收汇的安全性得不到保障。

(3)开证行本身和出口商的信誉也会影响收汇的安全。若开证行资信欠佳,议付行需要审查信用证是否经过保兑。在开证行拒付的情况下,议付行有权向出口商追索,因此它也要考虑出口商的资信。如果审查合格,议付行可扣除押汇利息,向出口商提供贸易融资。

2. 出口托收押汇

出口托收押汇是指采用托收结算方式的出口商在提交单据,委托银行代向进口商收取款项的同时,要求托收行先预支部分或全部货款,待托收款项收妥后归还银行垫款的有追索权的融资方式。它的前提是贸易采用托收结算方式。

出口托收押汇与信用证押汇的主要区别在于它没有银行的信用保证,能否收回货款完全取决于进口商的资信,因此,风险较大,押汇利率也较高。

出口押汇业务有如下特点:第一,押汇系短期垫款,押汇期限一般不超过180天,贴现不超过360天;第二,押汇预扣利息后,将剩余款项给予客户,利息按融资金额×融资年利率×押汇天数/360计算;第三,押汇系银行保留追索权的垫款,不论何种原因,如无法从国外收汇,客户应及时另筹资金归还垫款。

二、打包放款

打包放款是指在国际贸易中,银行凭以该出口商为收益人的信用证为抵押,向该出口商提供的用以生产、备货、装船的贷款。由于最初这种贷款是以处于打包阶段的货物为抵押品,故也称打包贷款。现在,从接到订单到货物上船,出口商收购商品、租用运输设备等所需流动资金,都可以凭出口订货凭证申请打包贷款。公司获得短期资金周转,办理出口备货、备料、加工等,使出口贸易得以顺利进行。

打包放款业务有如下特点:第一,专款专用,即仅用于为执行信用证而进行的购货用途;第二,贷款金额一般是信用证金额的60%~80%,期限不超过信用证有效期后的15天,一般为3个月,最长不超过6个月,当信用证出现修改最后装船期、信用证有效期时,出口商不能按照原有的时间将单据交到银行,出口商应在贷款到期前十个工作日向银行申请展期;第三,它有信用证的书面承诺,风险较小,利率也低于一般贷款,正常情况下以信用证项下收汇作为第一还款来源。

 **案例链接**

出口商 A 公司凭美洲银行来的不可撤销即期信用证向 B 银行申请金额为 300 万人民币的打包放款，用于生产该信用证项下的出口产品。B 银行对信用证真实性、条款等项内容及 A 公司提交的进出口合同等证明文件进行了审核。审查结果表明，信用证真实有效，条款清晰明确，符合 B 行有关规定。经 B 行信贷部门审查，A 公司财务状况良好，信誉可靠，履约能力亦符合我行有关规定。在此情况下，B 行为 A 公司办理了打包放款手续，为其发放了 300 万元人民币的打包放款。

三、透支和定期放款

透支是指银行在客户的往来账户上核定一个透支额度，允许客户随时动用这笔款项，以后由客户的销售收入自动冲减透支余额的融资方式。与贷款方式相比，透支的特点在于：当客户动用透支额度时，不必负担利息；动用的款项可以随时偿还，具有高度的灵活性。但是，它的利率通常较高。采用这种融资方式，要求出口商与银行有密切的业务关系，而且出口商要有良好的资信。

定期放款指银行将一笔固定期限的资金转入客户的往来账户，并从贷放之日起开始计算贷款利息的融资方式。在客户未动用贷款时，它作为客户的存款而产生利息，但是，客户仍要承担存放款利息的差额费用。定期放款通常不允许提前偿还，除非客户愿意支付罚金。罚金相当于银行在该笔贷款上损失的收益。定期放款可分为抵押放款和无抵押放款。

四、远期票据贴现

远期票据贴现是指银行或贴现公司等金融机构对于未到期的已承兑的远期票据有追索权地买入，为客户提供短期融资业务。

其中，最常见的是远期信用证贴现，即出口商以远期信用证项下的远期汇票办理贴现，申请人办理贴现业务应向银行提交贴现申请书，并承认银行对贴现垫款保留追索权。

贴现利率将按规定执行并计收外币贴现息，贴现息将从票款中扣除。对客户来说如为即期收汇，可申请出口押汇；如为远期收汇，则在国外银行承兑后可申请出口贴现。

五、进口商对出口商的商业信用

进口商通过预付款的形式对出口商提供商业信用。预付款是进口商在收到货物之前支付给出口商的款项。进口商对出口商的预付款有两种情况：一种是作为进口商执行合同的保证，称为定金，一般预付款的期限很短，占交易金额的比重不大，不被视为融资方式；另一种是进口商对出口商提供信贷，一般预付款期限较长，金额较大。这种融资方式一般用于两个场合：一是发达国家采购发展中国家的某些初级产品时采用，以缓解对方生产和出口资金紧张；二是发展中国家采购发达国家的某些设备时采用，以减少发达国家对出口风险的顾虑。

◆ 任务二　国际短期进口融资

一、信用证业务

信用证是银行根据进口商的申请，对出口商开出的保证在收到信用证规定的单据后承兑和付款的银行保证文件。它是一种有条件的银行支付承诺。

信用证是一项凭合同开立但不依附于贸易合同而独立存在的文件。只要汇票和单据符合信用证条款的要求，开证行就承担起第一性付款的责任。信用证业务是纯单据业务，银行处理业务只凭单据，不问货物，只要单证一致，就必须付款。信用证业务为国际贸易的买卖双方解决了在付款和交货上的信任和风险问题，也为双方提供了融资的便利。

银行把开立信用证作为一种授信业务。在开证时，银行可能要求进口商提供一定数量的押金，或者以出口商发来的货运单据为抵押，要求进口商付款赎单。因此，信用证业务具有进口押汇的性质。

二、信托收据业务

信托收据是进口商以被信托人的身份将自己货物的所有权转让给银行以获取银行提供短期融资的确认书，持有该收据意味着银行对该货物享有所有权，进口商仅作为银行的受托人代其处理货物（包括加工、转卖、存仓、代购保险、销售等），从而从银行获取短期融资的一项业务。

三、透支和定期放款

进口商也可以利用透支和定期放款方式进行短期融资。按照贷款的用途，可分为：

(1)预付货款信贷，即进口方银行应进口商支付预付款的融资需要而向进口商提供的贷款。

(2)原料采购信贷，即在本国政府的支持下，进口方银行应进口商原料采购的融资需要，令其国外分支机构向本国制造商驻外采购人员垫付资金的贷款。

(3)商品购运信贷，即进口方银行应进口商支付到港货物货款和国内运费的融资需要，向进口商提供的贷款。

四、承兑信用

承兑指付款人在汇票上签字，表示承担汇票到期时付款责任的行为。由进口商承兑的远期汇票称为商业承兑汇票，由银行承兑的远期汇票称为银行承兑汇票。在进出口贸易中，若出口商怀疑进口商的支付能力，便会要求进口商开展承兑信用业务。承兑信用是指银行应进口商的申请，对出口商开出的远期汇票进行承兑，从而向进口商提供信用。承兑行并不负责垫付资金，它所贷出的是自己的声誉，凭以换取承兑手续费。

五、出口商对进口商的商业信用

为了提高出口商品的竞争能力，出口商可向进口商提供商业信用，即向进口商提供延期付款的融资便利。它又称公司信贷，其基本类型是：

(1)往来赊欠账户信贷，即根据赊销协议，进出口商分别将应付和应收账款贷记和借记在相应的往来账户上的融资方式。出口商在货物上船后，将应收账款借记在进口商的账户上。进口商则同时将应付款项贷记在出口商的账户上。在约定的期限，进口商向出口商支付货款。

(2)票据信贷，即由进口商承兑出口商开立的远期汇票，并于汇票到期日支付票面金额的融资方式。

六、提货担保

提货担保是指进口商开出信用证后，由于货物已抵港而正本提单尚未收到，要求银行为其开出提货担保书，交承运人先行提货，在担保书中，银行保证日后补交正本提单，负责向海运公司缴付有关费用，并赔偿海运公司由此可能产生的各种损失，待正本提单收到后向承运人换回提货担保书的一种融资方式。

模块三 国际贸易中长期信贷融资

 工作任务

```
任务一　出口信贷
任务二　福费廷
```

◆ 任务一　出口信贷

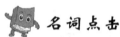

出口信贷（export credit），是出口国为了促进本国大型机械设备或成套项目的出口，鼓励本国银行对本国出口商或外国进口商（或其银行）提供利率较低、期限在1～5年或5年以上的中长期贷款，以解决本国出口商资金周转的困难，或满足国外进口商对本国出口商支付货款需要的一种融资方式。

一、出口信贷的特点

1. **金额大、期限长、风险大**

出口信贷以本国大型机械设备或成套项目等资本货物的出口为基础，涉及的金额大，贷款的期限一般在1～5年或5年以上，对此银行要承担较大的风险。

2. **官方资助的政策性贷款**

国家成立专门发放出口信贷的机构，制定政策、管理和分配国际信贷资金。虽然发达国家的出口信贷由商业银行直接贷放，但如果商业银行信贷资金不足以满足出口本国商品需要时，则由国家专门设立的出口信贷机构予以支持。

3. **相对优惠的贷款**

出口信贷的利率一般按照经济合作与发展组织（OECD）的协议规定调整，一般每半年调整一次，利息按签约时的固定利率计算。一般要略低于市场利率，其利差由国家予以补贴，以弥补银行在出口信贷业务的利息损失。由于大型的机器设备出口有利于出口国发展生产，增加就业机会，实现宏观经济政策，所以以政府进行利差补贴方式鼓励商业银行发放贷款，体现了国家对经济实行干预的政策。

4. **用途和金额有明确限定**

出口信贷以资本货物的出口为基础，所以必须用于购买贷款国出口的产品、技术以及有关的劳务等。如果某一商品由多个国家参与制造，则该国部件应占50％以上或高达85％。有的国家只对资本物品中属于本国制造的部分提供出口信贷支持。另外，出口信贷的金额也只能占合同金额的85％，其余由购买方以现汇支付。

5. **政府承担风险**

为了消除商业银行的后顾之忧，保证其资金的安全性，国家往往通过设立国家信贷保险机构,对银行发放的出口贷款予以担保。如贷款不能收回发生损失,信贷保险机构利用国家资金给予赔偿。

二、出口信贷的分类

1. 卖方信贷

卖方信贷是出口信贷的一种,是指在大型机械设备或成套项目贸易中,为便于出口商以延期付款方式出卖商品,出口商所在地银行对出口商提供的中长期信贷。延期付款的货价一般高于以现汇支付的货价。

卖方信贷的流程具体如下:

(1)双方签订合同后,出口商以延期支付方式向进口商出售大型设备;

(2)进口商先付10%~15%的定金,在分批交货验收中,再分期付给10%~15%的货款,其余货款在出口商全部交货后由进口商在规定的期限内分期偿还;

(3)出口商则向其所在国银行申请卖方信贷的贷款,取得所需资金;

(4)以进口商分期偿还的货款向银行偿还贷款本金和利息。操作程序如图5-1所示:

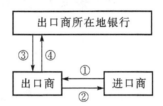

图5-1 卖方信贷流程图

2. 买方信贷

买方信贷也是出口信贷的一种,是指在大型设备或成套项目贸易中,为了扩大本国设备的出口,由出口商所在地银行向外国进口商或进口商所在国的银行提供的中长期贷款。

买方信贷是目前国际上出口信贷中的主要类型,其可以贷给进口商,也可以贷给进口方银行,所以有以下两种形式:①直接买方信贷,是指直接贷款给外国的进口商,即借款人是外国进口商,但需要有进口方银行担保;②间接买方信贷,贷款给外国的进口方银行,即借款人是进口方银行,无须其他银行担保,再由进口方银行贷款给进口商。

买方信贷通常的做法是:①进出口商签订合同后,进口商先付货价15%的定金;②进口商或进口方银行与出口商所在地银行签订贷款协议;③进口商取得所需资金。④进口商用取得的贷款支付出口商的货款;⑤进口方银行根据贷款协议分期偿还出口方银行贷款;⑥进口商按贷款协议分期偿还银行的欠款。操作过程如图5-2所示:

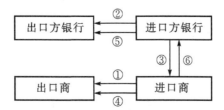

图5-2 买方信贷流程图

3. 买方信贷和卖方信贷利弊之比较

(1)卖方信贷与买方信贷均属于中长期信贷,但两者有一定的区别。卖方信贷虽然最终表现为出口商与本国银行之间的借贷关系,但交易是直接以赊销出售、延期付款的方式实现的,基本上属商业信用,信用能力受厂商资金规模限制。买方信贷直接由银行出面,由出口方银行贷款给买方或买方银行,属于银行信用,信用扩张能力远远超过一般厂商。

(2)买方信贷与卖方信贷相比较手续费较低。采用买方信贷,进口商对设备的价格都比较熟悉,且支付以现汇完成,不涉及信贷方面费用。而利用卖方信贷,不仅设备本身的价格和借贷利息,还包括信贷保险费、承担费、管理费等附加费用都包括在出口商的货价之中,使进口商不得而知。所以,买方信贷与卖方信贷相比较手续费较低廉。

(3)贷款贷给国外的银行与贷给国内的出口商相比较,前者风险更小,出口国银行也更愿意接受买方信贷。

(4)使用卖方信贷,对于出口厂商来说,增加了销售难度,并且以赊销方式销售商品,反映在其"资产负债表"上,会影响其资信状况。而买方信贷则不存在上述问题。

从总体上来说,卖方信贷对进口商有利有弊,而对出口商是有利的。买方信贷对进口商、出口商和银行都是有利的。

三、其他形式的出口信贷

1. 混合信贷

出口国为扩大本国设备的出口,在出口国银行发放卖方信贷或买方信贷的同时还由出口国政府从预算中提出一笔资金,作为政府贷款或给予部分赠款与卖方信贷或买方信贷一并发放,以满足出口商(如为卖方信贷)或进口商(如为买方信贷)支付当地费用和设备价款的需要。这种以满足某一项大型设备出口需要,将政府贷款、赔款与买方信贷和卖方信贷混合一起发放的方式就称为混合信贷。

2. 信用安排限额

信用安排限额是指出口商所在国银行给予进口商所在国银行以中期贷款限额的便利,并与进口方银行配合,组织较小贸易和金融业务的成交,以促进本国一般消费品或基础工程的出口。这是20世纪60年代后期发展起来的一种出口信贷新形式。

3. 签订存款协议

签订存款协议是进出口方银行之间签订一个存款协议,约定出口方银行在进口方银行开立账户,在一定期限内存放一定金额的存款,并在期满之前保持约定的最低存款数额,以供进口商在出口国购买设备之用。

◆ 任务二 福费廷

一、福费廷业务的概念和特点

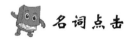

福费廷(forfeiting),又称票据包买,是指在延期付款的大型设备贸易中,出口商把经过进口商承兑的期限在半年以上到5年或6年的远期汇票无追索权地向出口商所在地的银行或大金融公司贴现,以便提前获得资金,并免除一切风险的融资形式。

福费廷业务的特点有：

（1）福费廷业务中的远期票据产生于销售货物或提供技术服务的正当贸易，包括一般贸易和技术贸易。

（2）福费廷业务中的出口商必须放弃对所出售债权凭证的一切权益，做包买票据业务后，将收取债款的权利、风险和责任转嫁给包买商，而银行作为包买商也必须放弃对出口商的追索权。

（3）出口商在背书转让债权凭证的票据时均加注"无追索权"字样（without recourse），从而将收取债款的权利、风险和责任转嫁给包买商。包买商对出口商、背书人无追索权。

（4）传统的福费廷业务，其票据的期限一般在1～5年，属中期贸易融资。但随着福费廷业务的发展，其融资期限扩大到1个月至10年不等，时间跨度很大。

（5）传统的福费廷业务属批发性融资工具，融资金额由10万美金至2亿美金。可融资币种为主要交易货币。

（6）包买商为出口商承做的福费廷业务，大多需要进口商的银行做担保。

（7）出口商支付承担费（commitment fee）。在承担期内，包买商因为对该项交易承担了融资责任而相应限制了他承做其他交易的能力，以及承担了利率和汇价风险，所以要收取一定的费用。

（8）期限。福费廷属于中期融资，融资期限可长达10年。

（9）担保方式主要有两种：一种是保付签字，即担保银行在已承兑的汇票或本票上加注"Per Avail"字样，并签上担保银行的名字，从而构成担保银行不可撤销的保付责任；另外一种是由担保银行出具单独的保函。

（10）无追索权条款。福费廷业务的特色，是出口商转嫁风险的依据。福费廷业务项下银行对出口商放弃追索权的前提条件是出口商所出售的债权是合法有效的。因此，银行通常在与出口商签订的福费廷业务协议中约定，如因法院止付令、冻结令等司法命令而使该行未能按期收到债务人或承兑/承付/保付银行的付款，或有证据表明出口商出售给该行的不是源于正当交易的有效票据或债权时，银行对出口商保留追索权。

二、福费廷业务的适用对象

叙做福费廷业务的企业需具有进出口经营权并具备独立法人资格。由于福费廷业务主要提供中长期贸易融资，所以从期限上来讲，资本性物资的交易更适合福费廷业务。以下情况适合叙做福费廷交易：

（1）为改善财务报表，需将出口应收账款从资产负债表中彻底剔除；

（2）应收账款收回前遇到其他投资机会，且预期收益高于福费廷全部收费；

（3）应收账款收回前遇到资金周转困难，且不愿接受带追索权的融资形式或占用宝贵的银行授信额度。

三、福费廷业务的申请条件

（1）企业须具有法人资格和进出口经营权；

（2）在包买商处开立本币或外币账户，与包买商保持稳定的进出口结算业务往来，信誉良好，收付汇记录正常（商业银行或银行附属机构）；

（3）融资申请具有真实的贸易背景，贸易合同必须符合贸易双方国家的有关法律规定，取得进口国外汇管理部门的同意；

（4）利用这一融资方式的出口商应同意进口商以分期付款的方式支付货款，以便汇票、本票或其他债权凭证按固定时间间隔依次出具，以满足福费廷业务需要；

（5）除非包买商同意，否则债权凭证必须由包买商接受的银行或其他机构无条件地、不可撤销地进行保付或提供独立的担保；

（6）银行要求的其他条件。

四、福费廷业务的申办流程

（1）出口商与进口商在洽谈设备、资本货物贸易时，如欲使用这一信用方式，应事先与其所在地的银行或金融公司约定，以便做好各项信贷安排；

（2）出口商与进口商签订贸易合同，表明进行"福费廷"，出口商向进口商索取为贷款而签发的远期汇票，应取得进口商往来银行的担保。进口商往来银行对远期汇票的担保形式是在汇票上签字盖章，保证到期付款或出具保函；

（3）进口商的担保银行要经出口商所在地银行认可。担保行确定后，进出口商才能签署贸易合同；

（4）出口商发运设备后，将全套货物单据按合同规定通过银行的正常途径寄送进口商，以换取经进口商承兑的附有银行担保的承兑汇票（或本票）；

（5）出口商取得远期汇票（或本票）后，按照与买进这项票据的银行或大金融公司的约定，依照放弃追索权的原则，办理票据的贴现手续，取得现款。

五、福费廷对进出口商的影响

对出口商而言，利用这一融资方式的出口商应同意向进口商提供期限为6个月至5年甚至更长期限的贸易融资；同意进口商以分期付款的方式支付货款，以便汇票、本票或其他债权凭证按固定时间间隔依次出具，以满足福费廷业务需要。

福费廷对出口商比较有利：第一，出口商通过叙做此项业务将远期应收账款变成现金销售收入，虽然扣除了一定贴现利息，但加速了资金周转，避免了汇率风险；第二，由于包买商对出口商的无追索权，出口商将票据拒付的风险完全转嫁给了银行，避免了与票据支付有关的政治、商业、利率和汇率风险；第三，出口商可以把银行收取的各种费用转嫁到货款中由进口商承担；第四，福费廷融资不占用出口商的信用额度，有利于改善出口商的财务状况。

对进口商而言，虽然利息与费用负担均计算在货价之内，货价较高，但可获得中期固定利率的贸易融资，所需要的交易单据简单易行，办理迅速。

模块四　国际项目融资

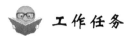

| 任务一 | 认识国际项目融资 |
| 任务二 | 国际项目融资的典型方式——BOT融资 |

任务一 认识国际项目融资

名词点击

国际项目融资,是国际上为了一些大型工程项目融资的一种方式,是指以境内建设项目的名义在境外筹措资金,并以项目自身的收入资金流量、自身的资产与权益,承担债务偿还责任的融资方式,也是无追索或有限追索的融资方式。

20 世纪 60 年代以后,国际上大型开发项目日益增多,包括石油、煤炭、天然气等自然资源的开发项目,也包括交通运输、电力、农林等基础建设项目,主办这类大型项目的公司和政府越来越感觉到难以完全承担项目的投资风险,于是出现了项目融资这种新的融资方法并广泛地应用于各种领域。1984 年至 1988 年的深圳沙头角 B 火力发电厂项目融资,是我国最早的有限追索权的项目融资案例。

国际项目融资由于金额大、期限长、风险大,往往采用银团贷款方式。其特点是:

(1)贷款人不以主办单位的资产和信誉作为发放贷款的依据,而以该工程项目预期的经济效益和承办单位资产状况作为发放贷款的依据。

(2)项目融资的还款来源是该项目未来的收益,而不像传统融资那样,以借款人的所有财产和收益作为偿债来源。项目的成败对贷款人能否收回贷款具有决定性的意义。

(3)国际项目融资风险大,需要与工程项目有利害关系的更多单位进行担保以回避风险。

(4)工程所需资金来源多样化,除从银团贷款取得资金外,还能够得到政府、国际组织的支持。

(5)项目融资以"有限追索权"筹资方式为主,利率较高。有限追索权项目融资除了以项目经营收益作为还款来源和取得物权担保外,贷款人还要求有项目以外的第三方(如项目主办人、项目产品购买人或项目设施使用人、项目工程承包人等)提供担保。当项目收益不佳或经营失败时,贷款人有权向第三方担保人追索,但担保人承担债务的责任,以他们各自提供的担保金额为限。

任务二 国际项目融资的典型方式——BOT 融资

名词点击

BOT 是英文 build-operate-transfer 的缩写,即建设—经营—移交方式,是东道国政府将一个基础设施项目的特许权授予承包商(项目公司),承包商在特许期内负责项目设计、融资、建设和运营,并回收成本、偿还债务、赚取利润,特许期结束后将项目所有权无偿移交政府。主要适用于大型资本、技术密集型项目,如市政、道路、交通、电力、通信、环保等基础项目建设,在我国又叫"特许权融资方式"。

BOT 的通常做法,是外国投资者与东道国政府部门或其指定的国有公司(公营部门)签订合同,由外国投资者出资、引资建设这些大型基础设施项目;东道国允许其建成后经营若干年,以收回投资和获取必要的利润。合同对建设和经营的条件(例如项目建成时间、项目建成后的收费原则、政府合理承担一定期限内不建竞争性项目的义务等),有比较具体的约定,合同期满时,项目、设施无偿移交政府部门或公营部门。BOT通常并与无追索权或有限追索权融资(即项目融资)相结合,贷款银行(银团)或债券持有人主要关注项目的预期现金流量,作为贷款偿还和利息收入的保证,对于项目发起人(项目公司股东)无追索权或只有有限追索权。BOT方式具体实施中还会涉及建造承包商、设备供应商、保险公司等。

采取BOT方式,对东道国而言,有如下好处:第一、项目由外国投资者投资而不需本国政府投资,无需资金投入,只要授权,若干年后即可无偿得到基础设施项目,因此,BOT投融资方式备受各地政府青睐;第二、国家无需对项目投资的偿还提供担保,因而该项目的债务不会构成国家债务;第三、项目的绝大多数财政和投资回收风险均由投资者自己承担。东道国在这种条件下建成社会需要的基础设施,无疑对本国是有利的。当然,东道国政府对自己所作的收费标准等承诺,也需慎重考虑,以免对社会公众造成不合理的负担。从引入BOT投融资方式至今,在我国交通基础设施、电力开发、环境治理等领域处处可见BOT投融资方式的身影。

而对投资者而言,其最大的特点是可以直接进入东道国具有长期发展潜力的基础建设项目,并由此获得其他种种商业机会。在项目建设阶段,可以获得承担项目建设的工作并推销一些设备,带动劳务和贸易的输出。以项目的运营必须产生足够利润为前提,在项目运营阶段,能够从所拥有的项目公司获得红利收入。在项目的运营期满阶段,还可能从项目公司以高价出售的股份中获得资本回报。BOT投资方式引进我国的初期,基本上是由外商投资运营。2001年12月,当时的国家计委发布了《关于促进和引导民间投资的若干意见》,国内民间资本才真正被允许以BOT投资方式参与基础设施建设。

运用BOT方式,在投资方面具有形式多样、选择灵活的特点:允许投资者出资创建新公司,也可以接管原已存在的企业;可以成立股权式合资企业,也可以创建契约式合资企业,还可以成立股权式加契约式的实体等。在法律地位上,可以具备法人资格,构成一个独立的经营实体,也可以成为一种不具备法人地位、相对独立的经济组织。投资比例根据东道国的起点要求,由投资者自主决定,可以独资,也可以合资。

BOT中运营的含义是企业的运转、操作和管理,也有多种方式供选择:

(1)独立经营。即由投资者独资经营,自负盈亏。对投资者而言,这种方式使其能够最大限度地自主控制项目的运行和管理,独享所产生的利益,并独自承担风险。对于东道国来说,有利于学习外资的先进技术和管理经验,同时,仅仅利用税收及使用费和提供材料供应即可增加收入,而不需承担任何经济责任。

(2)参与经营。按照国际惯例,参与经营即由投资者和东道国共同建立合资企业。合资企业设立董事会,依照东道国法律和合资企业章程的规定,决定重大问题,并决定聘任总经理,负责日常的经营管理工作。

(3)不参与经营。即经合作双方商定,委托所在国一方或聘请第三方进行管理,投资方不参与经营。采用这种方式一般是为了避免风险,以固定的收益保障为前提条件放弃经营权。

一、BOT方式的特点

BOT投资作为一种新的融资方式,同其他融资方式相比,有其自身的特点:

(1)BOT项目投资额大,技术要求高,建设周期长,经营风险大。这是因为,BOT项目通常为东道国带有垄断性的基础设施,如高速公路,铁路,机场等。

(2)各方面的协议与合作的要求较之传统的投资方式更高。BOT项目的融资主体一般包括政府、国外私人财团、项目财务法人代表即发展商、项目建设总承包商、贷款的金融机构等,只有各方通力合作才能保证项目融资的顺利实施。

(3)投资者取得BOT项目多以竞标形式进行,透明度高,程序繁杂。

(4)双方风险承担的形式不同于传统投资方式,其并非合作双方共担经营风险;东道国政府在将项目授权财团建设和经营后,对项目仅仅起监督作用,并不承担项目建设和经营的任何风险,项目的绝大部分风险由项目公司承担,包括政治风险、利率风险、汇率风险、销售风险等。

(5)BOT融资方式是无追索权或有限追索权的一种融资方式,举债不进入国家外债统计范围,债务偿还和项目发展商的收入只能靠项目的现金流量和收益。

(6)BOT项目终结后不需清算,由政府收回特许权,并全部无偿地收回整个项目。

二、BOT方式的类型

BOT融资方式经过多年的实施和发展,在其基本形式上又衍生出多种交易形式,主要包括:

(1)BOT(build—operate—transfer),即建设—运营—移交。政府授予项目公司建设新项目的特许权时,通常采用这种方式。

(2)BOOT(build—own—operate—transfer),即建设—拥有—运营—移交。这种方式明确了BOT方式的所有权,项目公司在特许期内既有经营权又有所有权,在委托期满后,将项目资产转让给政府。

(3)BOO(build—own—operate),即建设—拥有—运营。这种方式是开发商按照政府授予的特许权,建设并经营某项基础设施,但并不将此基础设施移交给政府或公共部门。

(4)BOOST(build—own—operate—subsidy—transfer),即建设—拥有—运营—补贴—移交。项目公司在建成后,在授权期内,既直接拥有项目资产,有经营管理项目,但由于存在相当的风险,或经济效益不佳,须由政府提供一定的补贴,授权期满后将项目的资产转让给政府。

(5)BLT(build—lease—transfer),即建设—租赁—移交。即政府出让项目建设权,在项目运营期内,政府有义务成为项目的租赁人,且赁期结束后,所有资产再转移给政府公共部门。

(6)BT(build—transfer),即建设—移交。即项目建成后将项目资产转让给政府,但项目公司仍负责项目的经营和管理,并从中获得效益。

(7)BTO(build—transfer—operate),即建设—移交—运营。项目建成后将项目资产以一定的价格立即移交给政府,可分期付款,由政府负责项目的经营和管理。

(8)IOT(investment—operate—transfer),即投资—运营—移交。即收购现有的基础设施,然后再根据特许权协议运营,最后移交给公共部门。

虽然提法不同,具体操作上也存在一些差异,但它们的结构与BOT并无实质差别,所以习惯上将上述所有方式统称为BOT。

模块五　国际租赁融资和国际证券融资

工作任务

> 任务一　国际租赁融资
> 任务二　国际证券融资

◆ **任务一　国际租赁融资**

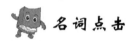

国际租赁又称跨国租赁或离岸租赁,是指处于不同国家(或地区)的出租人与承租人之间的租赁活动。由出租人在一定期限内以收取租金为条件,将资本货物等租赁物交付承租人使用的一种融物和融资相结合的活动。

一、国际租赁融资的特点

国际租赁有以下几个特点:

(1)国际融资租赁的租赁期限通常较长,一般接近租赁物的寿命。

(2)租金高,足以补偿出租人购买租赁物的货款、融资该货款的利息及出租人的利润。

(3)租赁期满,承租人可以选择将租赁物退回出租人或者按残值购买。

(4)租金支付方式灵活多样,满足承租人的不同需要。

二、国际租赁融资的主要形式

1. 金融租赁

金融租赁又称融资租赁,指当项目单位需要添置技术设备而又缺乏资金时,由承租人选定机器设备,出租人代其购置后出租给承租人使用,承租人按期交付租金,租赁期满后租赁设备退租、续租或拍卖给承租人的一种租赁类型。

金融租赁有以下特点:

(1)承租人支付的租金总额相当于设备价款、贷款利息、手续费的总和,所以又称完全支付租赁。

(2)在合同有效期内,双方均无权撤销合同。

(3)在租赁期间,承租人只有使用权,所有权属于出租人。

(4)设备的维修保养、保险及过时风险均由承租人负担。

(5)租赁期较长,一般为3～5年,有的可达10年,甚至更长。

(6)租赁的设备由承租人选定和检查,出租人代为购买,对设备的质量和技术条件不予担保。

(7)典型的融资租赁有三方当事人和两个合同,即出租人与供货人签订的购货合同和出租人与承租人签订的租赁合同构成。

2. 经营租赁

经营租赁也称服务性租赁,即出租人不仅要向承租人提供设备的使用权,还要向承租人提供设备的保养、保险、维修和其他专门性技术服务的一种中短期租赁形式。

经营租赁的特征表现为:

(1)租赁物件的选择由出租人决定,租赁物件一般是通用设备或技术含量很高、更新速度较快、保养管理要求高的设备。

(2)经营租赁允许承租人短期使用设备,承租人可以最小代价获得今后购买或长期租赁一项设备所需的操作经验。

(3)租赁期限短,大大低于设备寿命期,因此出租人必须经过多次租赁才可将设备投资金额全部收回,故称为不完全支付的租赁。

(4)租赁合同中途可撤销。

(5)出租人始终拥有租赁物件的所有权,租赁期满,承租人只能退租或续租,不得留购。

(6)出租人承担设备过时、保险、维修等有关的利益与风险。因而租金比金融租赁高。

(7)出租人既提供租赁物件,又同时提供必要的保养、保险、维修和其他技术服务。

3. 维修租赁

维修租赁是在金融租赁的基础上附加多种服务条件的租赁形式。它的特点与金融租赁基本一致,但租赁公司要向用户提供一切所需服务。以租赁汽车为例,出租人需提供有关购货、登记、上牌、保险、维修保养、事故处理和人员培训等方面的服务。因此租金较高。

4. 杠杆租赁

杠杆租赁又称平衡租赁,是指在一项租赁交易中,出租人只需投资租赁设备购置款项的20%~40%的金额,在法律上拥有该设备的完整所有权,设备购置款项的60%~80%由银行等金融机构提供的无追索权贷款解决,但需出租人以租赁设备作抵押、以转让租赁合约和收取租金的权利作担保的一项租赁交易。

杠杆租赁是融资租赁的一种高级形式,适用于价值在几百万美元以上,有效寿命在10年以上的高度资本密集型设备的长期租赁业务,如飞机、船舶、海上石油钻井平台、通讯卫星设备和成套生产设备等。杠杆租赁有以下特点:

(1)参与交易的当事人、交易程序及法律结构比融资租赁的基本形式复杂。一般要涉及四个当事人,即出租方、承租方、供货方和贷款方。设计的合同一般至少有三个,即租赁合同、购买合同和融资合同。

(2)租金偿付要保持均衡,不得预付或者延期支付。

(3)出租人必须将设备的残值按当时的公平市价出售给承租人或续租。

(4)出租人只需投资设备价款的20%~40%,即可享受100%所有权的税务优惠。

5. 回租租赁

是指设备所有者将自己原来拥有的部分财产卖给租赁公司,以后再以支付租金为代价,从该公司租回已售出财产的一种交易。回租租赁主要适用于已使用的设备,是当一个公司资金特别缺乏时,采取的一种周转资金的财务安排。

6. 综合租赁

综合租赁是将金融租赁业务与某一贸易方式相结合的租赁形式。它不仅可以减少承租人的资金支出,还可以扩大承租人和出租人之间的贸易往来,促进贸易和租赁的共同发展。

租赁与补偿贸易结合时,出租人把机器设备出租给承租人,而承租人则利用所租赁设备生产的产品偿付租金;租赁与包销结合时,承租人用所租赁设备生产出来的产品由出租人包销,出租人从包销价款中扣取租赁费;租赁与加工装配结合时,承租人用租赁方式引进设备来进行加工装配业务,用工费抵交租金。

◆ 任务二 国际证券融资

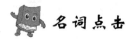

国际证券融资是指一国的借款人在国际金融市场上通过发行债券或股票的方式进行的融资活动,以此促进公司规模的快速增长。发行证券的目的在于筹措长期资本,是一种长期融资方式。

一、国际债券融资

1. 国际债券融资的概念

国际债券融资指一国政府当局、金融机构、工商企业、地方社会团体以及国际组织机构等单位,通过在国外市场发行以某种货币作为面值的债券的而进行的融资活动。国际债券是市场所在地的非居民发行人发行的债券。它是从发行人的角度相对于国内债券而言的。国际债券融资包括外国债券融资和欧洲债券融资两种。

(1)外国债券。外国债券是指某一国借款人在本国以外的某一国家发行以该国货币为面值的债券。它的特点是债券发行人属于一个国家,债券的面值货币和发行市场则属于另外一个国家。

外国债券

外国债券是一种传统的国际债券。在美国发行的外国美元债券被称为"扬基债券",在英国发行的英镑债券被称为"猛犬债券",在日本发行的日元债券被称为"武士债券",在亚洲其他国家发行的非日元币种的外国债券被称为"龙债券"。根据国际惯例,我国财政部前部长金人庆将国际多边机构首次(2005年)在华发行的人民币债券命名为"熊猫债券"。

我国发行外国债券开始于1982年1月22日中国国际信托投资公司在日本债券市场,首次发行了100亿日元私募债券,期限12年,宽限期5年。从1982年1月29日起计息,年利率为8.7%,半年计息一次。宽限期后每年还款8%,此后的几年间中国在国际债券场都很活跃,这一阶段的发行条件较好,利率接近伦敦同业拆借利率,期限一般在7年以上。

(2)欧洲债券。欧洲债券是指借款人在本国境外市场发行的,不以发行市场所在国货币为面值的国际债券。它的特点是债券发行者、债券发行地点和债券面值所使用的货币可以分属于不同的国家。欧洲债券票面使用的货币一般是可自由兑换的货币,主要为美元,其次还有欧元、英镑、日元等,也有使用复合货币单位的,如特别提款权。

欧洲债券和外国债券有很多不同:第一,发行方式方面。外国债券一般由发行地所在国的证券公司、金融机构承销,而欧洲债券则由一家或几家大银行牵头,组成十几家或几十家国际性银行在一个国家或几个国家同时承销。第二,发行法律方面。外国债券的发行受发行地所在国有关法规的管制和约束,并且必须经官方主管机构批准,而欧洲债券在法律上所受的限制比外国债券宽松得多,它不需官方主管机构的批准,也不受发行地所在国有关法令的管制和约束。第三,发行纳税方面。外国债券受发行地所在国的税法管制,而欧洲债券的预扣税一般可以豁免,投资者的利息收入也免缴所得税。

2. 国际债券融资的特点

作为一种重要的国际融资方式,国际债券融资与其他融资形式相比,有许多独特之处:

(1)能够为资金使用者筹措到期限较长的资金。

(2)对发行人的资信要求较高。和国内债券相比,国际债券对其发行人的要求更高,因此能够顺利发行国际债券也是发行人信誉的一种证明。

(3)发行人可以筹措到各种货币资金。

二、国际股票融资

国际股票即境外发行股票,是指企业通过直接或间接途径向国际投资者发行股票并在国内外交易所上市。目前我国企业进行国际股票融资的主要方式有:发行 B 股、H 股和 N 股、利用存托凭证发行股票并上市等。国际股票融资具有如下特点:

1. 永久性

这是由股票融资这一方式决定的,由于股票没有期限的限定,股东在任何情况下都不得要求退股,因此,引进的外资能够成为永久的生产性资金留在企业内,而不至像一般合资或合作企业一样,会因合同到期或意外变故,外方抽回资金而使企业陷入困境。

2. 主动性

通过股票吸引外资,筹资国可运用法律和政策性手段约束投资者的购买方式、购买种类、资金进出的方式、税率等。

3. 高效性

国际股票融资有利于对外发行股票的企业在更高层次上走向世界。国外股票持有者从自身的利益出发,会十分关心企业的经营成果,有利于企业改善经营管理,提高盈利水平。而企业因股票向外发行,无行中提高了国际知名度和信誉,有利于企业开拓产品销售市场,开展国际化经营。

我国国际股票融资

我国利用股票进行国际融资是从 1991 年上海、深圳两地发行的 B 股开始的,到 1994 年底共有 50 余家上市公司向境外投资者发放 B 股,上市总额达 30 多亿人民币,筹集外资数亿美元。目前我国内地企业国际股票市场上市融资的方式和渠道主要有以下五种:

1. 内地企业在境外直接上市(IPO)以 H 股、N 股及 S 股等形式在境外上市。中国内地的企业法人通过在香港首次发行股票(简称 H 股),或者在纽约首次发行股票(简称 N 股),或者在新加坡首次发行股票(简称 S 股)的方式直接在境外获得上市的方式。H 股如青岛啤酒、S 股如中新药业等等。

2. 涉及境内权益的境外公司在境外直接上市(IPO、红筹股形式)。中国大陆之外的法人公司或其他股权关联公司直接或间接享有中国大陆企业的股权权益或者资产权利,并且在中国境外直接上市的方式,如裕兴电脑在香港创业板上市等,中国企业在新加坡市场上市也大多采用这种方式,如大众食品等。

3. 境外买壳上市或反向兼并中国大陆或大陆之外的企业法人。在香港市场买壳上市案例如中信泰富,在新加坡市场买壳上市案例如浙江金义,北美特别是加拿大市场一般采用反向收购(RTO)的方式实现挂牌上市。

4. 国内A股上市公司的境外分拆上市。案例如A股公司同仁堂、托普软件、复旦微电子、青鸟环宇等分拆子公司以H股方式在香港创业板上市。

5. 存托凭证(DR)和可转换债券(CB)。1993年7月的青岛啤酒,随后还有上海石化、马鞍山钢铁、仪征化纤等八家,它们的主挂牌在香港,同时通过全球存股证方式(GDR)和美国存股证方式(ADR)分别在全球各地和美国纽约证券交易所上市。

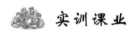

实训课业

一、实训项目一

出口信贷融资。

【实训内容】

模拟设计买方信贷和卖方信贷。

【实训要求】

1. 分别模拟设计一个买方信贷和卖方信贷的实例。
2. 分别画出买方信贷和卖方信贷的运作流程图。

二、实训项目二

国际证券融资。

【实训内容】

为某大型国有企业设计国际债券和股票融资方案。

【实训要求】

1. 调研发行国际债券以及在国际证券市场融资的条件。
2. 寻找在国际债券市场及国际证券市场融资成功的案例。
3. 为该大型国有企业设计可行的国际债券融资和国际股票融资方案。

项目六　国际结算

项目阐释

本项目通过掌握国际结算的基本工具,使学生熟悉国际结算基本方式的业务处理流程,了解如何防范国际结算中的风险。

能力目标

◇ 掌握国际结算基本工具
◇ 熟悉国际结算基本方式

项目分解

模块一　国际结算工具
模块二　国际结算方式
模块三　国际结算中的风险管理

模块一　国际结算工具

工作任务

任务一　国际结算概述
任务二　国际结算中的票据
任务三　国际结算中的单据

◆ 任务一　国际结算概述

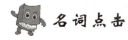

国际结算(international settlements),是为清算国际间债权债务关系而发生的以货币表示债权债务关系的清偿或资金转移行为。

案例导入

中国银行国际结算量继续保持全球第一

新华网北京2月4日电 中国银行日前发布的统计数据显示,2010年,该行发挥海内外机构联动优势,实现国际结算量1.97万亿美元,刷新银行业年度国际结算量历史纪录,继续保持全球第一。

据统计,2010年,中行内地机构国际贸易结算量超过9000亿美元,同比增长42%,领先我国外贸进出口增速近7个百分点,12月末市场份额达31.06%。同时,中行境内外机构加大外币贸易融资投入力度,2010年集团外币贸易融资发生额超2100亿美元,同比增长35%,外币贸易融资余额保持稳定增长。

截至2010年末,中行境内试点行跨境人民币业务量突破1600亿元,市场份额保持同业领先,境外业务已覆盖30多个国家和地区,初步建立起了覆盖全球的人民币清算网络。

(资料来源:新华网[EB/OL]. http://news.xinhuanet.com/fortune/2011-02/04/c_121050555.htm.)

国际间的各种经济交易,必然会引起国际间的债权债务关系。国际结算就是国际间为清偿债权债务关系而进行的货币收付行为。

国际结算产生于国际贸易。早期的国际贸易主要采用简单的现金结算方式,直接通过输送黄金和白银来逐笔清算国际间的债权债务关系。但这种现金结算风险大、费用高、运期长,造成资金长期占压,不利于资金周转。到了14、15世纪,产生了资本主义的萌芽,15世纪末16世纪初,随着资本主义的发展,国际贸易的扩大,逐渐形成了区域性的国际商品市场。国际商品交换的种类和范围以及交易量都不断扩大,上述通过运送金银来偿债的方式就不能适应当时贸易发展的需要,于是就出现了以商业票据来结算债权债务的方式。这种不直接运送现金,使用各种支付工具,通过银行间划账冲抵来结算国际间债权债务关系的结算方式被称为非现金结算。在该方式下,两国进出口商分别向本国银行买卖各种不同金额、不同支付时间的票据,将它们之间的结算变为两国银行之间的结算。采用分现金结算避免了国际间资金运送的风险和不便,加速了资金运转,对促进国际贸易量的增长具有重要意义。在国际结算发展演变历程中,经历了从黄金白银的现金结算到以票据为支付工具的非现金结算,从双方直接结算到通过银行进行结算。当今大部分国际结算都属于非现金结算。

根据国际结算发生的原因分为国际贸易结算和非贸易结算。简单地说,有形贸易引起的国际结算为国际贸易结算,无形贸易引起的国际结算为非贸易结算。

非现金结算方式下使用信用工具通过银行间相互冲抵的方式来结算国际间的债权债务。信用工具包括票据和单据两大类。票据是出票人签发的无条件约定自己或要求其他人支付一定金额,经背书可以转让的书面支付凭证。票据一般包括汇票、本票、支票。单据是有关商品流通的其他证书。单据可以分为基本单据和附属单据。基本单据有商业发票、运输单据和保险单据。附属单据是为符合出口商、进口商政府法规而提供的特殊单据。

◆ 任务二 国际结算中的票据

国际结算中的票据包括汇票、本票和支票。在各国国内结算中,一般以支票结算为主。但在国际结算中,却大量使用汇票,本票和支票则较少使用。

一、汇票

汇票(bill of exchange/postal order/draft)是由出票人签发的,要求付款人在见票时或在一定期限内,向收款人或持票人无条件支付一定款项的票据。汇票是国际结算中使用最广泛的一种信用工具。

注 意 事 项

一、银行汇票和汇款解讫通知须同时提交兑付行,两者缺一无效。

二、收款人直接进账的,应在收款人盖章处加盖预留银行印章。收款人为个人的,应交验身份证件。

三、收款人如系个人,可以经背书转让给在银行开户的单位和个人,在背书人栏签章并填明被背书人名称;被背书人签章后持往开户行办理结算。

收款人盖章	被背书人	被背书人
	背书	
年　月　日	日期　年　月　日	
身份证件名称、号码及发证机关。		

1. 汇票的主要内容

(1)标明汇票字样。汇票上应明确标明其为汇票,使人一目了然,与支票、本票等其他票据加以区分,并促使出票人承担票据责任和义务。

(2)标明金额。汇票是一种债权凭证,以偿付货币为最终目的,因此,票面金额必须确定,不能有"大约"、"或"等模糊字眼,金额大小写必须一致,若有差错,则以金额数小者为准。

(3)标明无条件支付。汇票是出票人命令付款人支付款项的通知书,因此必须有无条件支付字样,而不用"请付"、"应付于"字样,也不能加列对支付有限制性的条款,如"收到后再付"等。否则付款人不能明确地承担付款责任,有碍于汇票的正常流通使用。

(4)标明付款人。付款人是汇票上的债务人,汇票上必须标明付款人的姓名或商号、地址等,以便持票人明确他提出承兑或要求付款的对象。

(5)标明收款人。收款人是汇票上的债权人,收款人又称为汇票抬头,通常有三种填写方式,即记名抬头、指示抬头和来人抬头。其中,记名抬头仅限于支付款项给收款人,不得转让,出票人不想使自己出开具的汇票流入第三者手中。

(6)标明出票地点和出票日期。据国际惯例,汇票在哪一国开具,将适用于哪一国法律,以便将来一旦出现纠纷,可依照该国法律裁决。出票日期则是判断汇票有效与否或确定汇票的到期日、提示承兑日和起息日的依据。

(7)标明付款期限。也叫付款到期日,是付款人履行付款义务的日期。

(8)标明付款地。付款人履行付款义务的地点。

(9)出票人签字。出票人在票据上签字即承担相关责任和义务,未经出票人签字的汇票不产生法律效力。

以上要素缺一不可,也可以根据惯例处理。如未注明付款期限者,视为即期汇票;未注明收款人者,视为来人汇票。

2. 汇票的种类

(1)按出票人分类。按出票人不同,可分成银行汇票和商业汇票。银行汇票(bank's draft),出票人是银行,付款人也是银行。商业汇票(commercial draft),出票人是企业或个人,付款人可以是企业、个人或银行。

(2)按有无包括运输单据分类。按是否附有包括运输单据在内的商业单据,可分为光票和跟单汇票。光票(clean draft),指不附带商业单据的汇票。银行汇票多是光票。跟单汇票(documentary draft),指附有包括运输单据在内的商业单据的汇票。跟单汇票多是商业汇票。

(3)按付款日期分类。按付款日期不同,汇票可分为即期汇票和远期汇票。汇票上付款日期有四种记载方式:见票即付(at sight 或 on demand);见票日后定期付款(at a determinable date after sight);出票日后定期付款(at a determinable date after the date of drawing a draft);定日付款(at a fixed day)。若汇票上未记载付款日期,则视作见票即付。见票即付的汇票为即期汇票。其他三种记载方式为远期汇票。

(4)按承兑人分类。按承兑人的不同,汇票只可分成商业承兑汇票和银行承兑汇票。远期的商业汇票,经企业或个人承兑后,称为商业承兑汇票。远期的商业汇票,经银行承兑后,称为银行承兑汇票。银行承兑后成为该汇票的主债务人,所以银行承兑汇票是一种银行信用。

二、本票

本票(promissory notes)是出票人签发的,保证即期或指定日期对收款人或持票人无条件支付一定金额的书面承诺。

1. 本票的主要内容

(1)标明其为"本票"字样;

(2)无条件支付一定金额的承诺;

(3)收款人或其他指定人;

(4)付款期限;

(5)付款地点;

(6)出票日期和地点;

(7)出票人的签字。

2. 本票的种类

本票按出票人不同，可以分为一般本票和银行本票两种。

(1)一般本票(Promissory Note)：出票人为企业或个人，票据可以是即期本票，也可是远期本票，必须承兑。可以采用记名或不记名方式。在国际贸易中，一般本票多用于出口信贷。

(2)银行本票(Casher's Order)：出票人是银行，只能是即期本票。由于银行本票可以代替现钞流通，发行银行本票实际上等于发行大额现钞，容易引起通货膨胀，所以很多国家禁止商业银行发行大额银行本票或对其进行限制。

三、支票

支票(cheque/check)是出票人签发，委托办理支票存款业务的银行或者其他金融机构在见票时无条件支付确定的金额给收款人或持票人的票据。

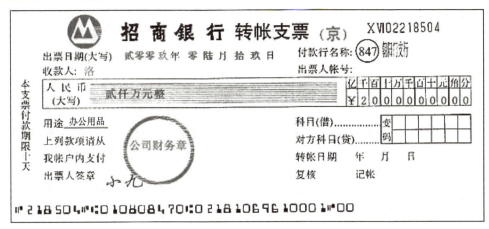

1. 支票的内容

(1)"支票"字样；

(2)无条件支付命令；

(3)出票日期及出票地点(未载明出票地点者，出票人名字旁的地点视为出票地)；

(4)出票人名称其签字；

(5)付款银行名称及地址(未载明付款地点者，付款银行所在地视为付款地点)；

(6)付款人；

(7)付款金额。

2. 支票的种类

(1)记名支票(cheque payable to order)，是在支票的收款人一栏，写明收款人姓名，"限付某甲"(pay a only)或"指定人"(pay a order)，取款时须由收款人签章，方可支取。

(2)不记名支票(cheque payable to bearer)，又称空白支票，支票上不记载收款人姓名，只写"付来人"(pay bearer)。取款时持票人无须在支票背后签章，即可支取。此项支票仅凭交付而转让。

(3)划线支票(crossed cheque)，是在支票正面划两道平行线的支票。

划线支票与一般支票不同，划线支票非由银行不得领取票款，故只能委托银行代收票款入账。使用划线支票的目的是为了在支票遗失或被人冒领时，还有可能通过银行代收的线索追回票款。

(4)保付支票(certified cheque)，是指为了避免出票人开出空头支票，保证支票提示时付款，支票的收款人或持票人可要求银行对支票"保付"。保付是由付款银行在支票上加盖"保付"戳记，以表明在支票提示时一定付款。支票一经保付，付款责任即由银行承担。出票人、背书人都可免于追索。付款银行对支票保付后,即将票款从出票人的账户转入一个专户,以备付款,所以保付支票提示时,不会退票。

(5)银行支票(banker's cheque),是由银行签发,并由银行付款的支票,也是银行即期汇票。银行代顾客办理票汇汇款时,可以开立银行支票。

(6)旅行支票(traveller's cheque),是银行或旅行社为旅游者发行的一种固定金额的支付工具,是旅游者从出票机构用现金购买的一种支付手段。

四、票据行为

(1)出票(issue),出票人签发汇票并交付给收款人的行为。出票后,出票人即承担保证票据得到承兑和付款的责任。如汇票遭到拒付,出票人应接受持票人的追索,清偿汇票金额、利息和有关费用。

(2)背书(endorsement),即在汇票背面签上自己的名字,并记载被背书人的名称,然后把汇票交给被背书人即受让人,受让人成为持票人,是票据的债权人。受让人有权以背书方式再行转让汇票的权利。

(3)提示(presentation),提示是持票人将汇票提交付款人要求承兑或付款的行为,是持票人要求取得票据权利的必要程序。提示又分付款提示和承兑提示。

(4)承兑(acceptance),指付款人在持票人向其提示远期汇票时,在汇票上签名,承诺于汇票到期时付款的行为。具体做法是付款人在汇票正面写明"承兑(accepted)"字样,注明承兑日期,于签章后交还持票人。付款人一旦对汇票作承兑,即成为承兑人以主债务人的地位承担汇票到期时付款的法律责任。

(5)付款(payment),付款人在汇票到期日,向提示汇票的合法持票人足额付款。持票人将汇票注销后交给付款人作为收款证明。汇票所代表的债务债权关系即告终止。

五、汇票与本票、支票的区别

(1)本票是约定(约定本人付款)证券;汇票是委托(委托他人付款)证券;支票是委托支付证券,但受托人只限于银行或其他法定金融机构。

(2)我国的票据在使用区域上有区别。本票只用于同城范围的商品交易和劳务供应以及其他款项的结算;支票可用于同城或票据交换地区;汇票在同城和异地都可以使用。

(3)付款期限不同。本票付款期为1个月,逾期兑付银行不予受理;我国汇票必须承兑,因此,承兑到期,持票人方能兑付。商业承兑汇票到期日付款人账户不足支付时,其开户银行应将商业承兑汇票退给收款人或被背书人,由其自行处理。银行承兑汇票到期日付款,但承兑到期日已过持票人没有要求兑付的如何处理,《银行结算办法》没有规定,各专业银行都自行作了一些补充规定。如中国工商银行规定超过承兑期日1个月持票人没有要求兑付的,承兑失效。支票付款期为5天(背书转让地区的转账支票付款期10天。从签发的次日算起,到期日遇法定假日顺延)。

(4)汇票和支票有三个基本当事人,即出票人、付款人、收款人;而本票只有出票人(付款人和出票人为同一个人)和收款人两个基本当事人。

(5)支票的出票人与付款人之间必须先有资金关系,才能签发支票;汇票的出票人与付款人之间不必先有资金关系;本票的出票人与付款人为同一个人,不存在所谓的资金关系。

(6)支票和本票的主债务人是出票人,而汇票的主债务人,在承兑前是出票人,在承兑后是承兑人。

(7)远期汇票需要承兑,支票一般为即期无需承兑,本票也无需承兑。

(8)汇票的出票人担保承兑付款,若另有承兑人,由承兑人担保付款;支票出票人担保支票付款;本票的出票人自负付款责任。

(9)支票、本票持有人只对出票人有追索权,而汇票持有人在票据的有效期内,对出票人、背书人、承兑人都有追索权。

(10)汇票有复本,而本票、支票则没有。

◆ 任务三 国际结算中的单据

单据是国际贸易中物权凭证和附属凭证的总称。国际贸易中进口商政府当局为了实行外汇管制、贸易管制、征收关税、抵制倾销、保障公共卫生和进口贸易统计等多方面需要,要求出口商提交各种证明文件,作为合同的一部分。这些单据按内容和性质分为物权凭证、运输凭证、保险凭证和检验凭证。

一、物权凭证

1. 商业发票

商业发票(commercial invoice),简称发票,是记账单据,也是卖方凭以向买方索取所提供的货物或服务价款的依据。

COMMERCIAL INVOICE
商业发票

(Please complete in English print)
(请用英文标准字体填写)

INTERNATIONAL AIR WAYBILL NO. 国际运单号	1234 5678 9011	(NOTE: All shipments must be accompanied by a FedEx international Air Waybill & two duplicate copies of C.I.) 请注意:所有货件必须附有FedEx国际运单及两份商业发票副本	
DATE OF EXPORTATION 发货日期	15-Aug-05	SHIPPER'S EXPORT REFERENCES 寄件人发货参考信息	Invoice No. I-30333
SHIPPER/EXPORTER 发货人 XXX Wong Happy Trading CN 10/F Aetna Tower, 107 Zun Yi Road Chang Ning District, Shanghai, China Tel 86-21-62750808		CONSIGNEE 收件人 XXX Chan Happy Trading USA 200 West Grand Ave, Woodstock, WI, 53000, USA Tel 608-333-4444 Fax 608-444-5555 EIN#12-3456789	
COUNTRY OF EXPORT 出口发货国家	China	IMPORTER - IF OTHER THAN CONSIGNEE 进口商 — 如不是收件人请填写此项	
REASON FOR EXPORT 出口原因	Trade Show		
COUNTRY OF ULTIMATE DESTINATION 出口目的地国家	USA		

COUNTRY OF ORIGIN 货品原产国	MARKS/ NO'S. 外装标识	NO. OF PKGS 件数	TYPE OF PACKAGING 包装类型	FULL DESCRIPTION OF GOODS 货品描述	HS CODE 物品税则编码	QTY. 数量	UNIT OF MEASURE 度量单位	WEIGHT 重量	UNIT VALUE 单位价值	TOTAL VALUE 总价值
Taiwan	As addressed	2	Cartons	Mens' Tennis Shoes Style # 1212 Upper - made of 100% Synthetic Leather Sole - made of Rubber and Plastics Size: 27 cm Color: White	123456789123	12	pairs	5 kg	RMB80/pair	RMB960

商业发票是全套单据的中心。其他单据如运输单据、保险单据、包装单等都是支持商业发票的货物而开立的。因此商业发票的作用体现在：

(1)是出口商装运货物并表明是否履约的总说明；

(2)便于进口商核对已发货物是否符合合同条款的规定；

(3)发票可以作为出口商和进口商记账的依据；

(4)在出口地和进口地发票作为报关缴税的计算依据；

(5)在不用汇票的情况下，发票可以替代汇票作为付款的依据。

商业发票通常应包括的资料如下：

(1)卖方名称和地址；

(2)发出日期；

(3)发票编号；

(4)买方名称和地址；

(5)订单或合同号码，货物数量和描述；

(6)装运唛头和号码；

(7)交货和付款条件；

(8)装运细节；

(9)信用证要求的其余资料。

2. 包装清单和重量单

包装清单(packing list)又称包装明细单，对花色繁多的贵重商品，卖方在每个包装件内附明细单据。列明该包装件内所装商品的花色和数量，以便买方清点和查对。但信用证规定向银行提供包装明细单，就并非一定要提供每个包装件的明细单，而只要提供内容与一般包装单相似的包装单据即可，不过其名称必须是包装明细单，以示单、证相符。

重量单(weight list/weigth note)是供进口商在目的港口核对货物以及海关检验之用。

包装清单和重量单所载明的内容必须与发票、提单等内容保持相符。

二、运输凭证

运输凭证也叫提单，是在货物装船后，由承运部门签发给出口商的收据。由于运输工具和运输线路不通，产生了海运提单、空运提单和邮包收据等。国际贸易以海洋运输为主。

（四）提单样式

Shipper NAN TONG HUAYANG CHEMICAL CORP. 4/6F RENMIN ROAD NAN TONG CHINA			COSCO 中国远洋运输公司 CHINA OCEAN SHIPPING COMPANY		B/L No.COS9912101	
Consignee TO ORDER OF JAPANESE INTERNATIONAL BANK LTD. YOKOHAMA BRANCH						
Notify Party WINNING CHEMICAL CO., LTD. 1204-6 SINCERE BLDG 84-86 CONNAUGHT ROAD YOKOHAMA, JAPAN			Combined Transport BILL OF LADING			

Pre-carriage by	Place of Receipt	Ocean Vessel	Voy. No. Port of Loading	Port of Discharge	Place of Delivery
YANXIN	NANTONG	MAYER	HONGKONG		YOKOHAMA

Container No.	Seal No. Marks & Nos	Number and Kind of Packages Description of Goods	Gross weight	Measurement
	T.E.I. YOKOHAMA NO. 20000	TALC IN POWDER 20000 KRAFT PAPER BAGS FREIGHT PREPAID	510000KGS	440CBM

TOTAL NUMBER OF CONTAINERS SAY TWENTY THOUSAND KRAFT PAPER BAGS ONLY.OR PACKAGES (IN WORDS)

FREIGHT &CHARGES	Revenue Tohs	Rate	Per	Prepaid	Collect
Ex. Rate.	Prepaid at	Payable at		Place and date of Issue NANTONG 99/12/10	
	Total Prepaid original B(s)/L THREE	No. of		Signed for the Carrier ×××	

LADEN ON BOARD THE VESSEL
Date 99/12/10   By ... ××× ...

1. 海运提单(marine/ocean bill of lading)的概念

海运提单是在海上运输(主要是班轮运输)方式下,由承运人或其代理人签发的,确认已经收到(或已装船)某种货物,并且承诺将其运到指定地点交与提单持有人的一种具有法律效力的证明文件。

2. 海运提单的当事人有托运人、承运人、收货人和被通知人

提单的托运人一般为信用证的受益人,即出口公司,除非信用证另有规定,托运人一栏应详细列明托运人的名称和地址,并且必须与信用证的规定完全一致。承运人一栏应明确、详细列明承运人的名称、地址和地点。收货人即提单的抬头人。这栏应严格根据信用证的要求正确填制,作成记名抬头,指示性抬头或空白抬头。

3. 海运提单主要内容

海运提单包括船名、装货港、卸货港、承运人、收货人、唛头、件数、货名、毛重、尺码、运费预付、运费到目的地收、运费托收、装船条款、承认接受条款和内容不知悉条款等。

4. 海运提单分类

按货物是否装船分为装运提单和备运提单;按运输方式分为直运提单和联运提单;按提单可否流通分为记名提单和不记名提单;按货物有无加注条款分为洁净提单和不洁净提单。

三、保险凭证

货物采用海运方式运送的大多运送时间长,距离远,在运程中往往会遇到不可预测的风险,为防止这类损失,可以向保险公司投保。

海洋运输货物保险一般可以分为平安险、水渍险和一切险。被保险货物遭受损失时,可以按照保险单列明条款索偿。

1. 平安险

(1)被保险货物在运输途中由于恶劣气候、雷电、海啸、地震、洪水自然灾害造成整批货物的全部损失或推定全损。当被保险人要求赔付推定全损时,须将受损货物及其权利委付给保险公司。被保险货物用驳船运往或运离海轮的,每一驳船所装的货物可视作一个整批。推定全损是指被保险货物的实际全损已经不可避免,或者恢复、修复受损货物以及运送货物到原订目的地的费用超过该目的地的货物价值。

(2)由于运输工具遭受搁浅、触礁、沉没、互撞、与流冰或其他物体碰撞以及失火、爆炸意外事故造成货物的全部或部分损失。

(3)在运输工具已经发生搁浅、触礁、沉没、焚毁意外事故的情况下,货物在此前后又在海上遭受恶劣气候、雷电、海啸等自然灾害所造成的部分损失。

(4)在装卸或转运时由于一件或数件整件货物落海造成的全部或部分损失。

(5)被保险人对遭受承保责任内危险的货物采取抢救、防止或减少货损的措施而支付的合理费用,但以不超过该批被救货物的保险金额为限。

(6)运输工具遭遇海难后,在避难港由于卸货所引起的损失以及在中途港、避难港由于卸货、存仓以及运送货物所产生的特别费用。

(7)共同海损的牺牲、分摊和救助费用。

(8)运输契约订有"船舶互撞责任"条款,根据该条款规定应由货方偿还船方的损失。

2. 水渍险

水渍险除包括上列平安险的各项责任外,本保险还负责被保险物由于恶劣气候、雷电、海

啸、地震、洪水自然灾害所造成的部分损失。

3. 一切险

一切险除包括上列平安险和水渍险的各项责任外,本保险还负责被保险货物在运输途中由于外来原因所致的全部或部分损失。

下列损失,不负赔偿责任:

(1)被保险人的故意行为或过失所造成的损失。

(2)属于发货人责任所引起的损失。

(3)在保险责任开始前,被保险货物已存在的品质不良或数量短差所造成的损失。

(4)被保险货物自然损耗、本质缺陷、特性以及市价跌落、运输延迟所引起的损失或费用。

(5)本公司海洋运输货物战争险条款和货物运输罢工险条款规定的责任范围和除外责任。

四、检验凭证

检验凭证是进出口商为了证明其收到或运出货物的品质、规格和数量要求,由当地检验机构对货物进行检验后,根据检验结果或鉴定结果所出具的证明文件。一般有以下几种:①品质检验证书;②重量检验证书;③产地检验证书;④兽医检验证书;⑤植物检验证书;⑥丈量检验证书。

模块二 国际结算方式

工作任务

> 任务一 传统国际结算方式
> 任务二 新兴国际结算方式

国际间的债权债务关系清偿可以通过一定的结算工具来实现。在使用这些结算工具结清债权债务关系是所采用的具体方法称为结算方式。传统的国际结算方式有汇款、托收和信用证。三者虽都通过银行来办理,但又各不相同。目前,国际上普遍采用的结算方式是信用证以及保付代理业务。

◆ 任务一 传统国际结算方式

一、汇款

汇款(remittance)又称汇付,指付款人(进口商、买方、债务人)将款项交由银行,通过银行在国外的联行或代理行汇交收款人(出口商、卖方、债权人)的一种结算方式。

在汇款业务中,付款人将款项交由当地的银行,委托其将款项付给收款人,当地银行接受委托后,再委托收款人所在地的代理行,请其将款项付给收款人。

1. **汇款结算方式中的当事人**

汇款结算方式一般涉及四个主要当事人:

(1)汇款人(remitter):将现金交银行申请汇款的人或被借记的客户。

(2)汇出行(issuing bank):发出付款授权书(payment order,PO)的银行,即受汇款人委托而汇出款项的银行,一般是汇款人所在地或进口地银行。

(3)汇入行或解付行(paying bank):接受汇出行委托,向收款人解付款项的银行。汇入行往往是收款人所在地或出口方银行,必须是汇出行联行或代理行。

(4)收款人(beneficiary):收取现金或被贷记的客户,通常是出口方或债权人,但也可以是汇款人本身。

除上述四个主要当事人外,有时还会涉及转汇行(intermediary bank):即汇出行与解付行之间没有往来账户,汇出行就要找双方的共同账户行,即"中心账户行"转汇,称为转汇行。

2. 汇款结算方式的种类

按照汇款使用工具的不同可以将汇款分为电汇、信汇和票汇。

(1)信汇(M/T, mail transfer)。信汇是汇出行应汇款人的申请,将信汇委托书通过航空信函的方式邮寄给汇入银行,授权解付一定金额给收款人的一种汇款方式。信汇方式流转程序:

①汇款人填写汇款申请书,交款付费给汇出行,申请书上说明使用信汇方式。

②汇款人取得信汇回执。

③汇出行根据申请书制作信汇委托书或支付委托书,经过两人双签,邮寄汇入行。

④汇入行收到信汇委托书或支付委托书后,核对签字无误,将信汇委托书的第二联信汇通知书及第三联、第四联收据正副本一并通知收款人。

⑤收款人凭收据取款。

⑥汇入行借记汇出行账户,取出头寸,解付汇款给收款人。

⑦汇入行将借记通知书寄汇出行,通知它汇款解付完毕,资金从债务人流向债权人,完成一笔信汇汇款。

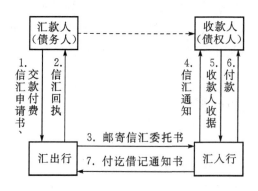

(2)电汇(T/T ,telegraphic transfer)。电汇业务是汇出行应汇款人的申请,以加押电报、电传或SWIFT形式通知汇入行,委托其把款项付给收款人的一种汇款方式。电汇方式流转程序:

①汇款人填写汇款申请书,交款付费给汇出行,申请书上说明使用电汇方式。

②汇款人取得电汇回执。
③汇出行发出加押电报或电传给汇入行,委托汇入行解付汇款给收款人。
④汇入行收到电报或电传,核对密押无误后,缮制电汇通知书,通知收款人收款。
⑤收款人收到通知书后在收据联上盖章,交汇入行。
⑥汇入行借记汇出行账户,取出头寸,解付汇款给收款人。
⑦汇入行将付讫借记通知书寄给汇出行,通知它汇款解付完毕,资金从债务人流向债权人,完成一笔电汇汇款。

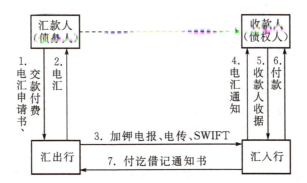

(3)票汇(D/D, demand draft)。票汇业务是汇出行应汇款人的要求,开立一张有指定付款行(一般为联行和账户行)的银行即期汇票给汇款人,由汇款人自己设法交给收款人,凭其领取款项的汇款方式。票汇业务的流程:
①汇款人填写汇款申请书,交款付费给汇出行,申请书上说明使用票汇方式。
②汇出行作为出票行,开立银行即期汇票交给汇款人。
③汇款人将汇票寄给收款人。
④汇出行将汇款通知书(又称票根)寄汇入行,凭此与收款人提交的汇票正本核对。
⑤收款人提示银行即期汇票给汇入行要求付款。
⑥汇入行借记汇出行账户,取出头寸,凭票解付汇款给收款人。
⑦汇入行将借记通知书寄汇出行,通知它汇款解付完毕。

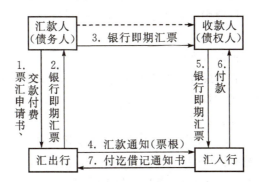

(4)信汇、电汇、票汇三种方式的比较。信汇、电汇与票汇三种方式在结算工具、汇款成本、安全性以及汇款速度方面有所不同:
①不同的结算工具。电汇使用电报、电传或SWIFT,用密押证实;信汇使用信汇委托书或

支付授权书,用印鉴或签字证实;票汇使用银行汇票,用印鉴或签字证实。

②汇款人成本不同。电汇的成本最高;信汇和票汇成本较低,其中票汇的成本最低。

③安全性不同。电汇大多使用银行间直接通讯,减少了中间环节,安全性高;信汇必须通过银行和邮政系统实现,信汇委托书有可能在邮寄途中遗失或延误,不能及时收到汇款,因此其安全性低于电汇;票汇虽有灵活的特点,却有丢失或损坏的风险,背书转让带来一系列的债权债务关系,容易使当事人陷入汇票纠纷,汇票遗失后挂失或上传的手续比较麻烦。

④汇款速度不同。电汇在银行的优先级别高,一般当天处理,因此汇款速度最快;信汇方式由于资金在途时间长,操作手续多,因此,有些银行已很少使用信汇;票汇结算时间可长可短,取决于持票人的意愿。

3. 汇款结算方式在国际贸易中的应用

汇款结算方式按汇付货款与装运货物先后的不同,可分为预付货款和货到付款两种类型。

(1)预付货款(payment in advance),又称先结后出,是指出口商要求进口商将预付的若干或全部货款,通过银行汇交出口商后,才装运货物的一种汇款结算方式。

预付货款的方式一般只适用于少数国际市场急需的、进口商得到货后能取得较高利润的畅销商品的出口。

这种方式对进口商不利,因为预付货款要占压进口商的资金,而且进口商还要负担出口商不按合同规定装运货物的风险。为保障权益,进口商有时规定解付条件,或要求提供银行保证书,保证收款人如期履行交货、交单义务,否则退还已收货款,并加付利息。

(2)货到付款(payment after arrival of goods),又称先出后结,是指出口商先发货,而后进口商付款的一种汇款结算方式。其实质是一种赊账交易,它具有延期付款(deferred payment)的性质。货到付款其实是一种赊账交易(sold on credit),有时还可称为记账赊销(open account,O/A)。

与预付货款方式相反,货到付款会对进口商有利,不利于出口商,主要体现在资金占用和风险承担两方面。

在货到付款方式下,出口商资金占用时间既包括货物在途时间又包括资金在途时间。如果进口商收到货物后未能立即付款,则出口商的资金占用时间则会更长。而进口商则无偿或只承担较低的利息费用即可占用出口商资金。另外,出口商还要承担货到后进口商不付款或不按时付足款的风险。而进口商则比较主动,如果收到的货物不符合合同规定,他可不付或少付货款。

货到付款又分售定和寄售两种方式:

①售定(sold out/up),是指买卖双方成交条件已洽妥,在进口商收到货物后,再通过银行将货款汇交出口商。售定方式的特点是其售价是确定的,买方付款时间通常是货到即付或货到后一个月付款,所以付款时间也是确定的。

②寄售(sold on consignment),是指出口商先将货物运到国外,委托国外商人在当地市场代为销售,货物售出后,被委托人(代售人)将货款扣除佣金和其他费用后汇交出口商的方式。寄售方式有如下特点:a. 在寄售方式下,寄售双方是委托关系而不是买卖关系;b. 寄售方式下,货物价格和货款收回时间都是不确定的;c. 寄售货物在出售前物权属于委托人;d. 对出口商而言,寄售方式是最为不利的,一般只用于新产品或滞销货的出口,或用于开拓新市场。

二、托收

托收是出口商在发运货物后开立汇票,连同全套货运单据,委托出口地银行通过其海外联行或代理行向国外进口商收取货款的结算方式。在托收结算过程中,资金的传递方向与货权的传递方向是相反的,因此托收属于逆汇法,是出口商或债权人向进口商或债务人的催收,这点与汇款是不同的。

1. 托收业务的当事人

(1)委托人(consignor/principal),是委托一家银行办理托收业务的当事人。在国际贸易活动当中,出口商(exporter)或卖方(seller)充当委托人的角色,委托人需填写托收申请书、并连同托收跟单汇票一并交给银行委托托收。

(2)托收行(remitting bank),是接受委托人的委托,转委国外银行代为收款的出口地银行。

由于托收行需将托收汇票和单据发送给代收行并委托其收款,因此也称作寄单行和委托行。在托收业务当中,托收行将开出托收指示(collection advice),委托代收行代为收款。

(3)代收行(collecting bank),是接受托收银行的委托,代向付款人收款的进口地银行,它是托收汇票的被背书人或收款人,也叫受托行。

(4)付款人(drawee),是进口商(importer)、买方(seller),是指在委托人提供合格单据的情况下,根据合同规定付款的人,也叫受票人(drawee)。

2. 托收业务基本程序

(1)委托人(出口商)按合同规定向付款人(进口商)发货。

(2)委托人备齐单据、开立汇票,向托收行(出口地银行)发出委托申请书,委托其代为收款。

(3)托收行接受委托后,再向代收行(进口地银行)寄出托收指示和跟单汇票,委托其代为收款。

(4)代收行(或提示行)向付款人(进口商)提示单据、汇票,要求其付款(或承兑)。

(5)付款人(进口商)验单、付款或承兑汇票后,取得货运单据并凭单提货。

(6)代收行收款后根据托收行的指示汇出货款,通常是贷记托收账户后,向托收行发出收妥贷记通知。

(7)托收行收款后将款项付给委托人(出口商)。

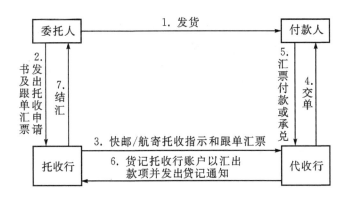

3. 托收结算方式的种类

按照是否附带货运单据,托收可分为跟单托收和光票托收。

光票托收(clean bill for collection):光票托收是指汇票不附带单据的托收。汇票仅附非货运单据(如发票、垫款清单)的托收,也属光票托收。

跟单托收(documentary bill for collection):跟单托收是附带有商业单据的托收,在跟单托收的情况下,委托人将汇票连同货运单据(主要是代表货物所有权的提单、保险单)一起交给银行的委托代收。跟单托收可以带汇票,也可以不带汇票。

国际贸易中货款的托收大多采用跟单托收。根据交单条件不同,跟单托收可分为付款交单和承兑交单两种。

(1)付款交单(documents against payment,D/P),是指代收行以进口商的付款为条件向进口商交单。付款交单对于出口商的好处在于,由于交付货运单据是在付清货款之后,如果汇票遭拒付,代表货物所有权的货运单据仍在代收行手中,出口商仍对货物有支配权,故风险较小。

按付款时间的不同,付款交单可分为三种方式:

①即期付款交单(D/P at sight):卖方开具即期汇票并通过银行向买方提示,买方见票后即需马上付款,并在付清款项后才能领取单据。这种方式也称为"凭单据现付"。

②见票远期付款交单(D/P at ······ days after sight):卖方开具远期汇票,比如:60天远期汇票。代收行把此汇票向买方提示,买方见票后仅须"承兑"此票。"承兑汇票"这一术语的含义是买方作出承诺在见票日后60天保证付款。汇票一到期,买方向代收行支付货款,后者向其交付单据。

(2)承兑交单 D/A (document against acceptance),在承兑交单条件下,代收行只凭付款人对远期跟单汇票履行承兑手续后(即在汇票上写明"承兑"字样,注明承兑日期或加上到期日并签字),即可将货运单据交给付款人,而不必等到付清货款之后。

承兑交单项下,只使用远期汇票,其汇票的付款到期日的计算又分为:①出票后若干天(D/A at ···days after date);②见票后若干天(D/A at ···days after sight);③发货后若干天(D/A at ···days after B/L date)。

三、信用证

信用证(letter of credit,L/C)是开证行根据申请人(一般是进口商)的要求,向受益人(一般是出口商)开立的一种有条件的书面付款保证。

```
                    交通银行
                    BANK OF COMMUNICATIONS

Address: No.174 Wen Hua                          Tel: 086-0335-3036729
Road(N) QinHuangDao, China      秦皇岛分行         Telex: 271054
地址：中国秦皇岛市文化北路174    QINHUANGDAO BRANCH  Fax: 086-0335-3021357
号                                               Swift: COMMCNSHQHD

                ADVICE OF LETTER OF CREDIT
```

致(TO):	我行编号(OUR REF NO):	LAE6801200300107
CHINA YAOHUA GLASS GROUP CORP.	通知日期(DATE):	2003年12月29日
开证行(ISSUING BANK):	信用证号码(CREDIT NO.):	MD1G3312NS00324
HANVIT BANK1-203, HOEHYON DONG, CHUNG-GU, SEOUL, KOREA MAILING ADDR.:CPO BOX 126, SEOUL, KOREA	开证日期(ISSUING DATE):	2003年12月26日
	信用证金额(AMOUNT):	USD 41212.51

转让行(TRANSFERRING BANK):

转递行(TRANSMITTING BANK):

径启者：
　　欣告贵司，我行从上述开证行/转让行/转递行收到一张以贵司为受益人的其真实性已经证实的 SWIFT/TELEX 开立的信用证文件如下所示：

(Dear sirs:
We take a pleasure in notifying you that we have received an   authenticated   SWIFT/TELEX
L/C message in your favor from a/m opening bank/transferring bank/transmitting bank as follows:)

(●)一张不可撤销跟单信用证(An Irrevocable L/C)

(●)根据信用证规定，我行相关通知费用 USD 24.00 或者等值人民币 ￥200.00 元由贵司承担。
(As per stipulation of the L/C, our bank's advising commission USD 24.00 or
CNY ￥200.00 is for your a/c.)

要　项(important)
如贵司发现该证中有任何条款难以接受，请径与开证申请人联系以便及时修改，避免单据提示时可能发生的问题。
(If you find terms and conditions which you are unable to comply with in this L/C, please directly contact applicant in order to make timely amendment and avoid any difficulties which may arise when documents are presented.)

1. 信用证当事人

信用证结算方式有三个基本当事人：申请人、开证行和受益人，此外还有四个从属关系人：通知行、保兑行、议付行和偿付行。

(1)开证行(issuing bank)，应开证申请人要求，开出信用证的银行。

(2)受益人(beneficiary)，开证行在所开立的信用证中指明由其接受信用证，凭以发货、交单、取款的出口商。

(3)保兑行(confirming bank)，第三家银行应开证行要求在不可撤销信用证上加具保兑的银行。

(4)通知行(advising bank)是开证行的代理人，一般为出口商所在地银行。

(5)议付行(negotiating bank)是按照信用证的规定对单据进行审核相符后，向受益人垫款或买入受益人汇票和单据的银行。

(6)付款行(paying bank)是信用证中规定的汇票付款人。

(7)偿付行(reimbursing bank)是开证行指定的对议付行和付款行进行偿付的代理人。仅是开证行的出纳机构,不审核单据,在议付行索偿时,无条件付款。

2. 信用证业务流程

(1)进出口商签订国际贸易合同；

(2)开证申请人申请开立信用证；

(3)开证行开出信用证；

(4)通知行向受益人通知信用证；

(5)受益人审证、发货、制单；

(6)受益人交单；

(7)出口地银行审单付款；

(8)付款或垫付银行寄单索汇；

(9)开证行审单付款；

(10)开证行通知开证申请人备款赎单；

(11)开证申请人付款赎单；

(12)开证行交单；

(13)开证申请人凭单提货。

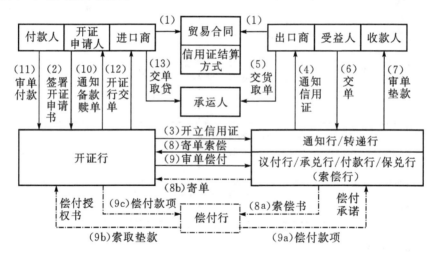

3. 信用证内容

信用证的内容无统一规定,每一份的条款内容及措辞可能各不相同,但基本内容大致包括：

(1)关于信用证本身的项目：①信用证的形式(form of credit)；②信用证的号码和开证日期(L/C NO. & issuing date)；③受益人(beneficiary)；④开证申请人(applicant)；⑤信用证金额(amount)；⑥有效期限(terms of validity 或 expiry date)；⑦生效地点。

(2)关于汇票(draft)的项目：①出票人(drawer)；②付款人(drawee、payer)；③收款人(payee)；④出票条款(drawn clauses)；⑤出票日期(date of drawn)；⑥汇票期限(tenor)。

(3)关于单据的项目：①商业发票(commercial invoice)；②运输单据(transport documents)；③保险单据(insurance policy)；④还包括卖方提供的商检证、产地证、包装单据等。

(4)关于商品的描述(description of goods):一般包括货名(names)、数量(quantity)、单价(unit price)以及包装(packing)、唛头(marks)、价格条件(price terms)、合同号码(contract no.)等最主要的内容。

(5)关于运输的项目:①装运港或起运地（port of loading or shipment from）;②卸货港或目的港（port of discharge or destination）;③装运期限（time of shipment）;④可否分批装运（partial shipment allowed or not allowed）;⑤可否转运（transshipment allowed or not allowed）;⑥运输方式（mode of shipment）。

(6)其他事项(other clauses)。

4. 信用证种类

(1)按银行的责任分类:

①可撤销信用证与不可撤销信用证。

可撤销信用证(revocable L/C)是指开证行在开证之后,无需事先征得受益人同意就有权修改条款或者撤销的信用证。这种信用证对于受益人来说是缺乏保障的。

不可撤销信用证(irrevocable L/C)是指未经开证行、保兑行(如果有的话)以及受益人同意,既不能修改也不能撤销的信用证。这种信用证对于受益人来说是比较可靠的。

②保兑信用证与不保兑信用证。

保兑信用证(confirmed L/C)是指开证行开出的信用证经另一银行加以保兑,保证兑付受益人所开具的汇票。对信用证加具保兑的银行就称为保兑行(confirming bank)。

无保兑信用证(unconfirmed L/C)是指未在信用证中注明"保兑信用证"(confirmed credit)字样的信用证。即便开证行要求另一家银行加保,如果该银行不愿意在信用证上加具保兑,则被通知的信用证仍然只是一份未加保兑的不可撤销信用证。

(2)按信用证下指定银行的付款方式分类:

①付款信用证(payment L/C)是指卖方向信用证规定的被授权付款银行提交符合信用证规定的单据时,付款银行立即给予付款的信用证。根据被授权付款银行的付款时间,又可分为即期付款信用证和延期付款信用证。

②承兑信用证(acceptance L/C)是指在信用证中规定开证行授权受益人开立以开证行为付款人或以其指定的其他银行为付款人的远期汇票,在银行审单无误后,承担承兑汇票并于到期日付款的信用证。

③议付信用证(negotiation L/C)是指开证行指定某一银行议付或任何银行均可议付的信用证。议付信用证一般都要求汇票,汇票付款人必须是议付行以外的当事人,如开证行、保兑行等。

(3)根据受益人使用信用证的权利能否转让分类:

①可转让信用证(transferable L/C)是指特别注明"可转让 transferable"字样的信用证。可转让信用证可应受益人(第一受益人)的要求转为全部或部分由另一受益人(第二受益人)兑用。

②不可转让信用证(non-transferable L/C)是指信用证的受益人不能将信用证的权利转让 给他人的信用证。

(4)根据信用证能否循环使用分类:

①循环信用证(revolving L/C)是指受益人在一定时间使用规定的信用证金额后,能够恢

复再度使用其金额,周而复始,直至使用到规定的次数和金额为止。

②非循环信用证(non-revolving letter of credit)是指信用证所列金额不可循环使用的信用证。在实务中,一般的信用证都是此类。若未注明信用证为循环信用证,则为非循环信用证。

◆ 任务二 新兴国际结算方式

传统国际结算方式只能减小进出口商之间为清偿债权债务关系而引起的货币收付的外在风险,却不能解决由于汇率变动而引起的内在风险。在此之后出现的,出口商以商业信用出口商品,在货物装船后立即将发票、汇票、提单等相关单据,卖断给从事承购应收账款业务的财务公司或专门组织,收进全部或部分款项,取得资金融通的保付代理业务很好地解决了这一难题。

一、保付代理业务程序

(1)出口商在以商业信用出卖商品的交易磋商过程中,首先将进口商的名称及有关交易情况报告给本国保理公司,再由其通知进口保理商。

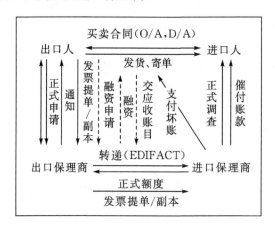

(2)进口地的保理商对进口商的资信进行调查,并将调查结果和建议向进口商提供的信贷额度告知出口方的保理公司。

(3)出口商装运后,把有关单据出售给出口保理商。

(4)出口保理商再将这些单据寄送进口保理商。

(5)出口保理商按汇票(或发票)金额扣除利息和保理费用后,在规定期限内将货款支付给出口商。

(6)进口保理商负责向进口商催收货款。

(7)进口保理商将收到的货款在扣除一定的费用后转交给出口保理商。

二、保付代理业务种类

按照出口商卖出单据后能否立即得到贷款,可以将保理业务分为两类。

1. 到期保付代理

出口商将出口单据出售给保理机构,在票据到期日无追索权地向出口商支付货款。

2. 标准保付代理

出口商装运货物取得单据后,立即将单据卖断给保理机构,取得现金。

模块三　国际结算中的风险管理

工作任务

> 任务一　票据结算存在的风险及防范
> 任务二　汇款、托收结算存在的风险及防范
> 任务三　信用证结算存在的风险及防范
> 任务四　保付代理结算存在的风险及防范

国际结算是通过两国银行办理的由贸易或非贸易引起的债权债务的清偿。结算过程存在多重风险，这些风险涉及结算工具和结算方式的选择，若选择不慎，将引起不可估量的经济损失，因此相关出口企业和银行有必要加强对国际结算的风险管理。

◆ 任务一　票据结算存在的风险及防范

票据是国际结算的重要支付凭证，票据当中使用最广泛的是汇票。许多国际结算方式都是汇票基础上发展起来的。票据结算中存在的风险主要是票据伪造、变造。是指假借他人名义而签发票据、无票据记载事项变更权限的人变更票据记载事项的行为，例如，伪造出票人签名，伪造他人印章，或盗用他人真正的印章后而签发票据等，都属于票据的伪造行为。

因此，在票据结算中应注意：

(1)对于资信不好的客户交来的票据要仔细审查，了解票据的来源和用途，有疑问的要确认后再处理。

(2)对于票据表面的真实性进行认真审核，如签字、印章是否规范，金额、日期、收款人是否被涂改，期限是否过期，流通区域有无限制，是否已被挂失、注销等。对于金额较大的票据要查出票银行，核实其真实性。

(3)企业在收到国外票据时，应及时交银行审验或托收票款。

◆ 任务二　汇款、托收结算存在的风险及防范

汇款、托收业务由于通过银行来完成资金的划拨，其速度快，手续简单而被广泛使用。汇款业务中预付货款不利于出口商，因此出口商为保障自身权益，可以规定银行解付汇款的条件，要求出口商取款时，出具银行保函等，由银行担保出口商如期履行交货交单义务，否则退还预付款项，并加付利息；货到付款则不利于出口商，因此要特别注重对方的资信和经营能力，根据市场需要选择寄售和售定。

托收业务中付款和交单方式发生了改变，安全性相对提高，但其结算基础仍然是商业信用。由于托收业务要求出口商先发货，所以出口商风险相对要比进口商大。因此在通常使用的跟单托收业务中，出口商为避免或减少风险，应加强对进口商资信的调查，掌控好授信额度，选择合理的交单条件、价格条款、代收行，了解进口国家的有关规定，注意办理保险等。

任务三 信用证结算存在的风险及防范

信用证业务当中,信用证的开证行承担第一性付款责任,能保证买卖双方利益且安全迅速,因此得到各国商家广泛采用。在国际结算业务中使用量大问题也就最多。进出口双方都有可能面临如伪造信用证、不按合同开立信用证、设置信用证"陷阱"、附带"软条款"、倒签提单等问题。

采用信用证结算要注意深入了解对方资信,可通过驻外使馆、驻外机构和一些大的银行机构来进行。信用证的开证行责任重大,要加强对开证行资信调查,如有必要可以要求另外一家银行对开证行开立的信用证进行保兑。认真订立买卖合同,并在买卖合同中规定信用证具体内容。在收到信用证后,认真审查信用证内容,确保信用证与单据、合同、货物保持一致,无"陷阱"、"软条款"等。发货时严格缮制单据。

任务四 保付代理结算存在的风险及防范

保付代理中出口商应慎重选择客户,掌握出口信用额度,对于大笔交易,可委托咨询机构进行调查。进出口双方也必须认真制定符合国际惯例的贸易合同,在合同中列明货名、规格、数量、包装、品质及交货时间等详细情况,指定检验机构。保付代理机构要严格审核贸易合同,了解贸易背景,加强与各方的联系和协作,双保付代理机构的要发挥整体优势,打击和制止诈骗行为,促进双方贸易顺利进行。

 实训课业

一、实训项目

国际计算中术语的使用。

【实训内容】

组别	国际号码	中文名称	适用的运输方式
E 组:启运术语	EXW	工厂交货	任何运输方式
F 组:主要运费未付	FCA	货交承运人	任何运输方式
	FAS	船边交货	海运及内河运输
	FOB	装运港船上交货	海运及内河运输
C 组:主要运费已付	CFR	成本加运费	海运及内河运输
	CIF	成本加保险费、运费	海运及内河运输
	CPT	运费付至	任何运输方式
	CIP	运费、保险费付至	任何运输方式
D 组:到达术语	DAF	边境交货	任何运输方式
	DES	目的港船上交货	海运及内河运输
	DEQ	目的港码头交货	海运及内河运输
	DDU	未完税交货	任何运输方式
	DDP	完税后交货	任何运输方式

【实训要求】
1. 熟悉上述表格中的术语。
2. 在实际工作中,能熟练使用国际代码。

项目七　国际货币体系

项目阐释

本项目通过对国际货币体系的讲解,以及相关案例分析介绍,使学生熟悉金本位国际货币制度、布雷顿森林体系、牙买加体系的历史沿革,了解国际货币体系的改革。

能力目标

◇ 了解国际货币体系的含义及其演变
◇ 认识金本位国际货币制度的内容、特点和作用
◇ 掌握布雷顿森林体系的内容、特点和作用
◇ 熟悉现行国际货币体系
◇ 了解国际货币体系的改革

项目分解

模块一　国际货币体系概述
模块二　国际金本位制度
模块三　布雷顿森林体系
模块四　牙买加体系
模块五　国际货币体系的改革

模块一　国际货币体系概述

工作任务

任务一　认识国际货币体系
任务二　国际货币体系的演变

案例导入

周小川：关于改革国际货币体系的思考

2009年3月末，中国央行行长周小川连续两天在央行官方网站发表文章，倡议将IMF（国际货币基金组织）的特别提款权（SDRs），发展为超主权储备货币，并逐步替换现有储备货币即美元。这一观点得到了俄罗斯等其他金砖四国的支持，同时欧盟也向美元施压，提出打破国际货币旧体系的建议。

美国学者自己的统计表明，到金融危机爆发前的2007年，把美国政府对国民的社保欠账等所有隐形债务加一起，实际债务总额达53万亿美元。当年的全球GDP不过54.3万亿美元。这就是说，全世界人民辛辛苦苦干了一年，刚够美国一个国家还债的。

全世界的贸易、流通、国际储备都需要美元，百分之八十的金融、商品市场的计价工具使用美元。而美元在本质上，不过是美国联邦储备局对外发行的债券。

债券之所以能要多少印多少，其背后是以美国政府的信用为基础。也就是说，全世界之所以相信美元是"硬通货"，本质上是因为相信美国政府具有偿还能力。这样，美国向世界输出美元纸币，世界向美国供应资源和产品。而其他国家为了美元储备的保值增值，又不得不去购买美国债券或其他所谓安全的美元资产——从而使美元回流到美国。这些回流资金不但支撑了美国普通人的福利，也为美国商人提供了足够多拓宽市场的资本。当然，更重要的是为美国每年几千亿美元的军事赤字融资。

正如美国海军学院一位教授曾说的："我们只用很少的纸币（美元）去交换亚洲地区丰富的产品和服务，这一切并不公平。因此，当我们送去这些纸币时，我们必须要提供真正有价值的产品。"

◆ 任务一 认识国际货币体系

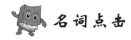

国际货币体系（international monetary system，IMS）又称国际货币制度，是指在国际范围内确立的得到多国承认的规范与支配国际货币运行的统一规则或制度。

国际货币体系是规范国家间货币行为的准则，是在世界范围内需要各国共同遵守的货币制度。国际货币体系包括三个层次：①国际汇率制度，主要有金本位制、固定汇率制和浮动汇率制；②国际收支和储备；③国别经济政策。

一般情况下，国际货币体系的内容一般包括以下四个方面：

1. 确定关键货币作为国际货币

关键货币是在国际货币体系中充当基础性价值交换工具的货币，它是国际货币体系的基础要素。一国对外收支不能使用本国的货币，而必须使用各国普遍接受的货币，即自由兑换货币。只有确定了关键货币，才能进而确定各国货币之间的汇率、汇率的调整以及国际储备构成等。因此，确定关键货币是构成国际货币体系的一项重要内容。

2. 确定各国货币之间的汇率和汇率制度安排

在国际货币体系中，要使关键货币维持其贸易清算支付手段以及国际货币的地位，就必须确定各国货币之间的汇率和汇率制度安排。这样可以保证关键货币币值的稳定，使其更好的流通。而这又取决于两个方面：一是关键货币与其价值基础间的联系，即关键货币赖以流通的物质保证；二是各国货币与关键货币汇率的波动幅度。

因此，有关汇率和汇率制度的安排便构成了国际货币体系的基本内容。国际货币体系必须对各国货币汇率的确定、汇率波动的范围与调整措施等问题作出安排。

3. 确定国际收支的调节机制

国际收支是一国对外经济交易及其结果的系统记录。国际货币体系应确定国际收支的调节机制，帮助和促进国际收支出现不平衡的国家进行调节，并使各国在国际范围内公平合理地承担国际收支的调节责任。保证各国经济平衡发展和世界经济的稳定，是国际货币体系的重要内容和重要任务。如果国际收支调节机制不健全或失灵，整个国际货币体系就会失去健康运行的基础。

4. 确定国际储备资产

为了满足进行国际支付和维持汇率稳定的需要，一国必须保存一定数量的为各国普遍接受的国际储备资产。因此，确定国际储备资产及其供应方式也是国际货币体系的重要内容。

此外，国际货币体系对货币的可兑换性、黄金外汇转移的自由性以及债权和债务清偿的原则等有关问题也作出了相应的规定。

◆ 任务二 国际货币体系的演变

一、国际货币体系发展的三个阶段

国际货币体系经过数百年的变革，经历几次大的演变，才发展到现在的格局。按时间顺序可以把国际货币体系的发展分为三个阶段，如表 7-1 所示。

表 7-1 国际货币体系演变表

国际货币体系		时间	代表性国家	主要特征
国际金本位制	金币本位制	1880—1914 年	英国	汇率稳定，黄金物价流动机制
	金块本位制与金汇兑本位制	1918—1939 年	美国、英国、法国及其他国家	英镑区、法郎区、美元区等货币集团
布雷顿森林体系		1944—1973 年	以美国为中心	美元与黄金挂钩
牙买加体系		1976 年至今	美国的中心地位有所下降	国际储备多元化和浮动汇率制

1. 国际金本位制时期

最早出现的国际货币体系是国际金本位制，它是在各国实行金本位制的基础上形成的。一般认为，国际金本位制开始于 1880 年，那时欧美一些主要国家都实行了金本位制。1914 年第一次世界大战爆发，各参战国均实行黄金禁运和纸币停止兑换黄金政策，致使金本位制遭到严重破坏。

第一次世界大战后，各国虽然采取了各种措施，力图恢复金本位制，但只建立了残缺不全的金本位制：金块本位制和金汇兑本位制。1929—1933 年的世界经济危机使国际货币关系陷入混乱,金块本位制和金汇兑本位制也相继垮台,国际金本位制彻底崩溃。

2. 布雷顿森林体系时期

1944 年 7 月,44 个国家的代表聚集在美国新罕不什尔州的布雷顿森林,建立了布雷顿森林体系。布雷顿森林体系的核心是黄金—美元本位制。它的汇率制度是一种固定的或盯住的汇率制度,如果经济形式的发展确实需要汇率变动,那么汇率将被允许进行变动,但必须在一定的幅度内。因此,这种汇率有称为可调整的盯住汇率制。

布雷顿森林体系在国际货币体系发展史上占有重要地位。第二次世界大战后世界经济的重建,实际上是以布雷顿森林体系的建立为开端的。它为第二次世界大战后国际经济关系的发展提供了稳定的货币环境。布雷顿森林体系运行了 20 多年之后,随着各国经济实力的不断变化,美国黄金储备的大量流失,美元的币值下降,逐步走向瓦解。1971 年 8 月,尼克松总统宣布美元不可兑换,宣告以固定汇率制和货币可兑换为特征的布雷顿森林体系时代结束。1973 年 3 月,美元第二次贬值,世界主要国家的货币汇率开始浮动,标志着布雷顿森林体系彻底崩溃。

3. 牙买加体系时期

牙买加体系时期从 1976 年 1 月国际货币基金组织临时委员会的《牙买加协议》正式订立开始至今,该体系的中心是国际储备多元化和浮动汇率制。在这一时期,汇率并非仅由自由市场的供需力量决定,有时政府的干预手段也起很大的作用。国际社会有人把这一时期称为无制度的时代,主要是因为在牙买加体系下,各国可自由地选择汇率制度;但也有的经济学家认为事实并非完全如此,这一时期实际上是有体系、有秩序的,因为在这一时期,国际货币体系仍受到一定的国际制约和监督。

二、国际货币体系发展的原因

纵观国际货币体系的发展,其演变更替的最根本的原因,主要可以归结为两个方面:

1. 国际生产关系的性质及其发展状况

这是国际货币体系演变的基础。譬如说,国际金本位制同自由资本主义相适应。当时,资产阶级为了扩大世界市场而奔走全球各地,这客观上要求有一个自由而稳定的国际货币体系,这样,国际金本位制就应运而生了。

2. 世界经济发展的不平衡

这是国际货币体系演变的直接原因。在国际货币体系发展的每一个历史时期,基本上都有个别国家居于中心地位。国际金本位制时期是英国,布雷顿森林体系时期是美国,牙买加体系时期是美、日、欧群雄并起。

模块二　国际金本位制度

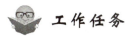 工作任务

| 任务一 | 认识国际金本位制度 |
| 任务二 | 国际金本位制度的崩溃 |

任务一　认识国际金本位制度

一、国际金本位制度的形成

金本位制是以一定的成色及重量的黄金作为本位货币的制度,黄金是货币制度的主题。国际金本位制(international gold standard system)是建立在世界各国普遍在国内实行了金本位制的基础上的。如果一个国家立法规定,它的主要银行和金融机构有义务按一个固定价格,及法定评价,兑换或回购其金融负债,它就是实行了金本位制,这个法定评价表示该国货币单位换算成特定数量黄金的价值。

在17世纪至19世纪中叶,世界上大多数国家都采用银本位制或金银复本位制。随着世界经济发展,国际复本位制出现危机,表现为金银固定比价难于维持:一方面在于金银生产率及供给量发生偏差,总的发展趋势是黄金供给相对稳定而白银供给增长较快,于是出现"劣币驱逐良币"的现象,铸币厂大量铸造银币,金币不断退出流通领域,在此过程中,各国不断调整金银比价,引起黄金向黄金比价偏高的国家转移;另一方面,国际贸易的发展对于国际货币提出了更高的要求,最终导致国际金本位制的建立。

英国是世界上最早取消金银复位制的国家。在1696年实行"硬币大量铸"时,铸币厂规定的金银比价偏高,导致其他国家的黄金大量流入英国。因此,英国在1717年便只用黄金固定英镑的价格。但是,直到1798年英国才颁布限制铸币铸造的法令。1819年英国取消金币融化的限制及黄金出口的限制,并实行银行券对黄金的自由兑换。人们通常认为,这是英国真正建立起黄金本位制的标志。

其他国家采用金位制的时间比英国晚得多。1865年欧洲大陆一些国家成立拉丁货币同盟,其初衷是通过统一银币纯度来推广银本位制。此后,电解炼银法的发明作用显著,降低了白银的生产成本,当白银对黄金的比价下降1/4之后,拉丁美洲同盟国家不得不在1878年停止铸造银币,欧洲从此转入金本位制。美国在1873年停止银币自由制造,从世界范围来看,1880年可看作是国际复位制与国际金本位制的分界线。

二、国际金本位制度的特点

1880—1913年是国际金本位制的黄金时代。从世界角度来看,国际金本位制的特点是:

(1)各国货币以黄金为基础保持固定比价关系,即以铸币评价为中心的比价关系,汇率波动幅度以黄金输送点为界。

(2)实行多边的国际结算制度,政府不对国际支付实行直接管制。

(3)国际收支主要依靠市场机制自发调节。

(4)黄金作为主要的国际储备资产。

(5)这种国际货币制度是在市场机制自发作用下逐渐形成的,它的运行无需国际金融组织的监督。

国际金本位制盛行之时,政治资本主义自由竞争的全盛时期,国内和国际政治都比较稳定,经济发展迅速。金本位制度下,各国货币之间的汇率非常稳定,汇率的波动不会超出黄金输送点的范围,从而消除了国际经济合作中的不确定因素,有力地推进了国际贸易的发展和国际资本的流动。另外,在国际金本位制度下"价格—铸币流动机制"可以自动调节国际收支,促进了商品和资本在国际间的自由流动。而且这种调节是逐步的,避免了政府推行政策进行干预带来的冲击。第一次世界大战以前，国际经济的繁荣使人们认为国际金本位制是一种理想的货币制度，国际金本位制度被视为国际货币制度，国际金本位制度被视为国际货币制度世上的黄金时代。

三、国际金本位制度的类型

依据货币与黄金的联系程度，国际金本位制体系可分为金币本位制、金块本位制和金汇兑本位制。

1. 金币本位制

金币本位制（gold specie standard system）是一种非常典型的金本位制度，它从19世纪70年代产生，到1914年第一次世界大战爆发时解体，仅实行了30多年的时间。

金币本位制度的主要内容和特点：国际以法律形式规定铸造一定形状、重量和成色的金币，作为具有无法偿效力的本位货币自由流动；金币可以铸造与熔化，人们可以按照法定的含量，自由的将金块送交国家铸币局铸造金币或将金币熔化。金币自由铸造和熔化可以自发地调节流通中的货币量，使货币流量与需求量保持基本一致，从而不会发生通货膨胀和货币贬值。金币和黄金可以自由输出入国境。实行金币本位制的国家之间的货币兑换，是以各国货币的含量为基础进行的。由于黄金可以自由输出入，就使得实行金币本位制的国家的货币汇率被稳定在铸币平价上，各国货币汇率波动的界限受黄金输送点的限制。银行券可以自由兑换成金币或等量的黄金。

以上特点说明，金币本位制是一种比较稳定、比较健全的金本位制度。

2. 金块本位制

第一次世界大战期间，西方各国因参战经济陷入了困境，为了防止黄金外流，相继放弃了金币本位制，实行战时的货币管制，禁止金铸币在国内外市场流通。战后，各国为了避免战争期间滥发的不可兑换成黄金的纸币所带来的通货膨胀，以及对国际贸易、国际收支不利的影响，于1922年在意大利热那亚召开的世界货币会议上达成协议，决定采用"节约黄金"的原则，英法两国开始实行金块本位制（gold bullion standard），而其他约30多个国家则实行金汇兑本位制。

金块本位制的基本内容是：金币仍是本位货币，但在国内不能流通，市面上流通的货币是由法定含金量的银行券，银行券有无限法偿权力。国际储存金块，作为储备，以维持黄金与银行券之间的联系。禁止私人输出入黄金。纸币兑换黄金受到限制。如在英国1925年实行金块本位制，并规定一次兑换金块的纸币的数量最低数额为相当于400盎司黄金的银行券，当时约为1700英镑；法国规定的最低起点为21.5万法郎，相当于12千克黄金的兑换额。

在金块本位制下，金币的自由铸造和流通以及黄金的自由输出入已被完全禁止。虽然实行这种本位制的国际仍规定银行券的含金量，中央银行也以黄金作为各国的准备金，但由价值符号完全代替金铸币流通实质上已经动摇了金本位制的基础，黄金已不可能发挥自动调节货币供求和稳定汇率的作用。因此，金块本位制是一种有严重缺陷的金本位制度。

3. 金汇兑本位制

金汇兑本位制（gold exchange standard）是指本国货币直接与实行金币本位制或金块本位制的国家货币的实际情况来分析，有两种形式：

第一种形式是第一次世界大战前，不少弱小的国家包括殖民地和附属国采用这种形式。这些国家在实行金汇兑本位制时都将本国货币同某个金本位制国家的货币相联系，确定外汇兑换黄金量。第一次世界大战前的金汇兑本位制,从本质上是一种受约束的货币制度,采取这种货币制度的国家,在对外贸易和财政金融上都受到"货币联合国"一定程度的控制。

另一种形式是第一次世界大战后,在美国恢复金本位制和英法等国实行金块本位制的同时,德国、奥地利、意大利、丹麦、挪威等30多个国家实行金汇兑本位制。此时的金汇兑本位制已具有了国际性,其做法已与战前有所不同,通常所说的金汇兑本位制主要是指一战后的金汇兑本位制。

金汇兑本位制的主要内容:国家对纸币规定含金量,但禁止金币铸造和流通。国家规定纸币的含金量,但不能自由兑换黄金,通过含黄金量的对比,可以兑换成实行金本位或金块本位制国家的货币(外汇),然后兑换黄金。确定本国经济密切关系的金本位制国家为依附对象,将本国货币同所依附的国家货币保持固定比价,并在该国存放外汇和黄金作为准备金。国家禁止黄金输出入,黄金的输出入有中央银行统一管制。

同金块本位制一样,由于在金汇兑本位制度下金铸币不能流通和自由铸造,取而代之的是代表黄金价值的符号,黄金已失去了自动调节货币流通量和稳定汇率的作用。特别是在这种金本位制度下,银行券已完全失去了兑换黄金的可能性,成为了不兑换的纸币,从而切断了纸币与黄金的联系。因此,金汇兑本位制是一种严重削弱了的、极其不稳定的货币制度。

◆ 任务二 国际金本位制度的崩溃

1914年第一次世界大战爆发,各参展国纷纷实行黄金禁运和纸币停止兑换黄金,国际金本位制暂时停止实行。战争时期,各参战国为了筹措战争经费,均发行了不可兑换的纸币,这些纸币在战后大幅贬值,并产生了严重的通货膨胀。同时世界各国货币汇率剧烈波动,阻碍了国际贸易发展,也干扰了国际金融秩序。所以,在战后国际政局稳定以后,世界发达国家又开始着手恢复金本位制。

第一次世界大战结束后,由于美国没有参战,其经济迅速崛起成为世界主要的金融大国,率先恢复了黄金的自由兑换。英国于1925年、法国于1927年恢复了金本位制。随后德、意等30多国家也实行了各自以美元、英镑、法郎保持固定比价为中心的金汇兑本位制,到1928年底,战前实行金本位制的国家基本上都恢复了金本位,黄金在各国之间再度实现自由流通。但此时的国际金本位制与战前的金本位制已不大相同,黄金的地位被严重削弱,国际金本位自动调节机制的作用,不能正常发挥,很难做到既保持国际收支平衡又能维持汇率的稳定。随着资本主义国家经济危机的不断深化,各国政府越来越不遵守金本位自动调节机制的规定,尤其是美英两国注重与自身国内经济目标的实现,并切断黄金流入流出与国内货币供应和物流波动的关系,使得国际收支的自动调节机制难以实现。

1929—1933年的资本主义世界经济危机,彻底摧毁了西方国家的金块本位制和金汇兑本位制,统一的国际金本位制随之崩溃。由于危机的影响,英国的国际收支出现了困难,各国纷纷向英国兑换黄金,使英国难以应付,终于被迫在1931年9月21日废止金本位制,美国于1933年3月在大量银行倒闭和黄金外流的情况下,也不得不停止兑换黄金和禁止黄金输出,从而放弃金本位制。随后,在1935年3月到1936年9月,先后又有比利时、法国、荷兰、瑞士、意大利宣布货币贬值,放弃金本位制,至此,统一的国际金本位制宣告瓦解。

国际金本位制崩溃后,正常的国际货币秩序遭到破坏,重建一种新的国际货币秩序缺乏必要的基础,于是,英国、美国、法国等经济强国为了保护自身利益,形成了相互对立的英镑、美元、法郎三个国币集团,各国货币之间不能自由兑换。在国际收支调节方面,各国也采取了各种各样的手段。货币集团的这些内容后来被制度化、法规划,逐渐转化为所谓的"货币区",这些货币区直到20世纪70年代初才相继消亡。

综合国际金本位制的产生、发展、崩溃过程,以及其对世界经济的影响,为以后建立布雷顿森林体系提供了经验。

模块三 布雷顿森林体系

 工作任务

> 任务一 布雷顿森林体系的建立
> 任务二 布雷顿森林体系的主要内容
> 任务三 布雷顿森林体系的特点与作用
> 任务四 布雷顿森林体系的崩溃
> 任务五 对布雷顿森林体系的评价

世界上首次出现的国际货币制度是国际金本位制,在1880—1914年的35年间是国际金本位制的时代。在这种制度下,黄金充当国际货币,各国货币之间的汇率由它们各自的含金量比例决定,黄金可以在各国间自由输出、输入,在"黄金输送点"的作用下,汇率相当平稳,国际收支具有自动调节的机制。由于1914年一战爆发,各参战国纷纷禁止黄金输出并停止纸币兑换黄金,国际金币本位制受到严重削弱,之后虽改成金块本位制或金汇兑本位制,但因其自身的不稳定性都未能持久。在1929—1933年的经济危机冲击下,国际金本位制终于瓦解。随后,国际货币制度一片混乱,直至1944年重建新的货币制度——布雷顿森林体系。

◆ 任务一 布雷顿森林体系的建立

在20世纪后半叶的50年中,关税与贸易总协定(以下简称关贸总协定)、世界银行和国际货币基金组织被认为是支撑世界经济贸易和金融格局的三大支柱。这三大支柱实际上都源自于1944年召开的布雷顿森林会议。后两者又习惯称为布雷顿森林货币体系。布雷顿森林货币体系是指二战后以美元为中心的国际货币体系。在布雷顿森林体系以前的两次世界大战之间的20年中,国际货币体系分裂成几个相互竞争的货币集团,各国货币竞相贬值,动荡不安,以牺牲他人利益为代价,解决自身的国际收支和就业问题,呈现无政府状态。20世纪30年代,世界经济危机和二战后,各国的经济、政治实力发生了重大变化,德国、意大利、日本是战败国,国民经济破坏殆尽。英国经济在战争中遭到重创,实力大为削弱。相反,美国经济实力却急剧增长,并成为世界上最大的债权国。1941年3月11日—1945年12月1日,美国根据"租借法案"向盟国提供了价值500多亿美元的货物和劳务。黄金源源不断的流入美国,美国的黄金储备从1938年的145.1亿美元增加到了1945年的200.8亿美元,约占世界黄金储备的59%。而英国黄金储备则从1938年的40亿美元降到1941年的0.12亿美元,1944年的出口贸易只有44亿美元,而欠美国的债务达219亿美元之巨。美元的国际地位引起国际黄金储备的巨大实力而空前稳固,这就使建立一个以美元为支柱的有利于美国对外经济扩张的国际货币体系成为可能。美国主张"在很短的一个过渡阶段之后,不允许保护关税、贸易限额,以及诸如竞争性货币贬值、多种汇价、双边清算协定、限制货币自由流通措施等各种形式的金融壁垒存在下去"。但当时英镑仍是世界主要储备货币之一,国际贸易40%左右是用英镑结算的,特惠制与英镑区依旧存在,英国在世界上还保持着相当重要的地位。因此,1943年,美国财政部官员怀特和英国财政部顾问凯恩斯分别从本国利益出发,设计战后国际货币金融体系,提出了两个不同的计划,即1943年4月7日,英、美两国政府分别在伦敦和华盛顿同时公布了英国财政部顾问凯恩斯拟定的"国际清算同盟计划"(proposals for the international clearing union),通称凯恩斯计划(keynes plan)和美国财政部长助理怀特拟定的"联合国平准基金计划"(proposals for the united and associated nations stabilization fund),通称怀特计划(white plan)。

一、凯恩斯计划

凯恩斯的"国际货币清算同盟计划"是从英国负有巨额外债、国际收支发生严重危机和黄金外汇储备陷于枯竭的情况出发,按照西方银行融通短期资金的原则而提出的,其要点为:建立一个起着世界中央银行作用的国际清算同盟;各会员国中央银行在"同盟"开立往来账户,如果发生逆差,可按规定的份额向"同盟"申请透支或提存;各国在"同盟"账户的记账单位为"班科"(banncor),"班科"以黄金记值,"同盟"可调整其价值,会员国可用黄金换取"班科",但不可以"班科"换取黄金;各国货币以"班科"标价,非经"同盟"理事会批准不得变更;各国会员在同盟的份额,按照二战前3年进出口贸易平均额的75%来计算;"同盟"总部设在伦敦和纽约,理事会议在英国和美国轮流举行。凯恩斯计划实际上主张恢复多边清算,取消双边结算,但不主张干涉英镑区。此外,它还特别强调,设立清算同盟的目的是代替黄金作为结算的支配因素。凯恩斯表现出明显的维护英国利益的立场,关于"同盟"总部与理事会会议地址的规定更暴露出英国要同美国分享国际金融领导权的意图。

二、怀特计划

美国以其作为国际上最大的债权国、国际收支具有大量顺差、拥有巨额黄金外汇储备等有利条件出发而发出"联合国平准基金计划"。该计划的规定如下:

(1)基金至少为50亿美元,由会员国按照规定的份额缴纳,份额的多少根据会员国的黄金外汇储备、国际收支及居民收入等因素决定。

(2)基金的任务有两个:第一,促使会员国实行"稳定货币的汇率",基金规定使用货币单位为"优尼它"(Unita),每个"优尼它"等于10美元,可同黄金相互兑换,也可在会员国之间转移,会员国货币都要与"优尼它"保持固定比价关系,不经会员国3/4的投票权通过,会员国货币不得贬值,从而保持汇率稳定;第二,取消外汇管制、双边结算和复汇率额等歧视性措施。

(3)会员国的国际收支发生困难,用较为复杂的手续,按一定苛刻的条件,向联合国国际平准基金以下简称"基金"购买一定数量的外汇。

(4)"基金"的管理由会员国投票决定,会员国基本投票权的大小取决于其份额的大小。

(5)"基金"的办事机构设在拥有最多份额的国家。

可见,美国企图控制"基金",通过"基金"迫使其他会员国的货币紧盯住美元,剥夺其他国家货币贬值的自由权,解除其他国家的外汇管制,为美国的对外扩张与建立美元霸权扫清道路。

三、布雷顿森林会议

凯恩斯计划与怀特计划提出后,英、美两国政府代表团在双边谈判中展开了激烈的争论。由于美国的经济、军事实力不及美国,双方于 1944 年 4 月达成了基本反映怀特计划的"关于设立国际货币基金的专家共同声明"(Joint Statement by Expert on Establishment of An International Monetary Fund)。这时,美国认为时机已经成熟,遂于同年 5 月邀请参加筹建联合国的 44 国政府代表举行"布雷顿森林会议"(Bretton Woods Conference),经过三周的激烈讨论,于同年 7 月通过了以怀特计划为基础的《国际货币基金协定》和《国际复兴与开发银行协定》,总称《布雷顿森林协定》(Bretton Woods Agreement),确立了布雷顿森林体系。

◆ 任务二 布雷顿森林体系的主要内容

布雷顿森林体系的主要内容,是以作为国际协议的《国际货币基金协定》(以下简称《协定》)的法律形式固定下来的,包括以下四个方面。

一、国际金融机构

布雷顿森林体系建立了一个永久性的国际金融机构,即国际货币基金组织,对货币事项进行国际磋商。在 1936 年实行"三国货币协定"以前,由于缺乏协商的机构或程序,国际货币关系受到极大的破坏。在二战后,根据《协定》所建立的国际货币基金组织为国际协商与合作提供了适当的场所。虽然以美国为首的主要工业发达国家在很大程度上操纵和控制着基金组织,广大的发展中国家远远没有获得应有的权力和地位,但在国际货币关系中也确实出现了国际协商与合作的一面。基金组织的各项规定构成了国际金融领域的纪律,在一定程度上维护着国际金融与外汇交易的秩序。

二、以美元为中心的固定汇率制

《协定》确认了美国政府在二战前规定的美元对黄金的官价,即 1 盎司黄金等于 35 美元,美国政府承担其他国家政府或中央银行用美元外汇随时向美国按官价兑换黄金的义务。这样的规定等于规定了美元直接同黄金挂钩,美元是最主要的国际贮备货币。另外,《协定》还规定:各国货币规定金平价,并以此确定对美元的比价,从而确定了其他货币通过美元与黄金间接挂钩的关系;各国货币均与美元保持固定比价关系,汇率波动范围不得超出货币评价的上下 1%,各国政府有义务通过干预外汇市场来实现汇率的稳定;会员国只有在国际收支出现"基本失衡"时,经基金组织批准才可以进行汇率的调整。这些规定说明,布雷顿森林体系下的汇率制度时刻调整的固定汇率制。

三、调节国际收支

弥补国际收支逆差,为会员国融通弥补逆差所需的资本是国际货币制度顺利运转的必要条件。为此,《协定》规定:设立普通货款账户,向会员国提供贷款,用于会员国弥补经常项目收支暂时存在的赤字。此外,《协定》还规定了顺差国也有调节国际收支的责任,这主要体现在《协定》的"稀缺货币"(scarce currency)条款上:当一国的国际收支持续出现大量顺差时,逆差国对顺差国货币的需求将明显、持续增长,并向基金组织借取该种货币。这就会使这种货币在基金组织的库存急剧下降。当库存下降到该会员国份额 75% 以下时,基金组织可将该会员货币宣布为"稀缺货币",并按逆差国的需要进行限额分配,逆差国也有权对"稀缺资源"采取临时的兑换限制措施。但是,应该指出,"稀缺货币"条款不可真正实施,因为条款中还同时规定,基金组织在解决"稀缺货币"而确定应采取的办法时,要有"稀缺资源"国家的代表参加。美国在二战时和战后初期一直积有巨额国际收支顺差,而大多数国家都存在着严重的美元不足。在这种情况下,本应实施"稀缺资源"条款,但由于必须由美国代表参与提出解决的办法,美国可以"限制货币兑换同基金的消除外汇管制的宗旨不符"为理由而加以否决。不仅如此,美国还可以利用此条款来扩大资本输出和掠夺黄金,因为该项条款同时还规定,基金组织可采取以下两种措施解决"稀缺货币"问题。

(1)经"稀缺货币"发行国许可,国际货币基金组织用发行债券的办法,在该国金融市场筹措资金。

(2)商请"稀缺货币"发行国,把该国货币售予基金组织,以换取国际货币基金组织的黄金。

四、取消外汇管制

《协定》第8条规定会员国不得限制经常项目的支付,不得采取歧视性的货币措施,要在兑换性的基础上实行多边支付。但有三种特殊情况除外:

(1)货币兑换性只适用于国际贸易中的经常项目,对经常项目的交易,不容许各国政府限制外汇的买卖,但容许对资本项目的交易采取管制措施。

(2)会员国在处于二战后过渡时期的情况下,由于条件不具备,也可延迟履行货币兑换性的义务,这类国家被称为"第14条款国家",履行兑换性义务的,则被称为"第8条款国家"。

(3)会员国有权对"稀缺货币"采取临时性的兑换限制。

◆ 任务三 布雷顿森林体系的特点与作用

布雷顿森林体系实际上也是一种国际金汇兑本位制度,但与二战前的金汇兑本位制度相比,主要有以下区别。

(1)国际准备金中黄金和美元并重,而不只是黄金。

(2)二战前处于统治地位的储备货币,除英镑外,还有美元和法郎,依附于这些国家的货币,主要是英、美、法三国各自势力范围的货币,而二战后以美元为中心的国际货币制度几乎包括了资本主义世界所有国家的货币,而美元却是唯一的主要储备资产。

(3)二战前英、美、法三国都允许居民兑换黄金,而实行金汇兑本位制的国家也允许居民用外汇(英镑、法郎或美元)向英、美、法三国兑换黄金;二战后美国政府同意外国政府在一定条件下用美元向美国政府兑换黄金而不允许外国居民用美元向美国兑换黄金,所以这是一种大大削弱了的金汇兑本位制。

(4)虽然英国在二战前国际货币关系中占有统治地位,但没有一个国际机构维持着国际货币秩序;而二战后却有国际货币基金组织成为国际货币制度正常运转的中心机构。

但是,布雷顿森林体系与二战前国际货币制度也有很多类似的地方。

(1)各会员国都要规定货币平价,这种货币平价非经基金组织同意不得改变。这项规定与金汇兑本位制度下的金平价相似。

(2)各会员国汇率的变动不得超过平价上下1%的范围(1971年12月后调整为平价上下的2.25%),这一限制与金汇兑本位制的黄金输送点相似。

(3)各会员国的国际储备,除黄金外,还有美元与英镑等可兑换货币,这与金汇兑本位制度下的外汇储备相似。

(4)各会员国要恢复货币的可兑换性,对经常项目在原则上不能实施外汇管制或复汇率,这与金汇兑本位制度下的自由贸易与自由兑换相似。

布雷顿森林体系的运转对二战后国际贸易和世界经济的发展起着一定的作用,具体如下:

(1) 国际储备能随着国际贸易的增长而不断增加。这个货币制度基本上是以黄金为基础,黄金仍发挥着世界货币的作用。但美元处于"关键货币"(key currency)的地位,是最主要的一种国际储备货币,它等同于黄金,可作为黄金的补充。在二战后黄金产量增长停滞的情形下,美元的供应可以弥补国际清偿能力的不足,这在一定程度上解决了国际储备的短缺问题。

(2) 实行可调整的盯住汇率制度,汇率的波动受到严格约束,所以汇率可以相对稳定,这有利于国际贸易的发展和国际资本的流通。

(3) 国际货币基金组织在促进国际货币合作和建立多边支付体系方面也起了一定的作用,特别是对会员国提供各种类型的短期和中期的贷款,可以暂时缓和会员国国际收支逆差所造成的问题,有助于世界经济的稳定和增长。

总之,布雷顿森林体系是二战后国际合作一个比较成功的事例,它为稳定国际金融和扩大国际贸易提供了有利条件。

◆ 任务四 布雷顿森林体系的崩溃

虽然布雷顿森林体系对二战后世界的发展产生了重要的影响,但事实上,该货币制度也存在着一些严重的缺陷。

1. 美元享有特殊地位,导致美国货币政策对各国经济产生重要影响

由于美元是主要的储备资产,享有"纸黄金"之称,美国就可以利用美元直接对外投资,购买外国企业,或利用美元弥补国际收支赤字。而各国货币又都是盯住美元,对美元存在着一种依附关系,美国货币金融当局的一举一动都将波及整个世界金融领域,从而导致世界金融体系的不稳定。

2. 以一国货币作为主要的储备资产,必然给国际储备带来难以克服的矛盾

二战后,由于黄金生产的停滞,美元在国际储备总额中的比重显著增加,而国际贸易和国际金融的发展要求国际储备相应扩大,在这种情况下,世界各国储备的增长需要依靠美国国际收支持续出现逆差,但这必然影响美元信用,引起美元危机。如果美国保持国际收支平衡,稳定美元,则又会断绝国际储备的来源,导致国际清偿能力的不足,这是一个不可克服的矛盾,即国际经济学界称为的"特里芬难题"。

3. 汇率机制缺乏弹性,导致国际收支调节机制失灵

布雷顿森林体系过分强调汇率的稳定,各国不能利用汇率的变动来达到调节国际收支平衡的目的,而只能消极地实行外汇管制,或放弃稳定国内经济的政策目标。前者必然阻碍贸易的发展,而后者则违反了稳定和发展本国经济的原则,这两者都是不可取的,可见,缺乏弹性的汇率机制不利于各国经济的稳定发展。美元与黄金挂钩,各国货币与美元挂钩是布雷顿森林体系赖以存在的两大支柱。20世纪50年代以来,上述种种缺陷不断地动摇了布雷顿森林体系的基础,从而终于在20世纪70年代初陷入崩溃的境地。

20世纪40年代末,美国的经济实力空前增强,1949年美国拥有当时资本主义世界黄金储备总量的71.2%,达245.6亿美元。同时,饱受战争创伤的西欧、日本为发展经济需要大量美元,但又无法通过商品和劳务输出来满足,从而形成了普遍的美元不足。20世纪50年代初,美国发动朝鲜战争,国际收支由顺差转为逆差,黄金储备开始流失,1960年,美国的黄金储备下降到 178 亿美元。与此同时,西欧和日本的经济开始恢复,进入迅速发展时期,出口大幅度增长,国际收支由逆差转为顺差,从而爆发了第一次美元危机。1960 年 10 月,国际金融市场上掀起了抛售美元抢购黄金的巨大风潮,伦敦金融市场的金价暴涨到 41.5 美元一盎司,高出黄金官价的 18.5%。

美元危机的爆发严重动摇了美元的国际信誉,为了挽救美元的危机,美国与有关国家采取了一系列维持黄金官价和美元汇率的措施,包括"君子协定"、"巴塞尔协定"、"黄金总库",以及组成"十国集团",签订"借款总安排"等,目的是在汇率波动时,运用各国力量共同干预外汇市场,尽管如此,也未能阻止美元危机的再度发生。

20 世纪 60 年代中期以后,美国扩大了越南战争,国际收支更加恶化,黄金储备不断减少,对外债务急剧增加。1968 年 3 月,第二次美元危机爆发,巴黎市场的金价一度涨到 44 美元一盎司,3 月 14 日,伦敦黄金市场上的成交量达 350~400 吨,美元的黄金储备半月之内即流失了 14 亿美元。危机导致一些金融市场纷纷停止或关闭,"黄金总库"被迫解散,美国与有关国家达成了"黄金双价制"的决议,即黄金市场的金价由供求关系自行决定,35 美元一盎司的黄金官价仅限于各国政府或中央银行向美国兑换。

20 世纪 70 年代以后,美国经济状况继续恶化,1971 年 5 月爆发了新的美元危机,美国的黄金储备降至 102 亿美元,不及其短期债务的 1/5。美国政府遂于 1971 年 8 月 15 日宣传实行"新经济政策",其中一条是对外停止旅行美元兑换黄金的义务,切断了美元与黄金的直接联系,从根本上动摇了布雷顿森林体系。

美元停止兑换黄金以后,引起了国际金融市场的极度混乱,西方各国对美国的做法表示强烈不满,经过长期的磋商,"十国集团"于 1971 年 12 月通过了"史密森协议"。其主要内容是:美元贬值 7.89%,黄金官价升至每盎司 38 美元,西方主要国家对汇率也做了相应的调整,并规定汇率的波动幅度由货币平价的上下 1%扩大为不超过平价上下的 2.25%。此后,美国的国际收支状况并未好转,1973 年 1 月下旬,国际金融市场上又爆发了新的美元危机。美元被迫再次贬值,跌幅为 10%,黄金官价遂升至每盎司 42.22 美元。

第二次美元贬值之后,外汇市场重新开放。然而,抛售美元的风潮再度发生。为了维持本国的经济利益,西方国家纷纷放弃固定汇率,实行联合浮动。西欧经济共同体作出决定,不再与美元保持固定比价,实行联合浮动。各国货币的全面浮动,使美元完全丧失了中心地位的作用,这标志着以美元为中心的国际货币制度的彻底瓦解。

◆ 任务五 对布雷顿森林体系的评价

1. 布雷顿森林体系的积极作用

美元本位制的建立,对二战后资本主义世界经济和贸易的发展起着一定的积极作用:

(1)使国际货币金融关系从动荡混乱状态进入了相对稳定时期,美元作为主要国际支付手段和储备货币,弥补了过去清偿能力不足,消除了影响国际间商品货币流通的各种障碍。

(2)促进了国际贸易和世界经济发展,由于实行了以美元为中心的固定汇率制度,有利于国际贸易的清算和贸易往来的顺利进行。

(3)为国际金融领域创造了相对稳定的外部环境,同时各种国际经济组织对成员国提供各种类型的贷款,以解决收支困境,从而减轻了这些国家货币的内在不稳定性。

2. 布雷顿森林体系的缺陷

美元本为美国带来巨大经济利益,但该体系本身存在严重的缺陷:

(1)由于美元享有特殊地位,美国可利用美元进行无限制的扩大对外投资活动,利用美元来弥补美国国际收支逆差(使实际资源向美国转移,等于美国向其他国家征收了"铸币税"),利用美元来操纵国际金融活动,这实际上把国际货币体系建立在美国经济地位的基础上,一旦美国经济地位发生变化,国际货币体系也必然随之动荡。

(2)1944年国际货币基金组织规定的美元价值,实际上是对美元本身价值的高估,这种高估难以维持。美元高估使美国可在国际贸易、投资和信贷中获取超额利润,如低价进口原材料及商品,进口增加,但美元高估又使的美国在国际市场上的竞争力削弱,出口减少,导致了美国国际收支不断恶化,美元地位受到冲击,这势必影响美元信用,影响以美元为中心货币制度的稳定。

(3)美元本位制是一种固定汇率制,这就限制了各国利用汇率杠杆调节国际收支的能动程度。

3. 布雷顿森林体系解体的原因

该体系的解体表面上看归罪于美国巨额国际收支逆差,实际上布雷顿森林体系最重要、最根本的原因却是该体系在清偿能力、信心、调整性三方面的基本缺陷:

(1)清偿能力与信心的内在矛盾。这种以美元为中心的国际货币体系存在自身不克服的清偿能力与信心的内在矛盾,正如特里芬难题所说明的,布雷顿森林体系是一种非常虚弱的国际货币体系,即基准货币国家(美国)的国际收支无论出现盈余或赤字,都会给这一国际货币体系的运行带来困难,因而最终逃脱不了垮台的命运。

在该体系下,随着世界经济的发展,需要增加国际清偿能力,即增加国际储备(美元)。而增加美元国际储备,美国国际收支必须长期持续逆差,美国国际收支长期逆差最终将使人们对维持美元与黄金间的可兑换性产生怀疑,即对美元这种国际清偿能力丧失信心;要维持各国对美元的信心,美国必须纠正其逆差,而这又必使国际清偿能力不足。

(2)调节机制失灵。由于国际货币基金组织的贷款能力有限,调整汇率的次数很少,各国调整国际收支失衡,主要是以牺牲国内宏观经济政策自主权为代价。同时,国际收支调节压力的不对称现象,也造成了巨大的国际收支世界性不平衡。一方面,由于美元作为基准货币的特殊地位,美国就具有其国际收支不平衡做自行调节的特权;另一方面,国际货币基金组织通过货款能促使赤字国纠正其国际收支不平衡,但对盈余国的调节责任却没有监督措施,也没有执行稀缺货币条款。

布雷顿森林体系的瓦解引出宏观经济学中的一条经典的"三难定理",即任何国家不可能同时兼顾资本自由流动、汇率稳定、自主的货币政策这三项政策目标。

既然不能三者兼顾,任何经济体就必须在三者之间做一个取舍,关键是看政策组合的收益和成本。最佳的政策选择首先必须适应经济体的特点,即内需产业与外贸产业对经济增长的相对重要性。其次,一时的最佳选择也未必永远最佳。在不同的经济发展阶段,内需产业与外贸产业的相对重要性会发生改变,并需要新的宏观政策组合与其配套。

例如中国香港选择了资本自由流动和汇率稳定以保障其作为自由港和金融中心的稳定地位。中国香港利率必须紧跟美国利率,从而放弃了自主的货币政策。这一选择的代价也是沉重的。1997年亚洲金融危机之后的数年间,处于经济衰退中的中国香港却必须承受美国在扩张期的高利率,这导致了中国香港GDP和物价指数大幅度收缩。因此,中国香港在金融危机之后的经济复苏比其他亚洲经济缓慢得多。

澳大利亚和新西兰是选择资本自由流动和自主的货币政策最为彻底的例子。两国汇率在过去的10年之内经历了±70%的贬值和升值周期。

欧盟各成员国放弃了自主货币(甚至财政)政策,但作为一个整体的同时,欧盟却又放弃了汇率稳定,允许欧元自由浮动。

中国以及金融危机后的许多亚洲经济体,均选择通过对资本流动的管制来取得经济内部自主的货币政策和外部汇率稳定的双重稳定。目前的问题在于对资本流动的管制能否长期地维持下去。

在过去的20年中,所有发达国家都毫无例外地选择了资本自由流动。这并不是偶然的。随着经济水平的提升和市场化的深入,金融市场会逐步成为所有市场的中枢神经,为其他市场提供信号,降低信息成本,并引导资源的最佳配置。同时,金融市场又具有所有市场的共性,它只有在供给和需求相对自由的情况下才能正常运转。尽管资本在国际间的流动会带来许多负面影响,但它却是实现金融市场的供给和需求自由的重要一环。

与此同时,中国资本流动管制的效力也日渐薄弱,而管制的社会成本也越来越高。目前,中国已占全球贸易的70%,外汇储备高达10000亿美元,民间外汇存款额1600亿美元,日益庞大的外汇经常项目对资本管制会形成更大的挑战。

模块四 牙买加体系

工作任务

任务一　牙买加体系的形成
任务二　牙买加体系的主要内容
任务三　牙买加体系的运行特征
任务四　牙买加体系的作用与缺陷

◆ 任务一　牙买加体系的形成

1973年布雷顿森林体系解体后,国际金融形式动荡不安,国际货币制度改革已刻不容缓。各国为建立一个新的国际货币体系进行了长期的讨论和磋商。国际货币基金组织于1972年7月成立了"基金组织理事会国际货币制度改革及有关问题委员会(Committee of the Board of Governors of the Fund on Reform of the International Monetary System and Related Issues)",又称"二十国委员会"。1973年10月的石油危机使得许多国家面临通货膨胀和国际收支逆差的困境,因此,该委员会的工作重点转向应付当时的国际收支平衡(如为逆差国提供援助等)问题,在国际货币制度改革方面进展缓慢,仅在 1974 年 7 月提出一个"改革大纲(outline of reform)",建议仍以可调整的盯住汇率制为基础,只有在特殊情况下经基金组织同意才能实行浮动汇率制并应受到基金组织的监督。"二十国委员会"于 1974 年 10 月解体,随后成立了"基金组织理事会国际货币制度临时委员会(Interim Committee of the Board of Governors of the Fund on the International Monetary System)",简称"临时委员会"。1976 年 1 月,"临时委员会"在牙买加首都金斯敦(Kingston)召开会议,就国际货币制度的长期改革达成具体、广泛的协议,称为《牙买加协议》(Jamaica Agreement)。同年 4 月,国际货币基金组织理事会通过《国际货币基金协定(第二次修订案)》(the Second Amendment to the IMF Articles of Agreement),从而使国际货币体系进入了一个崭新的阶段,称为"后布雷顿森林体系"或"牙买加体系"。

◆ 任务二 牙买加体系的主要内容

牙买加体系的主要内容与国际金本位制和布雷顿森林体系相比具有新的特点:

一、增加成员国的基金份额

为提高国际货币基金组织对成员国的融资能力,《牙买加协议》决定增加国际货币基金组织各成员国的基金份额,总额从原来的 292 亿特别提款权(约 340 亿美元)增加到 390 亿特别提款权(约 450 亿美元),增幅达 33.6%。各成员国基金份额的比重有所变化,石油输出国的比重由 5% 提高到 10%,西德和日本也有所增加,其他西方工业国家都有所下降。

二、浮动汇率合法化

《牙买加协议》正式承认了浮动汇率制的合法性,成员国可以根据本国国情自由选择汇率制度。协议承认固定汇率制与浮动汇率制的暂时并存,但要求国际货币基金组织对各成员国的汇率政策实行监督,并对各成员国的经济政策进行协调。此外,《牙买加协议》还规定:在条件许可的情况下,实行浮动汇率制的成员国应逐步恢复固定汇率制;当国际经济条件具备时,经成员国 85% 的多数票通过,恢复可盯住的固定汇率制。

三、黄金非货币化

(1)废除黄金官价。各成员国中央银行之间不再按官价买卖黄金,允许黄金价格随市场供求变化自由浮动。

(2)取消各成员国之间、成员国与国际货币基金组织之间用黄金清偿债权和债务的义务。各成员国原来需以黄金缴纳的份额部分改用外汇缴纳。

(3)对各成员国原缴纳的黄金进行处理。其中 1/6 按市价出售,另外 1/6 由成员国购回,余下部分由成员国 85% 的多数票决定是按市价出售还是由各成员国赎回。

四、提高特别提款权的国际储备地位

《牙买加协议》修订了特别提款权的有关条款,扩大了特别提款权的作用,使特别提款权逐步取代黄金和美元成为国际货币体系主要的国际储备资产。协议规定各成员国之间可以自由进行特别提款权交易,而不必征得国际货币基金组织的同意。国际货币基金组织与成员国之间的交易以特别提款权代替黄金,国际货币基金组织一般账户中所持有的资产一律以特别提款权表示。在国际货币基金组织一般业务交易中扩大特别提款权的使用范围,并且尽量扩大特别提款权的其他业务范围。另外,国际货币基金组织应随时修订特别提款权的其他业务使

用范围。另外,国际货币基金组织应随时对特别提款权制度进行监督,适时修改或增减有关规定。

五、扩大对发展中国家的资金融通

为了更好地帮助发展中国家成员国解决暂时性国际收支困难,《牙买加协议》决定将成员国缴纳的 1/6 黄金出售,超过官价的收益部分设立"信托基金",向不发达的发展中国家成员国提供优惠贷款或援助。此外,国际货币基金组织决定扩大对成员国的贷款额度,使各成员国从国际货币基金组织可获得的各种融资总和由其缴纳份额的 100% 增加到 145%,并放宽"出口波动补偿贷款"的额度,由其缴纳份额的 50% 提高到 75%,这一举措对后来许多发展中国家在发生国际支付困难和金融危机时积极进行自救发挥了重要的作用。

◆ 任务三 牙买加体系的运行特征

牙买加体系实际上是以美元为中心的、多元化的国际储备和浮动汇率体系。其运行特征如下:

一、多元化的国际储备体系

尽管在布雷顿森林体系解体后,美元在各国国际储备中份额已减少,但它仍然是最重要的储备货币。这可以从以下两个方面得到解释:

(1)各种储备货币国际需求的变化往往对国内经济产生影响。就美国而言,与国际行为相比,其国内经济活动占绝对优势;而日本、德国、瑞士等则是以国际经济活动为主导。这样,任何规模的国际资本流动对美国市场的干扰远小于它对日本、德国、瑞士等国市场的干扰。因此,尽管德国马克、日元、瑞士法郎在国际市场上很受欢迎,但相应国家却拒绝本国货币在国际经济活动中起更大作用。

(2)美元作为最主要的国际计量单位,其交易媒介、价值储藏手段的地位仍不可代替。这主要表现在:在国际贸易中,很多产品以美元计价,约 2/3 的进出口贸易以美元结算;在计算和比较世界各国的人均 GDP、进出口额和外汇储备等指标时,通常折合成美元;在国际金融市场,绝大多数外汇批发业务是美元交易;各国中央银行外汇储备的大部分也是美元。

二、浮动汇率的长期化

1973 年固定汇率制崩溃后,发达国家纷纷改用浮动汇率制。浮动汇率制的优点在于不仅能够比较灵敏、准确地反映出不断变化的国际经济状况,而且还可以调节外汇市场的供求关系,从而促进国际贸易和世界经济的发展。浮动汇率制对国际经济的有利作用主要表现在以下几个方面:

(1)各国的汇率可以根据市场供求状况自发调整,不再会长期偏离实际价值。

(2)可以解除硬通货国家在固定汇率制下维持汇率稳定的义务,不再会被被动地拖入通货膨胀。

(3)可以使一国的财政政策和货币政策更具有独立性和有效性,不再会为了外部经济而牺牲内部经济。

(4)为避免汇率风险采取的措施,客观上促进了国际金融业务的创新和发展。

三、汇率制度多样化

根据国际货币基金组织统计,截至 1997 年 3 月 31 日,基金组织的 181 个成员国实行了九种汇率制度,包括可调整的盯住汇率制、单独浮动、有管理的浮动、联合浮动、联系汇率制等。从汇率制度的实际情况看,发达国家多数采取单独浮动或联合浮动,也有的实行有管理的浮动汇率制和盯住货币篮子;发展中国家多数盯住美元,也有的盯住法国法郎、特别提款权或货币篮子。因此,有人将这种多样化的汇率制度的体系称为"无体系的体系",也有人称之为混合体系。但一般认为是浮动汇率制,因为最主要的货币都是实行单独浮动或联合浮动。

四、对国际收支失衡的调节

在布雷顿森林体系下,调节成员国国际收支失衡的渠道主要是:当成员国发生暂时性国际收支失衡时,通过国际货币基金组织来调节。当成员国发生根本性失衡时,通过改变货币平价、变更汇率来调节。而牙买加体系下,国际收支失衡除可以继续依靠基金组织和变动汇率调节外,还可以通过利率及国际金融市场的媒介作用、国际商业银行活动、外汇储备的变动等渠道来调节,并且各种调节手段还可结合起来运用。这在一定程度上克服了布雷顿森林体系后期调节机制失灵的问题,从而对促进世界经济健康发展起到了积极的作用。

◆ 任务四 牙买加体系的作用与缺陷

一、牙买加体系的作用

牙买加体系运行 30 多年来,对维持世界经济运转和推动世界经济发展发挥了积极作用。这些积极作用主要体现在以下几个方面:

1. 储备货币多元化,缓解了国际清偿力的不足

布雷顿森林体系下各国货币与美元挂钩,从而使基准货币与依附货币相互牵连;而牙买加体系实行国际储备货币多元化与浮动汇率,美元贬值不会对各国货币的稳定性造成影响。

2. 灵活的汇率体系有助于世界经济的发展

牙买加体系是一种以浮动汇率为主,比较灵活的混合汇率体系,能够灵敏地反映世界经济的变化。主要国家货币汇率由市场供求状况调整,可以准确反映经济情况的变化,且各国无维持固定汇率的义务,从而可以避免因汇率变化造成的国家储备资产大量流失。灵活混合的汇率制度还可以使一国的宏观经济政策更具有独立性和有效性,各国不必为维持汇率稳定而牺牲国内经济目标。

3. 促进了国际收支的调整

牙买加体系的汇率制度能够灵活调节国际收支,适应经济发展不平衡的现状,也更加符合市场运作规律。另外,在牙买加体系中,多种国际收支调节机制相互补充,在一定程度上缓解了布雷顿森林体系调节失灵的问题。

4. 有利于国际金融创新和国际贸易的发展

在牙买加体系下,为了帮助企业和投资者避免和减少浮动汇率风险加强在国际金融、国际贸易领域的竞争力,许多金融机构纷纷推出新业务、新工具、新品种,使得国际金融、贸易、投资拥有了更大的发展空间。

总而言之,牙买加体系是世界经济动荡和发展不平衡的产物,它的运行大体上能够适应世界经济的发展状况,因而对世界经济的发展有一定的推动作用。

二、牙买加体系的缺陷

以美元为中心的多元国际储备和浮动汇率制的缺陷也是相当明显的,主要体现在以下两个方面：

1. 多元化的国际储备体系不稳定

为了保证国际货币体系的正常运转和避免外汇储备风险，各国中央银行必须非常注重协调各种货币的比重。当外汇储备从一种货币转向另一种货币时，会造成外汇市场的动荡。

2. 汇率波动频繁，不利于世界经济发展

汇率波动频繁对世界经济发展的负面影响主要体现在以下几方面：①汇率的频繁波动使进出口贸易很难准确核算成本，外汇风险加大，不利于对外贸易的发展；②汇率波动造成国际信贷的风险增大，并可能引起债务危机；③汇率如果下浮，容易导致物价上升，诱发通货膨胀；④汇率的剧烈波动还会助长国际投机活动，加剧国际金融市场的动荡和混乱。

国际货币基金组织的监控能力现在还远不能保证顺差国和逆差国承担对称的国际收支调节义务，从而导致全球性国际收支失衡现象日趋严重。顺差国的国际储备猛增，甚至成为重要的资本输出国或债权国；逆差国国际储备锐减，债台高筑，无法消灭赤字。

综上所述，当前的国际货币制度虽然在各方面均有较强的适应性，但是它的缺陷也很突出，这些缺陷阻碍着世界经济和国际贸易的发展，加剧了世界金融领域中的矛盾。因此，国际上关于改革现行的国际货币制度的讨论始终没有中断过。

模块五　国际货币体系的改革

工作任务

> 任务一　对现行国际货币体系的评价
> 任务二　现行国际货币体系的功能缺陷
> 任务三　围绕国际货币体系改革的争论
> 任务四　国际货币体系改革的出路

20世纪70年代初，以美国为中心的布雷顿森林体系瓦解以后，逐渐形成以浮动汇率为主，以美元、欧元为主要国际储备货币和以国际货币基金组织为国际金融活动主要监管机构的现行国际货币体系。随着国际金融业的日益扩大，特别是20世纪90年代以来金融全球化和自由化的发展，整个国际金融领域动荡加剧，相机显现出来，表明整个国际货币体系进入到一个无序的时代。对现行的国际货币体系进行改革，构建权威的国际金融监管机构，成为发达国家和发展中国家的共识和21世纪国际金融业发展必须解决的问题。

◆ 任务一　对现行国际货币体系的评价

一、美国得自于现行国际货币体系的利益

布雷顿森林体系建立伊始，美国由于其在国际货币体系中超然的地位而获得了巨大的利益。布莱顿森林体系本来就不是一个公正的体系，而现行的牙买加体系更加不公正。现行的国际货币体系——牙买加体系是无体系的体系，因为在该体系中基本没有人为设计的因素，只是对布雷顿森林体系瓦解后现实的一种事后追认。

二战后美国一直是国际货币体系的霸主,更是最大的既得利益者,在现行的牙买加体系中,其既得的利益更加明显,主要体现在以下几个方面。

(1)只享有权利、不承担义务。当美国于1971年8月宣布停止美元兑换黄金时,这意味着一个单方面"撕毁合同"的逃债行为。"黄金非货币化"是历史发展的必然趋势,作为牙买加体系的一项实质内容,给美国带来了巨大的利益。在当时的历史条件下,"黄金非货币化"解除了美国作为国际金融霸主的唯一一项义务。由于历史惯性,美元仍是世界货币,但是已经没有了兑换黄金的义务。同布雷顿森林体系中的地位相比较,现在的美元只享有权利。

(2)世界范围的铸币税收入的大幅增加。作为世界货币的美元始终为美国带来巨额的铸币税收入,需要指出的是,在牙买加体系中,美元和黄金的脱离使铸币税收入大幅提高。用黄金保证货币价值和用保证货币价值对美国而言期间所负担成本的差异是无比巨大的。美国只付出了发行信用货币的成本就获得了美元作为世界货币的利益,可谓无本万利。

(3)利用汇率浮动摆脱债务。浮动汇率制度本身远没有宣扬浮动汇率制度的经济学家们描述得那样美妙,并不是每个国家都可以实行浮动汇率制度,也并不是每个实行浮动汇率制度的国家都可以获得汇率浮动的利益。完全靠政治经济实力来决定利益分配,美国自然在这样的博弈中受益最丰,日、欧紧随其后。

从总体趋势来看,布雷顿森林体系瓦解以后,美元始终处在跌势之中,从布雷顿森林体系规定的35美元兑换一盎司黄金到目前国际黄金市场上400多美元兑换一盎司黄金的变化,可以清晰地看出,30年期间美国的债务缩水了十倍多,而且当时35美元兑换一盎司黄金的比价已经大大地高估了美元。各国用实体资源换取的美元在不断贬值,美国以廉价的成本在世界范围内流了大量的资源。所以说美国的国际收支理论与其他国家比较是不同的,其他国家进行国际贸易所需的世界货币需要用实体资源换得,进而其逆差的弥补也是需要用实体资源换取世界货币来弥补。对美国而言,美元就是世界货币,美国可以用自己的信用货币进行世界支付,也就是"印刷机"在支付。在这一过程中几乎没有货币成本或货币成本十分低廉,贸易逆差对美国而言绝对没有像对其他国家那样压力巨大,甚至具有明显的好处。布雷顿森林体系瓦解以后,美国从来没有像其他国家那样认真地关注过其不断增长的贸易逆差,尤其在美元持续贬值的情况下。美国存在多大规模的贸易逆差就说明美国使用了多少纸币换取了他国相应规模的实体资源。2005年美国贸易赤字达8049亿美元,创历史新高。

据统计,目前各国中央银行的外汇储备有60%以上是美元资产,亚洲国家和地区的外汇储备尤其多。截至2006年3月中国内地为8752亿美元,年底有望突破1万亿美元,日本约8516亿美元,中国香港地区为1257亿美元,中国台湾地区为2572亿美元,韩国为2173亿美元,印度为1500亿美元。亚洲人拥有全部外国持有美国国债的一半,成为美国证券最大的海外投资者,因而亚洲国家和地区将是美元贬值的最大受害者。

二、现行的国际货币体系是一个不公平的体系

布雷顿森林体系就是一个不公平的体系,美元超然居上,享有特权利益,然而在该体系中美元还是有兑换黄金的义务。可是在现行体系中,美元摆脱了义务只享有权力,而且在汇率浮动的体系中,美元可以利用汇率的变化使自身利益最大化。所以现行的国际货币体系是一个愈加不公正的体系。

(1)现行国际货币体系中没有确立公正性原则。对于现行的牙买加体系,人们没有机会给

它确立一些以公正为目的的原则,使该体系表面上就不存在可以依据的、具有约束力的、体现公正公平的公共原则。在本质上也不是以公正为基本价值观的,而只关注可操作性和效率。在这种无政府状态下,只有利益原则和实力原则是有效的。所以,根本谈不上公正,而是充分体现着弱肉强食的丛林原则。与布雷顿森林体系相比,现行的牙买加体系在公正性方面是一次倒退。

(2)现行国际货币体系具有明显的汇率制度的财富效应。仅仅汇率制度本身就能直接给美国带来巨大的利益,而非技术水平、产品竞争力、资源禀赋等其他方面,这使美国在一定程度上具有不劳而获的寄生性。同时也能说明现行的国际货币体系具有内在的、深刻的不公正性。

三、现行的国际货币体系是一个低效的体系

金融危机频发已经成为实行牙买加体系的一个显著特征,尤其 1997 年的亚洲金融危机。由于这次危机程度之严重、持续时间之长久以及影响之广泛,给金融理论界带来巨大的震动与冲击,终于在 20 世纪末展开了一场改革国际货币体系的讨论浪潮,专家、学者及政要纷纷就改革国际货币体系发表建议。人们普遍认为金融危机很大程度上要归因于现行国际货币体系在操作上的低效性,具体体现在浮动汇率制度下汇率的过度波动以及对国际资本流动监管的不力,即金融危机频发的原因是现行国际货币的无序性和不公正性造成的运行失效。

◆ 任务二 现行国际货币体系的功能缺陷

现行的国际货币体系不是通过国际间的有效金融合作与协作来形成的,而是国际社会对各国自行其是的承认,某种程度上是对发达国家特别是对经济金融大国各行其是的一种承认。大国的经济金融意志和利益难以体现,这使现行国际货币体系的存在和运行没有稳固的基础,自始就处于一种无序状态,这种无序状态以发达国家与发展中国家的利益冲突表现出来,这种利益冲突又以全球金融动荡和金融危机表现出来。对于这种利益冲突和金融危机,现行的国际金融协调机构和机制在其面前也显得苍白无力,使现行国际货币体系的功能缺陷日益明显。

一、现行国际货币体系下的汇率制度难以维护市场的稳定

布雷顿森林体系下的汇率制度,最初是比较稳定的,而现行国际货币体系下的汇率制度,难以建立起稳定的汇率形成机制,存在发达国家对汇率制度的主动安排与发展中国家被动选择的矛盾。发达国家凭借其政治经济实力,大多实行浮动汇率制,其汇率的形成和变动,反映了发达国家的经济金融利益,并且能左右国际汇率水平和变动趋势。而大多数发展中国家由于其经济发展的依附性,只能被动地选择盯住美元等少数几种货币的盯住汇率制,这种汇率制度的致命缺陷是汇率缺乏弹性,且极具脆弱性,汇率的水平难以反映发达国家与发展中国家经济发展水平,削弱了汇率杠杆对经济发展的调节作用,在大规模无序的国际资本流动中,维持盯住汇率制度的成本很大,也破坏了发展中国家在汇率政策的独立性。这种现行的混合国际货币体系是发达国家与发展中国家在汇率政策上利益冲突的反映,也反映出国际汇率的无序运行,这在金融全球化、自由化,资本流动规模日益增大和新的国际汇率协调稳定机制还没有形成的状况下,整个国际外汇市场频繁大幅度波动,进而引发金融危机,这不仅牺牲了发展中国家紧急发展的成果,也严重损害发达国家的利益,1997 年的东南亚金融危机就证明了这一点。

二、现行国际货币体系不能有效制约大规模无序的国际资本流动

在开放紧急条件下,国际资本的流动可以引导世界经济资源在各国的重新配置,推动各国经济的发展,逐渐缩小地区间经济发展的差距。但国际资本的流动应当是有序的,要有权威的国际资本流动的监控机构和高效的监控机制去遏制国际资本流动的投机本性和破坏性。然而,现行国际货币体系崇尚金融自由化,包括国际资本跨国流动的自由化,这是资本跨国流动出现空前的规模和速度。这对掌握大量金融资本的发达国家来说,既可以大量输出资本,获取巨额的海外利润,又可以影响和操纵资本输入国的经济和政策倾向。而对于实行经济金融开放政策且急于发展的大多数发展中国家,资本大规模流动一方面弥补了资本的短缺,另一方面扩大了资本自由流动的陷阱,造成发展中国家经济虚假繁荣,使发展中国家弱小的经济和脆弱的金融体系成为国际资本无序流动的牺牲品。

三、现行国际货币体系中单一储备货币的阴影仍然存在

储备货币的多元化是国际货币体系稳定的重要基础。以美元为单一储备货币的布雷顿森林体系之所以瓦解,其主要的根源在于单一储备货币下,国际储备货币的充足与人们对其信心维持是难以兼顾的,即存在难解的"特里芬难题"。而现行的国际货币体系下虽出现了储备货币多元化的趋势,但仍没有解决这一难题。由于美国的政治经济实力,美元储备地位的削弱并没有动摇美元在国际货币体系中的霸主地位,使美国通过国际收支逆差,向其他国输出美元获取巨额的"铸币税",输入他国的实际经济资源,并可以利用美元支付巨额的外债,减少美国经济资源向国外的转移。现行国际货币体系中,美元、欧元和日元主导着国际储备资产的供应和价值的高低,反映了发达国家的利益。发展中国家无力通过本币的国际化反映自身利益,只能被动接受发达国家输出的储备资产,国际货币体系的重心仍向美国等发达国家倾斜,表明现行国际货币体系实质上是布雷顿森林体系的延伸。

四、现行国际货币体系下国际金融机构缺乏独立性和权威性

现行国际货币体系下的国际金融机构被少数发达国家操纵,其存在的宗旨和金融救助的规则是以发达国家的经济金融发展水平和模式为出发点来推行它们的游戏规则,发展中国家在金融机构规则的制定中则难以发挥作用。而规则适用的对象主要是市场不成熟且不完全开放的发展中国家,一旦发展中国家紧急金融陷于危机需要国际金融机构救助时,其前提条件是相当苛刻的,决策中并不能体现发展中国家的利益,制约了国际金融机构作用的发挥。而且,国际货币基金组织的金融救助属于事后调节,事前并没有充分关注各国的金融和经济状况,建立一种有效的监控机制,对走向危机的国家进行早期预警,并提供条件宽松的金融支持,尽可能预防金融危机的发生。

五、现行国际货币体系缺乏有效的调节与合作机制

自20世纪90年代以来,随着金融全球化的发展,全球金融市场的形成和资本国际流动的增加,在汇率变动、国际收支调节和金融危机防范等方面,国际协调与合作的作用日益重要,协调与合作的效率已成为国际货币体系稳定运行和防止国际金融风险的重要因素。而目前国际货币体系中还没有这样的主体,现有的国际货币基金组织、世界银行和国际清算银行等国际金融机构由于其自身的缺陷难以担此重任,一些区域性的金融协调活动,如西方七国集团财政部长、中央银行行长的定期协商,二十国集团非正式对话机制等也难以担此重任。因此,建立权

威的国际金融监管机构,形成国际金融协调与合作的新机制,实现国际货币体系运行由无序到有序,是对现行国际货币体系进行改革的主要内容。

◆ 任务三 围绕国际货币体系改革的争论

鉴于现行国际货币体系的种种弊端,就国际货币体系的改革形成了无数种方案,舍弃各种方案的技术细节和差异,可以将这些方案归结为三个流派。

第一个流派主要是以现国际金融机构为代表,他们认为现行国际货币体系已经基本完善,现在需要解决的只是推广的进程问题。国际货币基金组织临时委员会1998年10月会议讨论了几个重要的建议,其要点如下:

(1)私人部门成为阻止和解决金融危机的一个环节,国际货币基金组织和其他官方贷款方提供的融资不能也不应代替私人部门融资。

(2)关于资本账户的自由化问题,重点是安排一个有序、逐步的自由化进程。这一流派核心在于"通过建立、加强富有活力的、谨慎而稳步的行为标准和游戏规则,而不是通过冗繁的行政管制来达到目标"。但批评者认为:国际货币基金组织最根本的认识误区在于将金融自由化当成目的本身,而不是作为实现有效的金融体制的手段。

第二个流派可称之为"回归布雷顿森林体系派",他们认为现存的国际金融体系已经江河日下,简单的修修补补已无济于事,必须进行根本性改革,建立新的布雷顿森林体系。美国财政部部长鲁宾提出建立世界金融体系的"新大厦",美国著名金融投资家乔治·索罗斯也同意这一主张。这一流派虽然也坚持全球化自由化,但同时建议重新设立"托宾税"来控制资本流动,即对所有与货币兑换有关的国际证券和外汇即期交易征收税率统一的国际税,以交易成本的提高来减少汇率的脆弱性,削减国际金融市场对国家政策的影响力,有利于维护政府在决定预算和货币政策方面的权力。该流派的某些分析家指出:资本控制不仅仅为了限制套利资本的破坏性影响,鼓励长期投资资本与长期信贷资本更大规模的流入,而且应该把资本管制看成是与贸易限制一样的合法工具,是旨在促进一国经济发展的贸易和产业政策。另外,该流派的拥护者还指出,新的国际金融机构应提供给发展中国家更多的投票权,它应该是一个能为危机国家创造更大流动性的机构,而不是像现在的国际货币基金组织那样在提供紧急货款时附加苛刻的条件。

第三个流派坚持"反全球化",这一流派的倡导者对第一流派改革多边机构的可能性持怀疑态度:鉴于发达国家与发展中国家的政治、经济实力对比难以在短期内发生显著变化,国际金融机构的改革不可能有突破性进展。同样,他们对第二流派关于国际资本管制的有效性也表示怀疑:"托宾税"的想法虽好,但由于目前资金流动的速度"近于光速",只有全世界所有的国家都接受它才行得通,但这几乎是不可能的,尤其是美、英、日等国家,征收"托宾税"带来的税收收入根本弥补不了它们因征税而减少的交易费用收入。该流派认为,现在的国际金融机构盲目倡导并推行全球自由化,误导了世界各国尤其是发展中国家的发展模式,使这些国家错误地、过高地估计了引进外资和出口增长对经济的促进作用。所以,防止持续化、经常性的金融危机的出路在于:一国经济"反全球化",更多地以国内市场和国内资本来源;进一步加强与周边国家的经济合作,形成地区性保护市场;革除旧体制,实行更加健康的增长模式。

◆ 任务四 国际货币体系改革的出路

一、改变当今货币体系中过分依赖美元的现象

尽管,国际货币体系目前还不能没有美元,但是强化多种货币储备制度、弱化美元霸主地位、建立主要货币稳定的汇率体系已成为一种客观上的必然要求。鉴于目前实际情况,应从两方面来考虑:一是在美元、欧元、日元三个国际主要货币上,建立各方面均能接受的货币汇率稳定协调机制,通过政策调节及充分的协商,保持三者之间汇率的相对稳定。目前最被推崇的建议是魏福德·以塞尔和亚·布隆费尔德(1985年)提出的汇率目标区,即将三种货币的汇率稳定在一个目标区内,以减少局部性金融危机产生的惯性和信心崩溃现象;二是在其他相对弱势货币之间,允许其根据自身情况,在盯住、可调节和浮动之间选择。当然,对于经济发展阶段各异的新兴市场经济国家而言,汇率制度的选择不可一概而论,应根据不同国家的经济规模和开放程度、通货膨胀水平、劳动力市场的灵活调整性能、国内金融市场的深度和广度、决策者的信誉以及资本流动性等因素选择恰当的汇率制度。同时,相关国际组织应建立汇率制度和汇率水平的监测机制,对成员中实际汇率水平高估或低估现象及时提供调整意见,以保证新的货币汇率机制的正常运行。

二、改善国际货币基金组织的职能

国际货币基金组织作为现行货币体系的重要载体应该发挥更加重要的作用,理顺其被弱化及异化的功能,有必要对其进行广泛的改革。

1. 增加国际货币组织的基金份额,扩大其基金实力以及援助范围

目前国际货币基金组织所能调动的资金量与巨额国际游资相比较显得十分微小,因此可以考虑增加成员国的缴纳份额,或者由国际货币基金组织牵头建立若干区域性的货币互换和储备调拨机制,以便在发生危机时增强国际货币基金组织可动用的基金实力。另一方面,在目前状况下成立世界性的中央银行是很不现实的,国际货币基金组织扩充其职能,在某种程度上扮演国际最终贷款者角色,不仅是可行的而且是客观必须的。

2. 增强国际货币基金组织的监测和信息发布功能

20世纪90年代以来发生的金融危机无一不与信息传递的不充分和扭曲密切相关。当成员国国际收支不断恶化、外债不断增加、外汇储备名不副实、国内经济增长出现泡沫时,国际货币基金组织有义务对成员国及公众提出忠告,对其国内经济政策提供建设性的建议并协助巴塞尔委员会加强跨境监管。

3. 恢复国际货币基金组织对成员国国际收支逆差进行干预和援助的职能

虽然国际货币基金组织不再维持固定汇率制,但不少成员国实际上实行的是变相固定汇率制,汇率自动调节国际收支的功能存在缺陷,这就要求国际货币基金组织进行检测,对长期处于严重逆差状态的国家进行政策规劝并对其政策实施提供帮助。事实证明,严重的货币危机总是与国际收支长期逆差相关,国际货币基金组织要防范金融危机,国际收支不平衡问题就不能不列入其关注的范围。

4. 私营部门应该承担更多的责任

私营部门是国际金融市场的主体,应承担更多的责任来符合市场经济利益和风险平衡的

原则。在出现危机时,国际金融体系以奉行稳健政策为条件的临时自主是非常重要的,这可以为那些处于危机中的国家提供稳定货币、恢复市场信心和恢复增长所必须的喘息机会。但是,保持平衡总是困难的,在恢复金融稳定方面,私营部门必须承担其决定的全部后果。如果投资者对他们的行动负有较大的责任,他们就有较大的积极性对风险进行适当的分析和评估。这反过来又能促使所有的国家采取良好的政策,帮助防止动荡和危机。采取措施确保私营部门以"适当"的方式即"分享(他们的活动所带来的)利润",也"分担损失"。至于私营部门参与,办法是要求经济正在崛起的国家对市场开放采取更加谨慎的做法,建立鼓励长期投资的机制,而不是鼓励加剧金融危机的短期投资机制;同时,让私营部门拿出一部分防止赔本的"保险金",把这些钱付给市场崩溃的受害者;也可以对交易损失超过一定数额的银行给以政府罚金,或私人保险取代政府管理的银行存款保险系统。

5. 各国实行健全的宏观经济政策并进行结构改革

维护全球金融市场的稳定需要国际组织的监督和支持,但是各国实行健全的宏观经济政策和进行结构改革才是维护全球金融市场稳定的基础和前提。全球金融市场的稳定取决于单个国家金融市场的稳定,而一国金融市场的稳定除了借助于国际货币基金组织等国际组织的监督、指导和支持外,从根本上说取决于国内因素即自身稳健的财政货币政策与健全的银行体系。鲁宾强调,建立强有力的金融部门无疑是新兴经济金融稳定和经济增长的关键。亚洲危机的爆发除了国际炒家的兴风作浪外,一些国家自身经济、金融政策的失误和体制缺陷起了决定影响。

6. 加强国际合作,加强对国际金融市场的监督

无论是美国还是其他西方发达国家,无论是发展中国家还是发达国家都认为,应以市场规律为基础,加强政府宏观调控,加强国际合作,加强对国家金融市场的监督,以抑制自由市场经济的盲目性、破坏性。前世界银行首席经济学家斯蒂格利茨认为,金融危机是一个受到自由化金融市场控制的世界固有特点,所以全球资本市场不能只由市场控制,同时国际合作也是必要的。全球化背景使得每个国家的问题都是"大家的问题",这就要求对全球资本市场进行监督。

三、建立新型的国际金融体系

改变现行国际金融体制将维持自由兑换和多边自由支付体系作用为主要目的做法。目前,80%的国际货币基金组织的成员国已基本实现经常项目自由兑换,再将这一目标放在首位,已不合时宜。而进一步将资本项目的自由兑换作为目标,不仅无此必要,而且会引发很多负面效应,开放资本项目应由各国根据自己的实际情况和需要自主决定。对短期资本异常的大规模流动,国际社会应制定规则进行一定的限制。国际金融体系应将控制国际游资的过度投机和避免金融秩序遭到破坏作为重要原则加以确定。另外,维持经常项目自由兑换,保证资本自由流动,维护全球多边贸易和支付体系的最终目标是促进金融体系的原有目标,将抑制投机、防范投机、稳定国际货币和信用关系作为主要目标。

四、建立一种稳定的汇率协调机制

改变现行体系中汇率制度和汇率安排的不合理性。虽然汇率目标区的主张未能被几个大国广泛接受,但欧盟、日本均有稳定其货币汇率的愿望。美国因其货币霸主地位未能被正式动摇,而仍继续推行其故意疏忽的汇率政策,不愿承担稳定汇率的义务。但是随着欧元的不断发

展壮大、欧洲金融市场一体化程度的提高,欧元将会成为美元的有力竞争者,两极储备货币格局会逐渐形成,美元独占货币发行利益的局面会有所改观。在美元、欧元、日元三个国际主要货币上,建立各方面都能接受的汇率稳定协调机制,通过政策调节及充分协商,保持三者之间汇率稳定。而对弱势货币,应允许其根据自身情况,在盯住、可调节和浮动之间自由选择。对经济发展阶段各异的新兴市场国家,应根据不同国家的经济规模、开放程度、通胀水平、国内金融市场的广度和深度、资本流动性等因素选择恰当的汇率制度。

五、健全和完善国际金融监管体制

第一,加强金融监管的国际合作。迄今为止,取得显著成就的金融监管合作,是以国际清算银行为中心组织的一系列协调各国金融监管当局行为的活动。系统化规范国际金融机构和国际金融活动的规则,则是以《巴塞尔协议》为总题目的一系列国际协议和文件。然而随着金融全球化的不断深入,对跨国证券交易、金融衍生品交易和监管问题日益突出。未来金融监管的国际合作,在主体上应包括各种国际经济组织和各国监管当局,在范围上应覆盖所有金融领域,在深度上应深入金融活动的各个环节。

第二,健全信息披露。一方面促进国家经济和财政数据全面及时地披露;另一方面市场参与者的信息披露,加强市场纪律的约束。

第三,设立金融稳定论坛,进行国际合作的协作,考虑设立金融稳定论坛,以保证各国际监管组织、专家团体能够更为有效地在推动国际金融稳定,发挥市场作用以及减少系统风险方面进行合作和协调。

六、改变现行体制中危机缓解机制和成本分担的不公平性

现行体制中危机缓解机制明显维护发达国家债权人的利益,过分强调债务人的风险评估和控制的责任,忽略了债权者理应承担的风险监控责任和投资失误所应分担的损失。必须制定具体的规定来克服这些弊端,切实减少道义危害引起的风险增加现象。国际债权人向发展中国家放贷时,必须更准确地评估国家风险和企业的信用状况。这可能会在一定程度上增加发展中国家的筹资成本,但随着风险成本增加之后,可以有效地减少不合理的短期资金流向发展中国家的数量,从而减少危机爆发的可能性。国际社会和国际货币基金组织提供基金援助时应该规定,那些没有减免或以优惠条件限期的国际私人机构贷款,在受援国偿还国际组织提供援助性信贷之前不准被偿还,从而使私人债权者也分担危机的成本。

七、发展中国家应积极参与国际金融体系改革

国际金融体系的改革是难得的机遇和严峻的挑战,发展中国家应当积极行动起来强化国内的危机感和紧迫感。不仅要客观、冷静地思考国际金融领域发生的风波与动荡,更要深化金融改革,并提出对国际金融体系改革的意见和建议。

当前国际金融体系有关规则的制定,主要由西方发达国家垄断,缺乏国家参与的普遍性和民主的气氛。西方国家日益明显地将单纯由发达国家组成的七国体制作为国际金融体系改革的中枢,排斥广大发展中国家。亚洲金融危机表明新时期的金融危机对发展中国家造成的损失,远比发达国家重。国际金融体系改革对发展中国家具有特别重要的意义,若国际金融体系得不到根本改革或改革的方向有偏差,类似的金融危机还将在发展中国家发生。发展中国家应努力加入各种国际经济组织,争取在制定国际金融规则中的发言权和应有的地位,在参与国

际金融体系改革过程中维护发展中国家的利益。

2002年4月20日,出席国际货币基金组织和世界银行春季会议的任中国人民银行行长戴相龙在接受中国记者专访时表示,国际金融体系应该进行改革,国际货币基金组织应在稳定全球金融市场方面发挥更大的作用,发展中国家也应在该组织中拥有更大的发言权。中国始终非常关注国际经济和金融秩序改革不合理的问题。由于国际货币体系本身内在的不合理性,导致全球资源分配不平衡。中国呼吁发达国家加快资金和技术向发展中国家的转移,向发展中国家全面开放市场,认真落实前不久达成的蒙特雷共识。国际货币基金组织应督促发达国家尽早实现官方发展援助占国内生产总值0.7%的目标,为发展中国家创造良好的外部环境,使之平等参与全球化进程并分享全球化的益处。国际货币基金组织应该在维系国际经济和稳定金融市场方面发挥更大的作用。

俄罗斯总统普京2007年6月10日在第11届圣彼得堡国际经济论坛全体会议上说,国际金融体系需要进行重大改革,以保障发展中国家的利益。他认为,目的前的国际金融体系是在特定历史条件下设立的。如今大多数发展中国家经济稳步发展,这些金融体系已不适应新的现实。世界金融体系与个别货币挂钩,且金融中心数量有限,这些情况不符合全球经济当前及长远发展的需要。与世界金融体系挂钩的货币汇率不断波动,对众多国家的财政储备和他们的部分经济行业产生消极影响。解决这一问题的出路在于,出现更多种类的全球储备货币和更多金融中心。因此,必须为全球储备货币多样化创造有利条件。在不损害贸易双方利益的情况下,俄罗斯有可能改用卢布作为俄罗斯商品出口的结算货币。

关于人民币成为国际货币本位币的基本条件

迄今为止,由于还没有国际货币制度的造法性条约,因此一国或一个区域的货币成为国际货币本位币主要依靠该区域的综合实力。这为人民币成为国际货币本位币提供了非常好的突破机遇。

目前成为国际货币本位币的一般条件主要包括六项,其一,应具有足够的经济体量和经济增长能力,对外开放,能够参与全球事务的管理;其二,货币可自由兑换;其三,货币稳定并值得信赖;其四,具有健全的金融体系和发达的金融工具;其五,具有健全的法律体系;其六,具有良好的财政纪律约束和货币管理能力。总的来说就是一个货币大国需要强大的经济体系、金融体系和法制政府作为保障。

对于中国而言,若以八年时间实行人民币成为国际货币本位币,应关注如下问题:其一,要避免在中国发生金融危机、货币危机或较大的金融动荡。如果国际上发生类似的危机,中国应力争尽可能减少损失。其二,要强化中国的内需增长能力。其三,必须完成发达的金融市场的构建,力争使中国的国民经济建基于强大的实体经济和虚拟经济两个体系之上。人民币纸币体系要国际化,没有人民币运行的发达的虚拟经济市场是万万不可的。而且应该整体性包括股票市场、期货市场、衍生品市场、外汇市场。其四应注重通过国际协议,推进人民币进入国际市场,大体上可沿循先港澳台,再周边国家,再主要贸易国,最后进入全球市场之程序。其五,八年之内应避免与美元、欧元、日元有较大的汇率之争,并有效防止人民币过大幅度的升值、贬值。

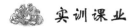 **实训课业**

一、实训项目

国际货币体系的改革。

【实训内容】

南斯拉夫货币制度的选择。

南斯拉夫经验是短暂的,由于出现内战又导致了高度通货膨胀,但从短暂的那一时期看,一系列改革措施的经验仍有值得借鉴的地方。

南斯拉夫曾是改革的先行者,但是进入20世纪80年代以来,经济持续滞涨,危机日益深刻、尖锐。尤其突出地表现在通货膨胀有如脱缰野马,达到难以控制的地步。1987年,南斯拉夫的通货膨胀率首次突破三位数,1988年达到251%,1989年12月与上月比通货膨胀率为1255.5%,如与1988年12月相比,则通货膨胀率高达2665%。20世纪80年代初,南斯拉夫货币第纳尔的最高面值为1000第纳尔,而到1989年时,最高面值则为500万第纳尔,1989年12月30日,1美元可以兑换54324第纳尔,真可以算得上是超级通货膨胀。与此同时,工农业生产下降,外债负担沉重。

马尔科维奇总理1989年3月16日就职后,采取了稳定宏观经济的一揽子改革方案:

(1)改革币制,废除旧币,发行新币。政府决定自1990年1月1日起,每1万旧第纳尔折合1新第纳尔,并与坚挺的西德马克挂钩,二者的比率为7∶1,半年不变。币制改革后,任何人都可以按官方牌价在南斯拉夫银行自由兑换西德马克,旧币换新币也没有限制。南斯拉夫还准备一旦时机成熟,就使第纳尔成为完全自由兑换货币。

(2)改革银行体制,禁止用印发钞票的办法弥补赤字,管住货币超量发行。1990年1月,南斯拉夫政府开始把国家的金融职能与市场的金融职能分开,中央银行发行货币,但独立于政府,向议会负责,中止联邦预算与中央银行之间的直接联系,允许成立私人银行。

(3)降低关税,放开进口,大部分商品价格由市场供求决定。

自此,奇迹居然出现了!四位数的通货膨胀率从1990年1月以来被遏制到两位数、一位数、零甚至负数。1990年通货膨胀率1月份17.3%,2月份8.4%,3月份2.6%。四月份已降到零,6月份则是-0.3%,平均月通货膨胀率保持在1%左右。这是自20世纪80年代以来的10年中,南斯拉夫经济第一次出现的转折。

更不寻常的是,如此激进贬值的第纳尔竟然与坚挺的西德马克挂钩,汇率保持不变,并由国际货币基金组织依据其章程中第8条款规定,承认第纳尔为自由兑换货币。价格放开后,国内市场物价下跌,市场供应丰富。10年来高居200亿美元左右不下的外债,到1990年3月份下降到160亿美元,6月份已降到76亿美元。出口增长幅度较大,1989年出口增长8.3%,全年国际收支顺差达23亿美元。外汇储备也明显增加,1990年前6个月南斯拉夫外汇储备增加30亿美元,至7月底,外汇储备总计有90亿美元,1991年底达100亿美元。

南斯拉夫一揽子配套综合措施方案的主要目标是,遏制通货膨胀和保证南斯拉夫的货币成为自由兑换货币,这两个目标在一年后都达到了。

【实训要求】

1. 讨论从南斯拉夫货币体系改革中可以得到哪些启示？

2. 21世纪，在经济、金融全球一体化进一步发展的时代，国际货币体系应该怎样进行改革？改革的方向是什么？

项目八　国际金融机构

项目阐释

本项目通过对主要的国际金融机构的介绍,使学生认识主要的国际金融机构,了解并掌握如何利用这些国际金融机构为企业服务。

能力目标

◇ 了解主要的国际金融机构的建立及宗旨
◇ 熟悉主要的国际金融机构的组织结构及资金来源
◇ 掌握主要国际金融机构的业务活动及程序
◇ 具备从国际金融机构融资的能力

项目分解

模块一　国际货币基金组织
模块二　世界银行集团
模块三　其他主要的国际金融组织

模块一　国际货币基金组织

工作任务

> 任务一　认识国际货币基金组织
> 任务二　国际货币基金组织的资金来源及主要业务

案例导入

中国在国际货币基金组织投票权将升至第三

新华网华盛顿 11 月 5 日电:国际货币基金组织(IMF)总裁卡恩 5 日宣布,IMF 执行董事会当天通过了份额改革方案。份额改革完成后,中国的份额将从目前的 3.72% 升至 6.39%,投票权也将从目前的 3.65% 升至 6.07%,超越德国、法国和英国,位列美国和日本之后,得到在这一国际组织中的更大话语权。

卡恩在当天召开的新闻发布会上说,IMF此轮份额改革完成后,将向新兴经济体转移超过6%的份额,从而更好地体现该组织的合法性和有效性,美国、日本、"金砖四国"(中国、印度、俄罗斯、巴西)和4个欧洲国家德国、法国、英国、意大利将成为进入IMF份额前十位之列的经济体。

卡恩说,这是IMF成立65年来最重要的治理改革方案,也是针对新兴市场和发展中国家最大的份额转移方案。欧洲国家将在IMF执行董事会让出两个席位,以提高新兴市场和发展中国家在执行董事会的代表性。

(资料来源:中国网[EB/OL]. http://www.china.com.cn/economic/txt/2010-11/07/content_21287894.htm.)

思考与分析:
1. 什么是国际货币基金组织的份额?
2. 中国得到这一组织的更大话语权有什么意义?

◆ 任务一 认识国际货币基金组织

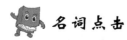

国际货币基金组织(International Monetary Fund),是政府间国际金融组织,是根据1944年7月在美国布雷顿森林召开的联合国货币金融会议上通过的《国际货币基金协定》,于1945年12月正式成立,总部设在美国首都华盛顿,它是联合国的一个专门机构。世界经济体系中,国际货币基金组织、世界银行与世界贸易组织(WTO)并列为"三大支柱"。

一、国际货币基金组织的建立及其宗旨

按照"国际货币基金协定",凡是参加1944年布雷顿森林会议,并在协定上签字的国家,称为国际货币基金组织创始会员国。在此以后参加基金组织的国家称为其他会员国。两种会员国在法律上的权利和义务并无区别。国际货币基金组织成立之初,只有44个会员国,截至2011年6月,有约187个会员国,拥有来自140个国家的2700名员工。

1945年,中国是国际货币基金组织的创始会员国之一,当时的代表是"中华民国政府"。新中国成立后,我国政府曾多次致电国际货币基金组织,要求恢复我国的合法席位,但由于美国的阻挠,问题一直被搁置下来。直到1980年4月17日,国际货币基金组织才正式恢复我国的合法席位。目前,我国在国际货币基金组织内有四个席位:一个创始成员国席位和三个地位成员席位(台湾、香港、澳门)。

《国际货币基金协定》第1条指出,国际货币基金组织成立的宗旨是:
(1)建立一个永久性的国际货币机构,促进国际货币合作;
(2)促进国际贸易的扩大和平衡发展,借以在较高的水平上提高和维持就业与实际所得,并开发各会员国的生产资源;
(3)促进汇率的稳定,维持会员之间的正常汇兑关系,避免竞争性的货币贬值;
(4)协助会员国建立国际收支中经常业务的多边支付制度,消除阻碍国际贸易发展的外汇管制;

(5)在适当的保障下,由基金组织对会员国提供资金,树立其解决国际收支失调问题的信心,从而避免其采取有损国际贸易的措施;

(6)缩短会员国国际收支失衡的时间,并减轻其失衡的程度。

二、国际货币基金组织的组织机构

国际货币基金组织的组织机构由理事会、执行董事会、总裁及业务机构组成。

1. 理事会

国际货币基金组织的最高权力机构为理事会,由各成员派正、副理事各1名组成。理事和副理事任期5年,可以连任,其任免由会员国本国决定。理事一般由各国的财政部长或中央银行行长担任,副理事大多是各国外汇管理机构负责人。

理事会的主要任务是:批准接纳新会员国;修改基金份额;分配特别提款权;决定会员国退出基金组织和其他有关国际货币体系等重大问题。除此之外的其他职责由理事会授权执行董事会实施。

理事会通常每年9月举行一次会议,即IMF年会,必要时可以举行特别会议。各理事会单独行使本国的投票权(各国投票权的大小由其所缴基金份额的多少决定)。当出席会议的理事投票权合计数占总投票权三分之二以上时,即达到法定人数。

2. 执行董事会

执行董事会负责日常工作,行使理事会委托的一切权力,由24名执行董事组成,其中6名由美、英、法、德、日、沙特阿拉伯各指派1名,其余16名执行董事由其他成员分别组成16个选区选举产生;中国和俄罗斯为单独选区,亦各有一席。执行董事每两年选举一次,不得兼任理事。每名执行董事可指派1名副执行董事,在执行董事缺席时,可代行表决权。

执行董事会的主要职责是:定期处理各种行政和政策性事务;向理事会提出年度报告;对会员国的重大经济问题,特别是有关国际金融方面的重大问题进行全面研究。

执行董事会根据业务的需要经常召开会议,当出席会议的执行董事投票合计数不少于总投票数的二分之一时,即达到法定人数。

3. 总裁

总裁由执行董事会推选,负责总管国际货币基金组织的业务工作,为最高行政领导人,任期5年,可以连任。总裁兼任执行董事会主席,但平时无投票权,只有在执行董事会进行表决出现双方票数相等时,才可以投关键性的一票。总裁可以出席理事会,但同样没有表决权。

总裁是国际货币基金组织的首席员工,历来由欧洲人担任,传统上副总裁只设1人,由美国人担任。1994年6月初,执行董事会批准了时任总裁提出的建议,将基金组织副总裁的数目由1名增加到3名,其他两名副总裁来自其他国家。

国际货币基金组织现任总裁

2011年6月28日,法国经济、财政与工业部部长克里斯蒂娜·拉加德被选为新一任总裁,任期为5年,其任职时间将从2011年7月5日开始,成为该组织自1944年成立以来首位女性总裁。

4. 业务机构

国际货币基金组织目前设有5个地区部门和12个职能部门。5个地区部门分别是非洲部、亚洲部、欧洲部、中东部、西半球部；12个职能部门分别是行政管理、中央银行业务、汇兑和贸易关系、对外关系、财政事务、国际货币基金学院、法律事务、研究、秘书、司库、统计、语言服务局。

国际货币基金组织还有两个永久性的海外机构，即欧洲办事处（设在巴黎）和日内瓦办事处，并在纽约联合国总部派驻一位特别代表。

在理事会与执行董事会之间，还有两个机构，即"临时委员会"和"发展委员会"。其中，"临时委员会"是1974年10月设立的，由22个会员国部长级代表组成的国际货币基金组织附属机构。临时委员会每年举行2~4次会议。该委员会的主要职能是就一些重大问题向理事会做出报告或提出异议，如国际货币基金组织协定的修改内容、国际货币体系的管理方法和调整措施等。在大多数情况下，它所做出的决定就等于理事会的决定，因而临时委员会事实上已成为国际货币基金组织的常设决策机构。

◆ 任务二 国际货币基金组织的资金来源及主要业务

一、国际货币基金组织的资金来源

国际货币基金组织的资金来源，除会员国缴纳的份额以外，还有向会员国借入的款项和出售黄金所获得的收益。

1. 基金份额

国际货币基金组织的资金，主要来自于会员国缴纳的份额。份额目前以基金组织创立的记账单位SDRs来表示，它相当于股东加入股份公司的股金。

参加基金组织的每一个会员国都要认缴一定的基金份额。会员国应缴份额的多少，要综合考虑会员国的国民收入、黄金外汇储备、平均进口额、出口变化率和出口额占GNP的比例等因素，最后由基金组织同会员国磋商确定。

会员国缴纳的份额，除作为国际货币基金组织发放短期信贷的资金来源外，份额的大小与会员国利益密切相关，因为会员国投票权的多寡和向基金组织取得贷款权利的多少取决于一国份额的大小。

2. 借款

国际货币基金组织的另一个资金来源是借款。国际货币基金借款组织通过与会员国协议，向会员国借入资金，作为对会员国提供资金融通的一个来源。

3. 信托基金

国际货币基金组织在1976年决定，将它持有的1/6的黄金分4年按市价出售，所得之利润（即市价超过黄金官价1盎司=35美元的部分，共46亿美元）作为信托基金，向低收入会员国提供优惠贷款。

二、国际货币基金组织的主要业务活动

国际货币基金组织的主要业务是：向会员国提供各种贷款；汇率监督与政策协调；为成员国提供培训、咨询等服务。

1. 向会员国提供各种贷款

发放贷款是国际货币基金组织最主要的业务活动。

(1) 贷款特点。主要包括：

①贷款对象。贷款对象限于会员国政府。它只与会员国的财政部、中央银行、外汇平准基金组织或其他类似的财政机构往来。

②贷款用途。贷款最初主要用于会员国进行国际收支的调整，但近年来也增设了支持会员国为解决国际收支困难而进行的经济结构调整与经济改革的贷款。

③贷款的规模。同会员国向国际货币基金组织缴纳的份额成正比。

④贷款方式。会员国向国际货币基金组织借款和还款分别采用所谓"购买"(purchase)和"购回"(re-purchase)的方式。"购买"即借款国用相当于借款面额的本国货币来购买弥补国际收支逆差的外汇。这在技术上虽不同于一般的国际借款，但效果是一样的，而从国际货币基金组织角度看，会员国借款则改变国际货币基金组织持有的货币结构。"购回"即借款国还款时，要用自己原来所借外汇购回本国货币。

(2) 贷款种类。国际货币基金组织的贷款分三类：

①第一类为普通贷款（为会员国所缴份额的125%，期限为3～5年）、补偿与应急贷款、缓冲库存贷款和中期贷款，其贷款资金来自国际货币基金组织自身的资金，即会员国认缴的份额。除储备部分（为所缴份额的25%）贷款不收利息外，第一类其他各项贷款利率均为6%左右，另加0.5%的手续费。

②第二类为补充贷款和临时信用贷款，其贷款资金来源于国际货币基金组织的借款，贷款的利率为国际货币基金组织的借款成本，另加0.5%的手续费和0.2%～0.325%的加息率。第一、第二类贷款合称普通资金（账户）贷款，国际货币基金组织对非工业会员国提供的大部分贷款都属于这种贷款。

③第三类贷款是信托基金贷款、结构调整贷款和扩大的结构调整贷款、国际货币基金组织的优惠贷款。

2. 汇率监督与政策协调

在当前的浮动汇率制度下，会员国调整汇率不需征求国际货币基金组织的同意。但国际货币基金组织监督汇率的职能并没有因此而丧失，它主要通过下述办法来实行：①国际货币基金组织提出要求会员国需向它提供必要的资料，并同它就汇率政策问题进行磋商；②国际货币基金组织工作人员也为监督工作收集所需资料，以全面估价会员国的汇率政策。当国际货币基金组织认为某会员国汇兑措施的修改，或者汇率的执行情况对其他会员国可能具有或已经发生重大影响时，可提出同该会员国进行补充性监督讨论。

国际货币基金组织协调政策的职能，一般通过下述途径实现：①特别协商，这一途径同基金组织定期审查世界经济的形势与前景有关。②基金组织理事会从20世纪80年代以来，都把协调会员国经济政策作为会议的重要议题。

3. 为会员国提供培训、咨询等服务

为提高会员国有关专业人员的素质，国际货币基金组织采用组织人员编辑出版各种世界经济和国际金融领域的刊物和书籍、建立培训中心的形式等帮助提高会员国专业人员素质；同时，国际货币基金组织在各国都有派出人员，负责收集和整理世界各国的经济和金融信息，在此基础上，以委派代表团的形式，对会员国提供有关国际收支、财政、金融、外汇和外贸等方面的咨询服务和技术援助。

中国与国际货币基金组织

中国人民银行是国务院授权主管国际货币基金组织事务的机构。中央银行行长和主管国际业务的副行长任国际货币基金组织正、副理事、临时委员会成员，中国人民银行与国际货币基金组织建立了良好的合作关系。

中国加入国际货币基金组织时缴纳的份额合 5.5 亿特殊提款权，但由于台湾当局长期占据着中国的席位，在多次份额总检查中一直没有增加中国在基金组织中的份额，结果中国份额从原来的第 3 位下降到第 16 位。1980 年 4 月中国恢复在基金组织的合法席位时，与基金组织商定把中国的份额从 5.5 亿特别提款权提高到 18 亿特别提款权。在 1983 年第八次份额总检查中，中国份额从 18 亿特别提款权增加到 23.9 亿特别提款权。1992 年第九次份额总检查中，中国的份额增加到 33.852 亿特别提款权，占基金总份额的 2.35%，在所有成员国中排名第 11 位，我国在基金组织理事会中的投票权占 2.29%。中国在基金组织恢复合法席位时，正值基金组织进行第三基本期的特别提款权分配，总共分配到了 3.125 亿特别提款权。2001 年 2 月 5 日，IMF 理事会投票通过了关于中国特别增资的决议，将中国在基金组织的份额由原来的 46.872 亿特别提款权（约合 61 亿美元），提高到 63.692 亿特别提款权（约合 83 亿美元），从而使中国在基金组织的份额位次由原来的第 11 位提高到了第 8 位。增资后，我国在基金组织的份额与加拿大并列第 8 位，位居前 7 位的分别是美国、日本、德国、英国、法国、意大利、沙特阿拉伯。目前，中国在基金组织董事会中拥有一个单独席位，从而中国的执行董事参加了基金组织日常业务领导的工作。

2010 年 2 月 24 日，国际货币基金组织总裁多米尼克·斯特劳斯·卡恩任命中国人民银行副行长朱民为其特别顾问。

2010 年 10 月 9 日，国际货币基金组织将中国纳入全球 5 大具有系统稳定重要性经济体。

模块二　世界银行集团

 工作任务

```
任务一  认识世界银行
任务二  认识国际开发协会
任务三  认识国际金融公司
```

中国成为世界银行第三大股东国

新华网华盛顿 4 月 25 日电:世界银行发展委员会春季会议 25 日通过了发达国家向发展中国家转移投票权的改革方案,这次改革使中国在世行的投票权从目前的 2.77% 提高到 4.42%,成为世界银行第三大股东国,仅次于美国和日本。

本次改革中,发达国家向发展中国家共转移了 3.13 个百分点的投票权,使发展中国家整体投票权从 44.06% 提高到 47.14%;通过了国际金融公司提高基本投票权以及 2 亿美元规模的特别增资方案,使发展中国家在国际金融公司整体的投票权从 33.41% 上升到 39.48%。会议还决定世行进行总规模为 584 亿美元的普遍增资,提高世行支持发展中国家减贫发展的财务能力。

(资料来源:新华网[EB/OL]. http://news.xinhuanet.com/world/2010 - 04/26/c_1255712.htm.)

思考与分析:
1. 为什么世界银行集团要增资?
2. 中国成为世界银行第三大股东国具有什么意义?

世界银行集团是向全世界发展中国家提供金融和技术援助的重要机构,其使命是以热情和专业精神实现持久减贫,通过提供资源、共享知识、建立能力以及培育公共和私营部门合作,帮助人们实现自助。

世界银行集团并不是一家常规意义上的银行,它由归 186 个成员国所有的两个独特机构国际复兴开发银行(世界银行)和国际开发协会构成。在推进具有包容性和可持续性的全球化方面,两个机构发挥着不同作用,但相互协作。国际复兴开发银行旨在减少中等收入国家和信誉良好的较贫困国家的贫困人口,而国际开发协会则注重支持世界最贫困国家。两个机构的工作由国际金融公司、多边投资担保机构和国际投资争端解决中心的工作予以补充。这里我们只介绍世界银行、国际开发协会和国际金融公司。

◆ 任务一 认识世界银行

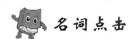

世界银行,即国际复兴开发银行,是 1944 年 7 月布雷顿森林会议后与国际货币基金组织同时产生的另一个国际金融组织,于 1945 年 12 月成立,1946 年 6 月开始营业,1947 年 11 月成为联合国的一个专门机构。总部设在华盛顿,并在纽约、日内瓦、巴黎、东京等地设有办事处。

一、世界银行的建立及其宗旨

世界银行,与国际货币基金组织不同,主要提供长期贷款,其工作类似投资银行,向公司、个人或政府发行债券,将所得款项借予受助国。而国际货币基金主要的角色是核数师,工作是记录各国之间的贸易数字和各国间的债务,并主持制定国际货币经济政策。由于国际货币基金组织不是银行,它不会放款。然而,国际货币基金有储备金,供国家借用,以在短时间内稳定货币,其做法类似在往来账户中透支,所借款项必须于 5 年内清还。

根据世界银行协定,凡参加该行的国家必须首先是国际货币基金组织的会员国,但国际货币基金组织的会员国不一定是世界银行的成员国。1945年,中国是世界银行的创始会员国之一。1980年5月15日,我国的合法席位得到恢复。

根据1944年7月布雷顿森林会议通过的《国际复兴开发银行协定》第一条规定,世界银行的宗旨是:

(1)对于生产目的的投资提供便利,以协助会员国的复兴和开发,并鼓励不发达国家的生产和资源开发;

(2)通过保证或参与私人贷款和私人投资的方式,促进私人对外投资;

(3)用鼓励国际投资以开发会员国资源的方法,促进国际贸易的长期平衡发展,以维持国际收支的平衡。

(4)与国际其他方面的贷款相配合,提供贷款保证。

二、世界银行的组织机构

1. 理事会

世界银行的最高权力机构是理事会,由每一会员国选派理事和副理事各一人组成。理事任期5年,可以连任,副理事在理事缺席时才有投票权。

理事会的主要职权包括:批准接纳新会员国;增加或减少银行资本;停止会员国资格;决定银行净收入的分配,以及其他重大问题。理事会每年举行一次会议,一般与国际货币基金组织的理事会联合举行。

2. 执行董事会

世界银行负责组织日常业务的机构是执行董事会,行使由理事会授予的职权。按照世界银行章程规定,执行董事会由21名执行董事组成,其中5人由持有股金最多的美国、日本、英国、德国和法国委派。另外16人由其他会员国的理事按地区分组选举。近年,中国、俄罗斯、沙特阿拉伯由于拥有一定的投票权,均可自行单独选派一位执行董事,世界银行执行董事人数达到24人。

3. 行长

世界银行行政管理机构由行长、若干副行长、局长、处长、工作人员组成。行长是银行行政管理机构的首脑,由执行董事会选举产生,任期5年。传统上,世界银行行长是最大股东国(即美国)的国民。现任行长是罗伯特·佐立克先生。

行长在执行董事会的有关方针政策指导下,负责银行的日常行政管理工作,任免银行高级职员和工作人员,行长同时兼任执行董事会主席,但没有投票权。只有在执行董事会表决中双方的票数相等时,可以投关键性的一票。

三、世界银行的资金来源

1. 会员国缴纳的股金

世界银行按股份公司的原则建立,成立初期,世界银行法定资本100亿美元,全部资本为10万股,每股10万美元。凡是会员国均要认购银行的股份,认购额由申请国与世行协商并经世行董事会批准。一般来说,一国认购股份的多少根据该国的经济实力,同时参照该国在国际货币基金组织缴纳的份额大小而定。

会员国认购股份的缴纳有两种方法:会员国认购的股份先缴20%,其中2%要用黄金或美元缴纳,18%用会员国本国的货币缴纳。其余80%的股份当世行催交时,用黄金、美元或世银行需要的货币缴付。

世界银行的重要事项都需会员国投票决定,投票权的大小与会员国认购的股本成正比,与国际货币基金有关投票权的规定相同。世界银行每一会员国拥有250票基本投票权,每认购10万美元的股本即增加一票。美国认购的股份最多,有投票权226178票,占总投票数的17.37%,对世界银行事务与重要贷款项目的决定起着重要作用。我国认购的股金为42.2亿美元,有投票权35221票,占总投票数的2.71%。

2. **通过发行债券取得借款**

在国际债券市场发行债券来借款,是世界银行资金的一个很重要的来源。在借款管理上,世界银行采取的方针是:借款市场分散化;尽力使借款成本最小。为此,世界银行除借入美元外,还借入其他主要西方国家货币,以减少汇率与利率的风险。

3. **业务净收益**

世界银行除将一部分净收益以赠款形式划给国际开发协会外,其余均充作本身的储备金,成为发放贷款的一个资金来源。

4. **债权转让**

从20世纪80年代以来,世界银行常把一部分贷出款项的债权有偿地转让给商业银行等私人投资者,以提前收回资金,并转为贷款的一个资金来源。

四、世界银行的主要业务活动

1. **世界银行的贷款原则**

具体内容如下:

(1)世界银行只向成员国政府、中央银行担保的公私机构提供贷款。

(2)贷款一般与世界银行审定、批准的特定项目相结合,世界银行要进行详细审查,认为确属经济上最优先考虑的项目才提供贷款。目前世界银行仍是以农业、农村发展和能源运输等基础设施项目,以及教育、环保等为重点贷款方向。

(3)贷款方必须具备实施项目的条件,如技术水平、出口情况、创汇能力、外债情况、资源情况等。

(4)只贷给确实不能以合理条件从其他来源获得资金的项目,世界银行根据各国情况确定贷款占项目总投资的比例(中国为35%左右),借款国必须匹配足配套资金。

(5)只贷给有偿还能力的成员国,世界银行严格审查贷款国的还债能力。

(6)贷款的使用不能限定在某一个特定成员国中进行,采购要通过国际招标,以保证贷款不被挪用,并保证所有的成员国和非成员国都有参加投标的机会,从而使世界银行的资金能周转于各成员国之间。

2. **世界银行的贷款特点**

(1)贷款的期限长,一般为15~20年,最长可达30年,宽限期4年左右;

(2)贷款实行浮动汇率,但一般低于市场利率;

(3)贷款程序严密,审批时间长,一般需要一年到一年半的时间;

(4)贷款必须专款专用,并受世界银行的监督;

(5)对还款时间要求严格,到期归还,不得拖欠,不得改变还款日期。

3. **世界银行的贷款种类**

(1)项目贷款,即具体的投资贷款。这是世界银行业务的主要组成部分,这类贷款占世银行提供贷款的一半以上。通常用于发展中国家经济和社会发展的基础设施,以及大型生产性投资。世界银行在农业和农村发展、教育、能源、工业、交通、城市发展和供水等方面的大部分贷款属于这一类,并由世界银行工作人员负责评估和监督完成。

世界银行发放贷款要与一定的项目相结合,专款专用,并在使用过程中进行监督,所以会员国从申请到按项目进度使用贷款,都有严密的程序:第一,提出计划,确定项目。为保证贷出的款项能得到偿还,世界银行要对借款国的经济情况与技术管理水平进行全面调查。第二,专家审查。第三,审议通过,签订贷款契约。第四,工程项目招标,按工程进度发放贷款,并进行监督。世界银行贷款程序虽然复杂和繁琐,但却体现了其贷款的严密性和科学性,因而能保证贷款产生较好的经济效益。

(2)部门贷款,又称行业贷款。包括部门投资贷款、金融中介贷款和部门调整贷款三种。这三种贷款的使用重点各有侧重。

第一,部门投资贷款的使用重点是改善部门政策和投资重点,以及增强借款国制定和执行投资计划的能力,如交通运输部门贷款、教育部门贷款、农业部门贷款等。在项目安排、资金使用等方面比较灵活,贷款金额较大,支付速度较快,一般用款周期为3～5年。

第二,金融中介贷款的使用重点是面向开发金融公司和农业信贷机构的贷款,前提是双方必须就转贷对象的选择标准、转贷利率和加强组织机构的具体措施达成协议。世界银行十分强调金融机构客户服务质量、转贷利率、机构建设等方面的竞争。

第三,部门调整贷款的使用重点是专门为支持某一具体部门进行全面政策和体制改革的贷款,但比较结构调整贷款涉及的范围要窄。前提是当借款国总体经济管理和改革状况或经济规模不允许进行结构调整时,可选用这类贷款。与前两种贷款不同,部门调整贷款的主要目的是支持某一部门的政策改革,通常为特定部门的进口提供所需外汇,并预先确定受益人或按双方商定的标准选择受益人,一般用款周期为1～4年。

(3)结构调整贷款,又称纯政策性贷款。旨在支持和帮助借款国在宏观经济、部门经济和机构体制方面进行全面的调整和改革,以克服经济困难,特别是在国际收支不平衡时使用。这类贷款使用有严格、苛刻的条件,若借款国未能按预定的条件执行,第二批贷款就停止支付。这类贷款执行期短,一般为1～2年。

(4)技术援助贷款。这种方式贷款旨在支持借款国有关制定和执行政策、参与经济发展战略规划的机构,或为大型投资项目准备实施和管理的机构用于咨询服务、研究课题和人员培训。这类贷款占世行贷款的3%左右,一般用款周期为2～5年。

(5)紧急重点贷款。贷款目的是帮助借款国应付自然灾害或其他灾难。贷款用于灾后的重建工作,以恢复生产、安定人民生活。

我国与世界银行

世界银行和中国政府每年就双方的三年滚动合作计划进行磋商。财政部是世界银行集团在中国开展业务活动的主要对口部门,国家发展改革委员会在合作计划的制订中也起着重要作用。双方都可以对合作计划提出建议,所有项目都须经过充分的技术、经济、财务、环境和社会评估之后才提交双方有关部门做最后审批。在经济分析和政策咨询方面,双方也商定一个主要调研项目的年度计划,并以政府各有关部门针对新出现的问题提出的特别调研要求作为补充。世界银行的中国业务由世界银行中国局负责管理。

世界银行主要通过三种方式对华实施援助计划:投资贷款、技术援助贷款和赠款(赠款往往由多边合作机构提供,由世界银行管理),以及分析报告、政策咨询、研讨会和培训等非金融服务,根据需要,以一种或多种方式相结合来实现具体的目标。

1981年,世界银行向中国提供第一笔贷款,用于支持中国的大学发展项目。截止到2007年6月30日,世界银行对中国的贷款总承诺额累计近422亿美元,共支持了284个发展项目,目前执行中的项目有70个,贷款规模在世行位居前列。

◆ 任务二 认识国际开发协会

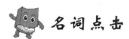

国际开发协会(international development association,IDA),根据1960年9月24日通过的《国际开发协会协定》成立,是专门向低收入发展中国家提供优惠长期贷款的一个国际金融组织。它是世界银行的附属机构之一,也是联合国专门机构之一。总部设在华盛顿。

一、国际开发协会的建立及其宗旨

国际开发协会是为解决低收入国家资金短缺问题而成立的。第二次世界大战后,亚非拉发展中国家由于举借大量外债,每年还本付息负担沉重,而且战后建立的几个国际金融机构如国际货币基金组织和世界银行,其贷款条件较严,数额也很有限,难以帮助较穷的发展中国家摆脱困境。在这种情况下,世界银行专家于1957年提出成立国际开发协会的建议,1959年10月经世界银行理事会通过,于1960年9月24日正式成立,同年11月开始营业。按照规定,凡世界银行会员国均可加入协会,但世界银行的会员国不一定必须加入国际开发协会。

国际开发协会的宗旨是,对不发达国家提供比世界银行条件宽、期限较长、负担较轻、并可用部分当地货币偿还的贷款,以促进它们经济的发展和居民生活水平提高,从而补充世界银行的活动,促进世界银行目标的实现。

二、国际开发协会的组织机构

1. 理事会

国际开发协会一切权力都归理事会。凡世界银行会员国又是协会会员国者,其指派的银行理事和副理事,依其职权,同时也是协会的理事和副理事。副理事除在理事缺席外,无投票权。世界银行理事会主席同时也是国际开发协会理事会主席。理事会每年召开年会一次,出席会议的法定人数应为过半数理事,并持有不少于2/3的总投票权。

理事会有权决定接纳新会员和决定接纳其入会的条件,批准追加认股和决定有关的规定和条件,暂时停止会员国资格,裁决因执行董事会对本协会条文所在地作解释而产生的异议,决定永远停止协会业务和分配其资产,决定协会净收益的分配。

理事会第一创始会员国享有500票的投票权,另按其首次认缴额每5000美元增加一票。首次认股以外的股金所在地应享有的投票权,由理事会视情况决定,除另有特殊规定外,协会一切事务均采取简单多数原则通过。

2. 执行董事会

执行董事会负责处理协会的日常业务。世界银行当选的执行董事,其所在地属国是协会会员,同时在国际开发协会中享有的投票权。每一董事的投票权应作为一个单位投票,董事缺席时,由其指派的副董事全权代行其全部职权。当董事出席时,副董事可参加会议,但无投票权。执行董事会议的法定人数应是过半数并行使至少1/2总投票权。

三、国际开发协会的主要资金来源

1. 会员国认缴的股本

原定资金总额为10亿美元,认缴的国家分为两组:第一组是工业发达国家和南非、科威特,这些国家认缴的股本需以可兑换货币缴付,所缴股本全部供国际开发协会出借;第二组是亚、非、拉发展国家,这些国家认缴股本的10%需以黄金或可兑换货币进行缴付,其余90%用本国货币缴付,而且这些货币在未征得货币所属国同意前,国际开发协会不得使用。

2. 会员国提供的补充资金

由于会员国认缴的股金不能满足信贷要求,而按照规定,协会又不能在国际金融市场发行债券来筹集资金,所以,协会要求有能力的会员国,主要是第一类国家捐助的,在一定时期内提供补充资金,以保证协会的资金来源。

3. 世界银行的拨款

即世界银行从其净收入中拨给国际开发协会一部分款项,作为国际开发协会贷款的资金来源。

四、国际开发协会的主要业务活动

国际开发协会只向低收入发展中国家政府与隶属于政府的实体提供贷款。

国际开发协会贷款的期限为35—40年,头10年为宽限期不必还本。偿还贷款时,可以全部或一部分用本国货币偿还。贷款只收0.5%的手续费。由于国际开发协会提供的贷款优惠而宽松,所以被称为软贷款,又叫开发信贷。

鉴于中国在过去20多年来取得的举世瞩目的发展成就,中国已于1999年7月1日从(向世界上最贫困的发展中国家提供无息贷款的)国际开发协会"毕业",现在仅从世界银行贷款。

案例链接

中国首次对世界银行捐资 8年前还是受援国

综合报道,中国14日宣布对世界银行下属的国际开发协会捐款,这是中国首次对世界银行捐资。

中国是在柏林参加国际开发协会的闭门会议时宣布上述决定的,国际开发协会表示,他们已经筹集416亿美元,将在2008至2011年之间运用。这个数字比此前宣布的融资规模要多出95亿美元。

世界银行旗下对世界最穷国家提供资金的国际开发协会说,捐款国在未来3年承诺的资金超过了记录,达到251亿美元,另外的165亿美元将由世界银行内部和此前的减免债务捐款来调集资金。中国在8年前还是国际开发协会的受援国家,如今首次从受援国家转变为捐款国家,具有很大的象征意义。有报道说,中国首次对世界银行捐款,意味着中国在对外援助方面与国际社会的其他国家互相协调。世界银行下属的国际开发协会出资国会议14日在柏林结束,45个出资国承诺在今后三年为世界上的贫困国家提供416亿美元援助资金。这些援助资金包括无偿赠送、低息或无息贷款。援助资金的一半将流向非洲。

此次会议为期两天。中国、埃及、塞浦路斯、爱沙尼亚、拉脱维亚和立陶宛首次成为国际开发协会的出资国。

(资料来源:中国经济网[EO/OL]. http://www.ce.cn/xwzx/gjss/gdxw/200712/15/t200715_13926537.shtml.)

◆ 任务三　认识国际金融公司

一、国际金融公司的建立和宗旨

国际金融公司是世界银行集团的一员,成立于1956年。在工作中与世界银行和多边投资担保机构相互协调,但在法律和财务上保持独立。

中国目前是国际金融公司投资规模第三大的国家。从1985年批准第一个项目起,至2007年6月30日止,国际金融公司在中国共投资了130个项目,并为这些项目提供了32.8亿美元的资金,其中,25.3亿美元为自有资金,7.5亿美元来自银团中的其他银行。

国际金融公司在中国投资的重点是:①鼓励中国本土私营部门的发展;②投资金融行业,发展具有竞争力的金融机构,使其能达到国际通行的公司治理结构和运营标准;③支持中国西部和内陆省份的发展;④促进基础设施、社会服务和环境产业的私营投资。

私营部门已成为中国经济举足轻重的一部分。国际金融公司正积极寻求时机,为那些目前只能获得投资机构有限支持的本土私营企业提供融资。

案例链接

世行集团所属国际金融公司进入中国房产按揭业务

本报讯　经过一年多酝酿,日前,世界银行集团所属国际金融公司和总部位于上海的安家集团达成合作,通过对安家集团进行金额200万美元的股本投资,国际金融公司完成世界银行集团在中国房产按揭行业的第一笔战略性投资。

业内人士分析,国际金融公司此举,是为加快在中国推进安家集团国内首创的房产按揭贷款服务模式,提高房产交易的金融服务效率和安全性,促进这一新兴服务行业的规模化和规范化的进程,推动中国房产按揭服务及房产按揭资产产业链的发展速度,为中国的按揭资产证券化等相关金融体系的建设提供更坚实的基础。安家集团的现有股东,上海华盈创业投资基金管理有限公司,此次也同时完成了100万美元的股本投资。据悉,国际金融公司和上海华盈创业投资基金管理有限公司的投资只是安家集团本轮融资的第一阶段。

上海房地产业规模、市场管理体系、配套金融服务等均处于国内领先水平,上海高效透明的运作机制,国际化的思维方式,无疑也是此次国际金融公司投资的重要考虑因素。

(资料来源:世行集团所属国际金融公司进入中国房产按揭业务[N].经济参考报,2004-03-07.)

国际金融公司的宗旨是,通过向发展中国家的私人企业提供无需政府担保贷款与股本投资,鼓励国际私人资本流向发展中国家,支持当地资本市场的发展,来促进发展中国家的经济发展,从而补充世界银行的活动。

二、国际金融公司的组织机构

国际金融公司的组织机构和管理办法与世界银行相同,其最高权力机构是理事会;理事会下设执行董事会,负责处理日常事务,正副理事、正副执行董事也就是世界银行的正副理事和正副执行董事。

三、国际金融公司的资金来源

国际金融公司资本金来自179个成员国,并由成员国共同决定其各项政策。除此之外,国际金融公司的资金来源,还有向世界银行和国际资金市场借入的资金,国际金融公司积累的利润,转售债权与股本的收入等。

四、国际金融公司的主要业务活动

国际金融公司贷款的方式为:直接向私人生产性企业提供贷款;以入股方式向私人企业项目进行投资,但投资规模不超过项目成本的25%,也不承担管理责任,在适当时候还将持有的股份出售给私人投资者。国际金融公司在进行贷款与投资时,有时会联合资本共同进行,共担风险,按投资比例分享利润,这既弥补了它的资金不足,又促进了国际资本向发展中国家流动。国际金融公司贷款规模较小,一般每笔不超过200万~400万美元,期限一般为7~15年,还款时须用原借款货币偿还,贷款的利率一般高于世界银行,并尽可能和市场利率水平相一致,同时也考虑借入资金的成本。

国际金融公司是世界上为发展中国家提供股本金和贷款最多的多边金融机构,它提供长期的商业融资。国际金融公司与发起公司和融资伙伴共同承担风险,但不参与项目的管理。在项目投资总额当中国际金融公司只承担部分融资。国际金融公司每投资1美元,便能带来其他投资者和债权人5美元的投资。国际金融公司的章程规定它按照商业原则运作,获取利润。自从成立之日起,公司每年都在盈利。国际金融公司投资不需要政府担保。

由国际金融公司参与的项目通常能增强各方——如外国投资者、当地合作伙伴、其他债权人和政府机构的信心——同时平衡各方的利益。

案例链接
国际金融公司在中国的融资范例:南京市商业银行的融资

公司简介:南京市商业银行("南商行")是江苏省会城市南京的第六大银行。南商行创立于1996年,是在整合南京市39个城市信用社的基础上建立的。该行的主要股东包括南京国有资产管理局,法国巴黎银行和南京新港高科技有限公司。国际金融公司于2005年12月将10%的股份转让给法国巴黎银行,目前仍持有5%的股份。南商行绝大部分员工均持有该行的股份。

项目简介:本项目将提供一笔长期贷款支持南商行的小企业贷款业务,并有助于改善该行的资产负债表结构。同项目相匹配的技术援助项目将协助南商行提高小企业贷款的能力。贷款金额最高可达3.76亿人民币(折合4720万美元)。资金来源为国际金融公司在中国发行的第二期人民币债券。

国际金融公司作用:国际金融公司将提供长期本币融资,协助改善南商行的资产负债表结构,从而支持南商行向小企业扩大融资规模。除此之外,国际金融公司还将提供为期2~3年的技术援助项目,主要内容包括信贷评估程序的改善、信用打分模型的优化、培训以及针对小企业的产品开发。因此,国际金融公司通过支持南商行扩大对小企业的资金支持,在推动小企业发展领域发挥了重要的催化作用。

项目影响:中国85%的企业为小企业。小企业包括小型企业和雇佣人数少于8人的个体工商户。国际金融公司中国项目中心的一项调查显示,70%的小企业认为融资难是居于首位的障碍。中国政府,尤其是银监局,鼓励银行向小企业提供贷款,并于2005年下半年出台了向小企业发放贷款的文件。

本项目旨在:①通过扩大小企业融资渠道,满足中国小企业发展急需的长期资金需求,从而支持小企业的发展;②显示为小企业提供融资可以实现盈利,鼓励其他中国城市商业银行在各自的地域内扩大对小企业的贷款规模;③通过培训和产品创新,协助南商行提高小企业贷款能力,从而实现技术转让,提供中国银行界的整体水平。

模块三　其他主要的国际金融组织

 工作任务

> 任务一　认识国际清算银行
> 任务二　认识亚洲开发银行

 案例导入

各国央行从国际清算银行大量提走黄金

近日国际清算银行年报披露:过去一年,各国央行从国际清算银行(BIS)提出635吨黄金,这是逾10年来最大的支取数量。昨日,兴业银行资金运营中心首席黄金分析师蒋舒博士表示,这一行为可以说明次贷危机已经过去,对手交易中黄金需做信用保证的迫切性减弱。

据外媒报道,这一动向标志着前一年局面的急剧逆转。当时,在各方越来越担心交易对手方风险之际,各国央行纷纷在有"央行的央行"之称的国际清算银行增加存放黄金储备,而非将其直接借给私人部门。

(资料来源:各国央行从国际清算银行大量提走黄金[N].深圳商报,2011-07-11.)

思考与分析:
1. 为什么说国际清算银行是"央行的央行"?
2. 国际清算银行主要的业务活动是什么?

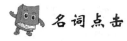 **任务一　认识国际清算银行**

 名词点击

国际清算银行(bank for international settlements, BIS),是英、法、德、意、比、日等国的中央银行与代表美国银行界利益的摩根银行、纽约和芝加哥的花旗银行组成的银团,根据海牙国际协定于1930年5月共同组建的。行址设在瑞士的巴塞尔。刚建立时只有7个成员国,现成员国已发展至45个。

一、国际清算银行的建立和宗旨

国际清算银行成立之初的宗旨是,处理第一次世界大战后德国赔款的支付和解决对德国的国际清算问题。国际清算银行成立的实质就是美国要利用这个机构作为掌握德国财政的手段,并将欧洲债务国偿还美国债务问题置于自己的监督之下。1944年,根据布雷顿森林会议决议,该行应当关闭,但美国仍将它保留下来,作为国际货币基金组织和世界银行的附属机构。此后,该行的宗旨转变为,增进各国中央银行间的合作,为国际金融业务提供额外的方便,同时充当国际清算的代理人或受托人。国际清算银行不是政府间的金融决策机构,亦非发展援助机构,实际上是西方中央银行的银行。

第一世界大战后,凡尔赛协议中关于德国战争赔款事宜原来是由一个特殊的赔款委员会执行,按照当时的"道维斯计划",从1924年起,德国第一年赔付10亿金马克,以后逐年增加,一直赔付58年。至1928年,德国赔款增至赔付25亿金马克,德国声称国内发生经济危机,无力照赔,并要求减少。美国同意了德国的要求,又由杨格策划制定了"杨格计划"。协约国为执行"杨格计划"决定建立国际清算银行取代原来的赔款委员会,执行对德赔款的分配和监督德国财政。

1930年1月20日,以摩根银行为首的一些美国银行(另外还有纽约花旗银行、芝加哥花旗银行)和英国、法国、意大利、德国、比利时、日本等国的中央银行在荷兰海牙会议上签订国际协议,成立"国际清算银行"。英、法、比、德、意、日六国政府与瑞士政府达成协议,由瑞士承诺向国际清算银行颁发建行特许证,特许证规定:国际清算银行具有国际法人资格,免税,瑞士政府不征用、扣押和没收该行财产,准许该行进出口黄金和外汇,享有外交特权和豁免权。第二次世界战后,国际清算银行先后成为欧洲经济合作组织(即现在的经济合作与发展组织)各成员国中央银行汇兑担保的代理人、欧洲支付同盟和欧洲煤钢共同体的受托人、欧洲共同体成员国建立的欧洲货币合作基金的代理人。

二、国际清算银行的组织机构

国际清算银行的最高权力机关为股东大会,股东大会每年6月份在巴塞尔召开一次,只有各成员国中央银行的代表参加表决。选票按有关银行认购的股份比例分配,而不管在选举的当时掌握多少股票。每年的股东大会通过年度决算、资产负债表和损益计算书、利润分配办法和接纳新成员国等重大事项的决议。在决定个性银行章程、增加或减少银行资本、解散银行等事项时,应召开特别股东大会。除各成员国中央银行行长或代表作为有表决权的股东参加股东大会,所有与该行建立业务关系的中央银行代表均被邀请列席。

董事会是国际清算银行的经营管理机构,由13名董事组成。比利时、德国、法国、英国、意大利和美国的中央银行行长是董事会的当然董事,这6个国家可以各自任命1名本国工商和金融界的代表作董事,此外董事会可以2/3的多数通过选举出其他董事,但最多不超过9人。董事会设主席1名,副主席若干名,每月召开一次例会,审议银行日常业务工作,决议以简单多数票做出,票数相等时由主持会议的主席投决定票。董事会主席和银行行长由1人担任。董事会根据主席建议任命1名总经理和1名副总经理,就银行的业务经营向银行负责。

国际清算银行下设银行部、货币经济部、法律处、秘书处等办事机构。

三、国际清算银行的资金来源

国际清算银行的资金来源主要是会员国缴纳的股金,另外,还有向会员国中央银行的借款以及大量吸收客户的存款。

国际清算银行开创资本为 5 亿金法郎,分为 20 万股,每股 2500 金法郎,由六国中央银行和美国银行集团七方平均认购。1969 年 12 月国际清算银行的宗旨发生改变,银行资本也相应地增至 15 亿金法郎,分为 60 万股,每股 2500 金法郎。现在国际清算银行 4/5 的股份掌握在各成员国中央银行手中,1/5 的股份已经由各成员国的中央银行转让给了私人,由私人持有,但私人股股东无权参加股东大会。1996 年 9 月,国际清算银行决定接受中国、印度、韩国、新加坡、巴西、墨西哥、俄罗斯、沙特阿拉伯和中国香港等九个国家和地区的中央银行或与行使中央银行职能的机构为成员。这是国际清算银行 25 年来首次接纳新成员。原有的 32 名成员中有 26 个欧洲国家的中央银行,其余 6 家为加拿大、澳大利亚、日本、土耳其和南非的中央银行与代表美国利益的摩根银行。但实际上,现在世界上绝大多数国家的中央银行都与其建立了业务关系。国际清算银行已经成为除国际货币基金组织和世界银行集团之外的最重要的国际金融机构。

四、国际清算银行的业务活动

1. 处理国际清算事务

二战后,国际清算银行先后成为欧洲经济合作组织、欧洲支付同盟、欧洲煤钢联营、黄金总库、欧洲货币合作基金等国际机构的金融业务代理人,承担着大量的国际结算业务。

2. 办理或代理有关银行业务

二战后,国际清算银行业务不断拓展,目前可从事的业务主要有:接受成员国中央银行的黄金或货币存款,买卖黄金和货币,买卖可供上市的证券,向成员国中央银行贷款或存款,也可与商业银行和国际机构进行类似业务,但不得向政府提供贷款或以其名义开设往来账户。目前,世界上很多中央银行在国际清算银行存有黄金和硬通货,并获取相应的利息。

3. 定期举办中央银行行长会议

国际清算银行于每月的第一个周末在巴塞尔举行西方主要国家中央银行的行长会议,商讨有关国际金融问题,协调有关国家的金融政策,促进各国中央银行的合作。

我国与国际清算银行

我国中国人民银行自 1986 年起就与国际清算银行建立了业务方面的关系,办理外汇与黄金业务。此后,每年都派代表团以客户身份参加该行年会。国际清算银行召开股东大会,中国人民银行邀请列席,并对观察员身份多次参加该行年会,这为中国广泛获取世界经济和国际金融发展与各国中央银行之间的关系提供了一个新的场所。中国的外汇储备有一部分是存放于国际清算银行的,这对中国人民银行灵活、迅速、安全的调拨外汇、黄金储备非常有利。自 1985 年起,国际清算银行已开始向中国提供贷款。

1996 年 9 月 9 日,国际清算银行通过一项协议,接纳中国、巴西、印度、韩国、墨西哥、俄罗斯、沙特阿拉伯、新加坡和香港地区的中央银行或货币当局为该行的新成员。香港金融管理局与中国人民银行同时加入国际清算银行。

我国中央银行加入国际清算银行,标志着我国的经济实力和金融成就得到了国际社会的认可,同时也有助于我国中央银行与国际清算银行及其他国家和地区的中央银行进一步增进了解,扩大合作,提高管理与监督水平。

◆ 任务二　认识亚洲开发银行

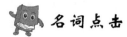

亚洲开发银行(Asian Development Bank,ADB),简称"亚行",是亚洲、太平洋地区的区域性金融机构。它不是联合国下属机构,但它是联合国亚洲及太平洋经济社会委员会(联合国亚太经社会)赞助建立的机构,同联合国及其区域和专门机构有密切的联系。根据1963年12月在马尼拉由联合国亚太经社会主持召开的第一届亚洲经济合作部长级会议的决议,1965年11月至12月在马尼拉召开的第二届会议通过了亚洲开发银行章程,章程于1966年8月22日生效。11月在东京召开首届理事会,宣告该行正式成立。同年12月19日正式营业,总部设在马尼拉。

一、亚洲开发银行的宗旨

建立亚行的宗旨是通过向亚太地区发展中国家(地区)提供项目贷款和技术援助,促进和加速本区域的经济合作。亚行对会员国的援助主要采取四种形式:贷款、股本投资、技术援助、联合融资相担保。

二、亚洲开发银行的组织机构

亚行的组织机构主要有理事会和董事会。理事会是亚行最高权力机构,负责接纳新成员、变动股本、选举董事和行长、修改章程等。行长是该行的合法代表,由理事会选举产生,任期5年,可连任。现任行长是黑田东彦(日本人)。

亚行有来自亚洲和太平洋地区的区域成员,和来自欧洲和北美洲的非区域成员。至2006年4月,亚行共有65个成员。

亚行每年4月至5月在总部或成员国轮流举行年会。主要议题是探讨亚太地区的经济金融形势、发展趋势和面临的挑战,推动亚行作为地区性开发机构在促进本地区社会经济发展方面发挥作用。同时会议还将对亚行年度业务进行审议,并通过亚行年度报告、财务报告、外部审计报告、净收入分配报告、预算报告等。

三、亚洲开发银行的资金来源

亚洲开发银行的资金来源为普通资金和特别基金两个部分。

1. 普通资金

普通资金用于亚洲开发银行的硬贷款业务,是亚洲开发银行进行业务活动的最主要资金来源。该资金来源于成员认缴的股本金、国际金融市场的筹资、普通储备金、特别储备金,以及银行的净收益和预交股本等。

(1)股本。亚洲开发银行建立时法定股本为10亿美元,分为10万股,每股面值1万美元,每个会员国或地区成员都须认购股本。新加入的会员国或地区成员的认缴股本由亚洲开发银行理事会确定。首批股本分为实缴股本和待交股本,两者各占一半。实缴部分股本分五次交纳,每次交 20%。待缴部分只有当亚洲开发银行对外借款以增加其普通资本或为此类资本做担保而产生债务时才催交。会员国或者地区成员支付催交股本可选择黄金,可兑换货币或亚洲开发银行偿债时需要的货币支付。

日本和美国是亚洲开发银行最大的出资者,认缴股本分别占亚洲开发银行总股本的 15% 和 14.8%。我国占第三位,占总股本的 7.1%。

(2)借款。在亚洲开发银行成立之初,其自有资本是它向会员国或者地区成员提供贷款和援助的主要资金。从 1969 年开始,亚洲开发银行开始从国际金融市场借款。一般情况下,亚洲开发银行多在主要国际资本市场上以发行债券的方式借款,有时也同有关国家的政府、中央银行及其他金融机构直接安排债券销售,有时还直接从商业银行贷款。

(3)普通储备金。按照亚洲开发银行的有关规定,亚洲开发银行理事会把其净收益的一部分作为普通储备金。

(4)特别储备金。对 1984 年以前发放的贷款,亚洲开发银行除收取利息和承诺费以外,还收取一定数量的佣金以留作特别储备金。

(5)净收益。由提供贷款收取的利息与承诺费形成。

(6)预交股本。亚洲开发银行认缴的股本采取分期交纳的办法,在法定认缴日期之前认缴的股本即是预交股本。

2. 特别基金

这部分资金由成员国认缴股本以外的捐赠及认缴股本中提取 10% 的资金组成。主要用于向成从国提供贷款或无偿技术援助。目前该行设立了三项特别基金:亚洲开发基金,技术援助特别基金,日本特别基金。

(1)开发基金。亚洲开发银行基金创建于 1974 年 6 月,基金主要是来自亚洲开发银行发达会员国或地区成员的捐赠,用于向亚太地区贫困国家或地区发放优惠贷款。同时亚洲开发银行理事会还按有关规定从各会员国或地区成员缴纳的未核销实缴股本中拨出 10% 作为基金的一部分。此外,亚洲开发银行还从其他渠道取得部分赠款。

(2)技术援助特别基金。亚洲开发银行认为,除了向会员国或地区成员提供贷款或投资以外,还需要提高发展中国家会员或地区成员的人力资源素质和加强执行机构的建设。为此,亚洲开发银行于 1967 年成立了技术援助基金。该项基金的来源为:①赠款;②根据亚洲开发银行理事会 1986 年 10 月 1 日会议决定,在为亚洲开发基金增资 36 亿美元时将其中的 2% 拨给技术援助特别基金。

(3)日本特别基金。在 1987 年举行的亚洲开发银行第 20 届年会上,日本政府表示,愿出资建立一个特别基金。亚洲开发银行理事会于 1988 年 3 月 10 日决定成立日本特别基金。主要用于:①以赠款的形式,资助在会员国或地区成员的公营、私营部门中进行的技术援助活动。②通过单独或联合的股本投资,支持私营部门的开发项目。③以单独或联合赠款的形式,对亚洲开发银行向公营部门开发项目进行贷款的技术援助部分予以资助。

四、亚洲开发银行的主要业务活动

1. 贷款

亚洲开发银行的贷款分为硬贷款、软贷款和赠款三类。硬贷款的贷款利率为浮动利率,每半年调整一次,贷款期限为 10~30 年。软贷款,即优惠贷款,仅提供给人均收入较低且还债能力有限的亚洲开发银行成员,贷款期限为 40 年,不收利息,仅收 1% 的手续费。赠款用于技术援助，资金由技术援助特别基金提供，但赠款金额有限制。

亚洲开发银行的贷款方式主要有：

(1)项目贷款即为某以成员发展规划的具体项目提供贷款，这些项目需具备经济效益好、有利于借款成员的经济发展和借款成员有较好的资信三个条件。

(2)开发金融机构贷款是通过成员的开发性金融机构进行的间接贷款，因而也称中间转贷。

(3)私营部门贷款。它分为直接贷款和间接贷款两种形式。直接贷款是指有政府担保的贷款，或没有政府担保的股本投资，以及为项目的逐步等提供的技术援助。间接贷款主要是指通过开发性金融机构的限额转贷和对开发性金融机构进行的股本投资。

(4)联合贷款是指一个或一个以上的区外经济实体(官方机构与私人投资者)与亚洲开发银行共同成员某一开发项目融资，它主要有以下集中类型：

①平衡融资，是将项目分成若干具体的、独立的部分，以供亚洲开发银行及其他融资伙伴分别融资。

②共同融资，是亚洲开发银行与其他融资伙伴按商定的比例，对某成员的某一项目进行融资的方式。

③伞形融资或后备融资。这类融资在开始时由亚洲开发银行负责项目的全部外汇费用，但只要找到联合融资伙伴，亚洲开发银行贷款中的相应部分即取消。

④窗口融资，是指联合融资伙伴将其资金通过亚洲开发银行投项目，联合融资伙伴与借款人之间不发生关系。

⑤参与性融资，是指亚洲开发银行先对项目进行贷款，然后商业银行购买亚洲开发银行贷款中较早到期的部分。在这些联合融资形式中，平衡融资和共同融资占大部分。

2. 技术援助

技术援助是亚行在项目有关的不同阶段如筹备、执行等阶段，向成员国提供的资助，目的是提高成员国开发和完成项目的能力。目前，亚行的技术援助分为：项目准备技术援助、项目执行技术援助、咨询性技术援助、区域活动技术援助。技术援助大部分以贷款方式提供，有的则以赠款或联合融资方式提供。

3. 联合融资

联合融资是指亚行与一个或以上的区外金融机构或国际机构，共同为成员国某一开发项目提供融资。该项业务始办于1970年，做法上与世行的联合贷款相似，目前主要有平行融资、共同融资、伞形或后备融资、窗口融资、参与性融资等类型。

4. 股本投资

股本投资是通过购买私人企业股票或私人开发金融机构股票等形式，对发展中国家私人企业融资。亚行于1983年起开办此项投资新业务，目的是为私营企业利用国内外投资起促进和媒介作用。

我国与亚洲开发银行

1986年2月17日，亚行理事会通过决议，接纳中国为亚行成员国。同年3月10日中国正式为亚行第 47 个成员,台湾以"中国台北"名义继续保留席位。中国是亚行第三大认股国,认购股份占总份额的 6.56%,投票权占总票权的 5.59%,居第三位。

中国政府指定中国人民银行为中国对亚行的官方联系机构和亚行在中国的保管银行,负责中国与亚行的联系及保管亚行所持有的人民币和在中国的其他资产。在 1987 年 4 月举行的理事会第 20 届年会董事会改选中,中国当选为董事国并获得在董事会中单独的董事席位。同年 7 月 1 日,亚行中国董事办公室正式成立。2000 年 6 月 16 日,亚行驻中国代表处在北京成立。2002 年 5 月,亚行第 35 届年会在上海举行。

1986 年至 2009 年,亚洲开发银行对华贷款净额达到 204.8 亿美元。在这 204.8 亿美元亚行对华贷款中,有 63.7% 投向中国中西部欠发达省、市和自治区,贷款总额达 130.5 亿美元。其中包括 103.3 亿美元直接面向中西部省、市、自治区的贷款和 27.1 亿美元通过国家级项目提供的贷款。截至 2009 年 12 月,亚行共批准 593 个对华技术援助项目,资金总额达 3.3 亿美元。其中,395 个项目为咨询类项目,总额为 2.33 亿美元;164 个为项目准备类项目,总额为 1.0 亿美元。

另外,亚行对华技援项目绩效也有所改善。2009 年实施的技术援助项目的平均实施期限从 2008 年的 20.46 个月小幅降至 19.63 个月。不管是从技援项目获准到协议签署的平均时间,还是从咨询专家合同签署到进场的时间,均持续减少,减至 44 个月。

财政部国际司司长郑晓松表示,亚洲开发银行对华贷款项目为中国经济、社会和生态环境的持续发展做出了积极贡献。同时,亚行项目引进了先进知识和理念,推进了中国的制度创新,为各级项目执行机构、实施单位和项目区培养了一大批专业人才。

 实训课业

一、实训项目

世界银行与中国。

【实训内容】

世界银行——中国 2010 年 1 季度报告

世行有关中国的季度报告对中国经济的短期前景基本乐观,尽管近期有人担心中国遭遇"硬着陆"。世界银行(World Bank)表示,中国贸易顺差正再次开始上升,而政府在调整经济平衡、把侧重点转向国内消费方面,仅取得了"有限进展"。世行还将今年中国经济增长预期调高了半个百分点,至 10%,但表示,要想抑制通胀预期,需要进一步上调利率。

然而,在各方就中国汇率政策展开激烈的国际辩论之际,世行告诫称,北京方面如果要减少其巨额外部盈余,就需要大力推进结构性改革。"再平衡不会自行发生,它将需要大幅度的政策调整,"世行报告指出。

2009 年期间,随着金融危机打击全球贸易,而中国政府的巨额刺激方案提振了进口,中国的贸易顺差曾大幅下降。这一过程延续至今年前几个月,今年 3 月还出现了罕见的贸易逆差。但在近几个月,中国贸易顺差又开始大幅增长,第三季度同比增长 265 亿美元。世行表示,这一趋势在中期内可能会持续下去,并预测中国贸易顺差将从 2010 年的 2470 亿美元,增至明年的 2730 亿美元和后年的 3140 亿美元。

世行表示,自 2008 年年中全球金融危机开始以来,人民币相对于全球主要货币均有所升值,但随着美元贬值,人民币最近一个季度实际上有所走软。

世行表示,北京方面在拟定 2012—2017 年的下一个五年计划时专注于提振内需是正确的。该机构建议北京方面推动相关改革,以提振私营部门,开放服务行业,并提高能源效率。

"在中国增长模式的再平衡方面无甚建树,将是中国乃至世界经济面临的最严重中期风险之一,"世行表示。除了将今年的增长预期从 9.5% 上调至 10% 以外,世行还将明年中国经济增长预期从 8.5% 上调至 8.7%。

通胀在控制之下,同时与其他新兴经济体相比,中国受资本流入的负面影响将比较小。不过,中国存在房价再度飙升的风险。

【实训要求】

1. 讨论世界银行的主要业务。
2. 世界银行能为中国及中国企业提供哪些帮助?

参考文献

1. 沈晶. 国际金融实务[M]. 北京:清华大学出版社,2010.
2. 位涛. 国际金融实务[M]. 大连:东北财经大学出版社,2010.
3. 周浩明,龚志国,肖蓉. 国际金融理论与实务[M]. 北京:电子工业出版社,2009.
4. 刘金波. 国际金融实务[M]. 北京:中国人民大学出版社,2009.
5. 杨继玲. 国际金融与结算[M]. 北京:对外经济贸易大学出版社,2008.
6. 倪信琦,李杰辉. 国际金融[M]. 北京:中国人民大学出版社,2008.
7. 杜敏. 国际金融实务[M]. 北京:对外经济贸易大学出版社,2008.
8. 陈秀梅,等. 国际金融实用教程[M]. 天津:南开大学出版社,2008.
9. 李军燕. 国际金融[M]. 大连:大连出版社,2008.
10. 冷丽莲,刘金波. 国际金融基础与实务[M]. 北京:北京大学出版社,中国林业出版社,2007.
11. 崔荫. 国际金融[M]. 厦门:厦门大学出版社,2007.
12. 鲁丹萍,诸葛理县. 国际金融[M]. 北京:清华大学出版社,2007.
13. 梁峰. 国际金融概论[M]. 北京:经济科学出版社,2007.
14. 李艳芳,刘瑛. 国际金融实务[M]. 大连:东北财经大学出版社,2006.
15. 李海波,刘学华. 新编国际金融[M]. 上海:立信会计出版社,2006.
16. 李志慧,程剑鸣. 国际金融[M]. 大连:东北财经大学出版社,2006.
17. 邢天才,程剑鸣. 国际金融应用[M]. 北京:中国财政经济出版社,2005.
18. 朱箴元. 国际金融[M]. 北京:中国财政经济出版社,2005.
19. 姜波克. 国际金融新编[M]. 上海:复旦大学出版社,2002.
20. 陈雨露. 国际金融[M]. 北京:中国人民大学出版社,2000.

图书在版编目(CIP)数据

国际金融实务/孙黎主编. —西安:西安交通大学出版社,2012.2(2021.7重印)
ISBN 978-7-5605-4180-8

Ⅰ.①国… Ⅱ.①孙… Ⅲ.①国际金融 Ⅳ.①F831

中国版本图书馆 CIP 数据核字(2012)第 007876 号

书　　名	国际金融实务
主　　编	孙　黎
责任编辑	孟　颖
出版发行	西安交通大学出版社 (西安市兴庆南路 1 号　邮政编码 710048)
网　　址	http://www.xjtupress.com
电　　话	(029)82668357　82667874(发行中心) (029)82668315(总编办)
传　　真	(029)82668280
印　　刷	西安日报社印务中心
开　　本	787mm×1092mm　1/16　印张 12.375　字数 298 千字
版次印次	2012 年 2 月第 1 版　2021 年 7 月第 6 次印刷
书　　号	ISBN 978-7-5605-4180-8
定　　价	29.80 元

读者购书、书店添货,如发现印装质量问题,请与本社发行中心联系、调换。
订购热线:(029)82665248　(029)82665249
投稿热线:(029)82668133
读者信箱:xj_rwjg@126.com

版权所有　侵权必究